INVENTAIRE

AF473224

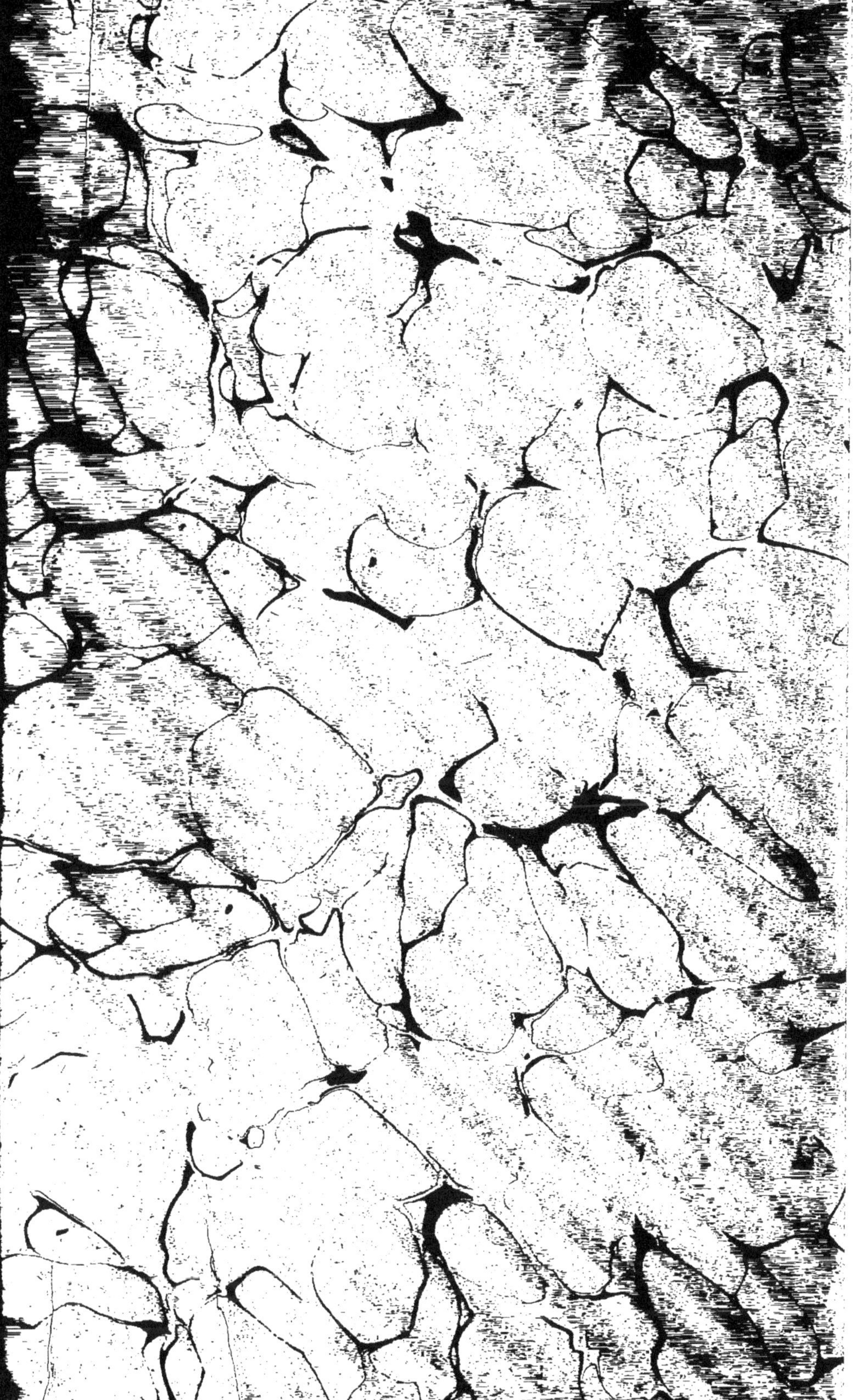

ESSAIS PHYSIOLOGIQUES SUR LA LÉGISLATION

PREMIER ESSAI

DE L'INTERDICTION DES ALIÉNÉS

Par H. DE CASTELNAU

Rédacteur en chef du *Moniteur des hôpitaux et des sciences médicales*,
ancien inspecteur général-adjoint des prisons et des établissements d'aliénés de France, etc., etc.

PARIS

CHEZ DURAND, LIBRAIRE

5, RUE DES GRÈS, 5

Et au Bureau du MONITEUR DES SCIENCES.

1860

DE

L'INTERDICTION

DES ALIÉNÉS

Imprimerie A. Henry Noblet, rue du Bac, 30.

ESSAIS PHYSIOLOGIQUES SUR LA LÉGISLATION

PREMIER ESSAI

DE

L'INTERDICTION DES ALIÉNÉS

MÉMOIRE LU A L'ACADÉMIE DE MÉDECINE DE PARIS DANS LES SÉANCES DU 12 JUILLET ET DU 23 AOUT 1859.

Par H. DE CASTELNAU,

Rédacteur en chef du *Moniteur des hôpitaux et des sciences médicales*,
Ancien inspecteur général adjoint des prisons et des établissements d'aliénés de France, etc., etc.

PARIS

Chez DURAND, Libraire.

5, RUE DES GRÈS, 5.

ET AU BUREAU DU MONITEUR DES SCIENCES.

1860

A M. LAVIELLE,

Conseiller à la Cour de cassation, ancien député, etc.

CHER ET VÉNÉRÉ COMPATRIOTE,

Vous, en qui l'intégrité sans tache du magistrat s'allie, avec tant de charme, à la spirituelle aménité de l'homme du monde et à l'inépuisable indulgence de l'homme de bien ; qui savez associer, dans une mesure si parfaite, l'amour du progrès au respect de la loi ; vous voudrez bien accueillir, avec votre bienveillance accoutumée, cet essai dont je vous prie d'agréer l'hommage. Je l'abandonne sans réserve et sans crainte à votre judicieuse critique, sachant bien que, dans le cas où je n'aurais pas le bonheur de faire pénétrer toutes mes convictions dans votre esprit, si droit et si élevé, votre excellent cœur ne se méprendra pas, du moins, sur les sentiments qui m'ont porté à combattre une loi que je considère comme également contraire aux principes de la science et aux droits de l'humanité.

H. DE CASTELNAU.

AVANT-PROPOS.

Le droit a la prétention d'être une science, mais il ne justifie cette prétention que pour une partie des objets dont il s'occupe, et la moins importante : qui dit science, dit connaissance des faits évidents de soi ou dont la réalité est établie par des démonstrations rigoureuses ou par des témoignages irrécusables. La connaissance du texte des lois, soit chez les divers peuples, soit aux diverses phases de la civilisation, c'est-à-dire le *droit comparé* et l'*histoire du droit*, remplissent les conditions d'une science; l'interprétation des lois, leur application aux cas particuliers, ou la *jurisprudence,* quoique beaucoup plus problématique, peut encore passer pour une science. Quant aux principes mêmes, aux faits primordiaux qui doivent servir de base à toute loi équitable, ils sont, ou à peine entrevus, ou faussement, obscurément exposés et compris, ou totalement méconnus; les règles nécessaires pour nous permettre d'en tirer des conséquences vraies et d'en faire des applications utiles sont ignorées; en sorte que ce qu'il y a de plus élevé et de plus essentiel dans le droit, la *philosophie du droit*, est, comme la philosophie proprement dite, moins une science qu'une suite de systèmes artificiels, presque aussi hétérogènes que sont divers les esprits qui les ont conçus, systèmes qui, sous prétexte de se rectifier ou de se compléter les uns les autres, ne font guère, en changeant de point de vue, que changer d'illusion et d'erreur. La philosophie du droit est à peine aujourd'hui à la véritable science de la législation ce qu'était l'alchimie à la science des Lavoisier et des Berzélius. Ce qu'il y a de bon dans les lois est dû à un heureux empirisme, à une sorte d'instinct du vrai et du juste, ou à des nécessités pratiques plus fortes que tous les raisonnements et que les prétendus principes des législateurs-philosophes. Les peuples les moins civilisés n'ont pas attendu leurs discours ou leurs écrits pour condamner et punir le vol, l'assassinat, le parjure; mais après ces écrits et ces discours, le bon, c'est-à-dire l'utile, est loin de dominer dans l'ensemble des législations de notre époque, et les modifications que la plupart d'entres elles ont subies depuis cent ans, n'empêchent pas qu'on ne puisse aujourd'hui répéter à bon droit ce que Voltaire écrivait au milieu du siècle dernier : « Il n'y a aucun bon code dans aucun pays. » Nous n'ajouterons pas, toutefois, avec l'incomparable écrivain : « La raison en est évidente : les lois ont été faites à mesure, « selon les temps, les lieux, les besoins, etc. Quand les besoins ont « changé, les lois qui sont demeurées sont devenues ridicules... » Nul doute que beaucoup de lois ne doivent leurs défectuosités à des circonstances de temps et de lieux, c'est-à-dire aux changements survenus dans l'état de la civilisation, depuis le moment où elles ont été faites; mais un grand nombre, et ce sont en général les plus importantes, ont été, sont et seront défectueuses dans tous les temps et dans tous les lieux, parce qu'elles sont en opposition avec la nature même des choses et avec celle de l'homme, c'est-à-dire avec des principes qui ne varient pas. Ce n'est pas que les législateurs-philosophes, même ceux d'une époque très-reculée, aient méconnu l'importance de ces principes et n'aient senti la nécessité d'édifier les lois sur cette base immuable (1). Ceux d'entre eux qui ont su échapper au joug des théocraties (2) ont,

(1) Le mot immuable, il est à peine nécessaire de le dire, ne peut s'entendre ici d'une manière absolue, mais seulement par rapport à la durée des temps historiques, et probablement même à la durée des sociétés. Absolument parlant, il n'est pas probable qu'il y ait rien d'immuable dans la nature.

(2) Ce n'est pas que les écoles théologiques ne fondent elles-mêmes le droit et la morale sur la nature de l'homme, en ce sens qu'elles supposent que les lois dictées par Dieu sont nécessairement en rapport avec les facultés ou la nature de l'être pour lequel elles sont faites. Mais comme ces lois sont écrites une fois pour toutes, elles dispensent évidemment de toute étude scientifique ; elles se refusent à toute transformation; car admettre qu'elles peuvent être perfectionnées, ce serait nécessairement reconnaître que celui qui les a dictées a pu se tromper, ce qui serait un blasphème, ou que ceux qui les ont écrites ont mal entendu, ce qui remettrait tout en question. Voilà pourquoi nous ne classons pas les théologues parmi ceux qui veulent chercher dans la nature de l'homme les fondements du droit. Ajoutons qu'il est beaucoup d'écrivains qui se croient et qui s'intitulent philo-

au contraire, reconnu et proclamé cette nécessité, et se sont efforcés de démontrer que les lois sociales doivent être une déduction et comme une extension des lois naturelles. Leur erreur a été de n'avoir pour la nature qu'un amour platonique; de croire qu'on pouvait l'interpréter et la comprendre sans l'observer; qu'on pouvait, par la seule réflexion de la conscience sur elle-même, par les seuls efforts du raisonnement, connaître l'homme tout entier, sans qu'il fût besoin d'étudier son organisation et ses fonctions, ni l'organisation et les fonctions des autres êtres organisés; qu'on pouvait, enfin, régler ses actions, c'est-à-dire en formuler la théorie (1), sans avoir apporté préalablement dans les divers phénomènes psychologiques qui les constituent essentiellement, la certitude qu'on exige dans tous les autres phénomènes naturels, non-seulement avant d'en essayer la systématisation, mais même avant de les considérer comme définitivement acquis à la science particulière dont ils relèvent. Mon dessein aurait été de démontrer, dans son principe et dans toutes ses conséquences, cette erreur capitale; de chercher comment on pourrait l'éviter à l'avenir, et sur quels fondements les lois devraient être établies pour se trouver en harmonie avec l'état de la civilisation à notre époque et, d'une manière plus générale, avec l'état de la civilisation à une époque quelconque. Les nécessités de la vie ne m'ont pas permis et ne me permettront probablement jamais d'entreprendre ce grand travail, si digne de l'ambition de tout ami du progrès, et auquel il m'eût été si doux de consacrer ma vie. C'est le peu d'espoir que je conserve à cet égard qui m'a décidé à soumettre le fragment sui-

sophes, et qui ne sont que théologues sur ce point, à cette seule différence près, qu'au lieu de prétendre que Dieu leur a confié son secret, ils prétendent l'avoir deviné. La plupart, il est vrai, veulent bien permettre qu'on ne les croie pas sur parole; mais il en est quelques-uns qui sont très-portés à considérer, sinon comme un sacrilége digne du fagot, au moins comme un outrage à la morale, les doutes qu'on pourrait émettre touchant leur infaillibilité.

(1) Nous n'avons sans doute pas besoin de démontrer ici qu'on ne peut régler les actes et les besoins de l'homme sans connaître exactement quels sont ces besoins et ces actes, sans en avoir sondé les causes intimes, sans savoir dans quelles conditions, sous quelles influences ils se manifestent, etc.; en un mot, sans en avoir fait la théorie. Nous verrons, d'ailleurs, en étudiant, dans un autre *essai*, plus à fond que je n'ai pu le faire dans celui-ci, la liberté d'action ou le libre arbitre, et la moralité des actes, que telle a bien été, implicitement ou explicitement, la prétention des législateurs,

vant au jugement des hommes éclairés, réfléchis et compatissants. Le même motif explique pourquoi l'on trouvera dans ce fragment, consacré à un sujet tout spécial, de courtes digressions sur des principes généraux de sociologie, qui eussent été mieux placées dans l'étude complète sur la philosophie du droit, que j'aurais eu le désir d'entreprendre. Ne sachant pas si j'aurais jamais une seconde occasion d'exposer ces principes, j'ai dû profiter de la première qui s'offrait à moi, non-seulement pour leur donner mon adhésion, mais surtout pour les formuler d'une manière peut-être plus scientifique qu'on ne l'avait fait encore, je veux dire dans des termes qui en expriment mieux le véritable sens et la véritable portée.

Quant au sujet lui-même, quelque spécial qu'il paraisse et qu'il soit en réalité, je n'hésite pas à appeler sur lui l'attention des hommes sérieux, même de ceux à qui les études psychologiques pourraient être le moins familières. La fragilité de notre organisation ne laisse malheureusement à personne le droit de se croire à jamais désintéressé dans un pareil sujet; chacun, au contraire, a intérêt à recevoir toutes les lumières possibles sur une éventualité fatale, quelque improbable qu'elle soit, et un intérêt d'autant plus grand, que sa conscience est plus pure, et que celle des personnes qui l'environnent l'est moins. Je recommande particulièrement cet *essai* aux célibataires et aux veufs des deux sexes, qui auraient dans leurs habitudes des particularités contrastant trop fortement avec les habitudes communes, ou dont les facultés de l'entendement offriraient quelque lacune regrettable; je le recommande aussi aux âmes généreuses qui, par affection ou par un sentiment exclusif d'humanité, auraient à protéger autour d'elles quelque faible d'esprit. Enfin, j'ose recommander d'une manière spéciale cet *essai* à mes confrères de la presse, de cette merveilleuse institutrice, si vantée par les uns, si décriée par les autres, si courtisée par tous, et qui, malgré ses passions, ses écarts, ses fautes et ses défaillances, sera toujours, dans quelque situation qu'elle se trouve, le plus puissant instrument de progrès.

Je ne dirai rien de la forme de ce travail. La compagnie savante à laquelle il a été présenté ayant bien voulu en écouter la lecture avec une faveur tout exceptionnelle, j'ai pensé que je ne pouvais mieux marquer ma gratitude et ma respectueuse déférence envers l'Académie, qu'en m'abstenant de rien changer à ce qu'elle avait entendu. Tel est le motif pour lequel j'ai conservé à cette étude sa forme et ses imperfections.

DE

L'INTERDICTION

DES ALIÉNÉS.

Messieurs,

Il s'est trouvé un médecin qui, prenant pour devise cette parodie d'une célèbre sentence : MEDICUS *sum; nihil* HUMANUM *a me alienum puto*, a jugé naturel de communiquer à cette Académie un mémoire sur l'influence pernicieuse de la plus grande partie des productions littéraires contemporaines, et sur la nécessité de les soumettre à une censure hygiénique et morale. C'était donner une étendue démesurée à l'horizon déjà si vaste de la science médicale, et en rendre les limites inaccessibles à l'immense majorité des esprits; c'était la jeter hors de ses voies; car une science pratique doit précisément avoir pour premier mérite d'être accessible à tous ceux qui peuvent apporter dans son étude des facultés ordinaires et une attention soutenue. Pourtant, il s'est trouvé aussi, dans le sein de l'Académie, un rapporteur bienveillant, esprit distingué dont un grand excès de modestie dissimule seul le mérite, qui a fait voter des remercîments à l'auteur, et qui l'a félicité de ses bonnes intentions.

En rappelant cet antécédent, ma pensée n'est pas de m'en

autoriser pour entretenir l'Académie d'un sujet étranger à ses attributions ; je voudrais seulement qu'elle trouvât dans l'exemple de bienveillance qu'elle a donné en cette occasion, un motif de le renouveler aujourd'hui, et d'écouter, sans trop d'impatience, quelques remarques sur un sujet qui n'a que bien rarement, trop rarement peut-être, fixé l'attention de l'Académie, et qui, par ce motif, pourrait lui paraître ici hors de sa place, quoiqu'il ne puisse, à mon avis, être discuté nulle part devant des juges plus compétents.

Ce sujet, ai-je dit, a fixé trop rarement peut-être l'attention de l'Académie ; permettez-moi d'expliquer ma pensée.

Sur quelque objet qu'elle porte ses investigations, la science en général, la science médicale en particulier, est toujours belle et digne du culte des esprits élevés ; il s'agit toujours pour elle de surprendre à la nature quelques-uns de ses admirables secrets, d'exposer au grand jour quelques-uns de ses mystérieux procédés, où l'ignorance ne manque jamais de voir les effets d'une puissance extra-naturelle, d'accroître la domination de l'homme sur le reste de la matière, souvent d'améliorer sa condition, d'étendre, en un mot, les conquêtes de l'esprit humain, si vastes quand on se complaît à regarder le passé, si bornées quand on ose entrevoir l'avenir. Mais il semble que cette mission de la science, si grande et si belle quand elle s'exerce sur les objets et les phénomènes qui nous environnent, soit plus belle et plus grande encore, en même temps que plus difficile, lorsqu'elle entreprend de nous faire connaître l'instrument qui les conçoit et les découvre, lorsque l'intelligence, se repliant sur elle-même, devient sujet d'observation sans cesser d'être observateur ; s'efforce de découvrir, par de profondes méditations, les ressorts qui la font mouvoir ; de mesurer les hauteurs où elle peut atteindre, et de sonder les abîmes où elle peut tomber ; de chercher enfin, si, dans ces étonnantes alternatives d'élévation et d'abaissement, elle ne trouverait pas le secret de son propre fonctionnement, l'explication scientifique de la destinée humaine, et la base positive des véritables institutions sociales à l'ombre desquelles elle doit s'accomplir. Personne dans cette enceinte n'ignore que cette recherche a été la préoccupation favorite des plus grands esprits ; on n'ignore pas davantage combien les résultats acquis sont peu proportionnés à la grandeur des efforts tentés depuis plus de quatre mille ans.

D'où vient l'impuissance de ces efforts? Elle vient en premier lieu des difficultés inhérentes au sujet ; mais elle vient aussi, l'on n'en saurait douter, de cette illusion, déjà signalée dans l'avant-propos, où sont tombés tous les philosophes des temps passés, où sont encore plongés presque tous ceux du temps présent, de croire que les questions ardues, objet de leurs recherches, pouvaient être résolues par la seule force de l'abstraction, par la seule réflexion de la conscience sur elle-même, sans le secours des procédés scientifiques, et dans l'ignorance absolue des faits positifs, indéniables que l'observation attentive de l'homme sain et malade révèle au statisticien et au physiologiste. Or, les philosophes, et non pas les savants, sont les pères des législateurs ; ils sont souvent législateurs eux-mêmes. De là vient que les lois directement relatives à l'appréciation morale des actions de l'homme et à la satisfaction légitime de ses besoins intellectuels et affectifs, sont dépourvues de toute base certaine; qu'elles manquent souvent leur but, et que, lorsqu'elles viennent à l'atteindre, on n'en doit guère être redevable qu'à un heureux hasard. La vraie science de l'homme, c'est-à-dire la physiologie comprise dans sa plus large acception, dans le sens le plus élevé, est donc l'indispensable flambeau de quiconque aspire à donner des lois à ses semblables, car ces lois, quoiqu'en apparence toutes conventionnelles, n'en doivent pas moins, pour être justes, et probablement aussi pour être durables, dériver des lois naturelles; or, comment déduire les conséquences, si l'on ignore les prémisses, et où sont les prémisses, c'est-à-dire les lois naturelles de l'homme, si ce n'est dans la physiologie (1)? Cette vérité, d'ailleurs, n'a pas échappé à tous les philosophes; plusieurs d'entre eux, et des premiers, l'ont au contraire parfaitement sentie : Descartes considérait l'étude des fonctions du corps comme la meilleure, sinon l'indispensable préparation à l'étude de la philosophie, et faisait dépendre toutes les passions des phénomènes moléculaires de l'organisme (2). Locke s'était livré à l'étude approfon-

(1) Nous savons que ce n'est pas là l'opinion générale des philosophes; l'un des plus distingués d'entre eux, parmi les contemporains, a consacré, il y a vingt ans, tout un mémoire à la démonstration de cette thèse : *légitimité de la distinction de la psychologie et de la physiologie;* il est arrivé, après beaucoup de développements oiseux, de fausses assertions et de faux raisonnements, à prouver deux choses : la première, qu'il ignorait les premiers éléments de la physiologie; la seconde, que la psychologie, de même que la digestion, la respiration, la génération, n'est pas toute la physiologie, ce que tout le monde savait, mais qu'elle en est une partie, ce que tout le monde, — nous entendons tous les physiologistes, — savait également, lui excepté. Nous espérons démontrer plus tard ces propositions avec l'évidence nécessaire pour convaincre ceux qui savent secouer le joug des préjugés, et qui ont tout ce qu'il faut pour comprendre une démonstration et la distinguer d'un sophisme.

(2) Pour n'en citer qu'une preuve, nous nous bornerons à transcrire le passage sui-

die de la médecine avant d'entreprendre son célèbre *essai*, que Voltaire appelle « le seul livre de métaphysique raisonnable qu'on ait jamais écrit. » Voltaire lui-même, cet immense esprit, qu'on pourrait appeler surtout le génie du bon sens, a signalé, dans cent endroits divers de ses ouvrages, la nécessité de chercher dans les actions moléculaires, dans les mouvements intimes des organes, les causes des manifestations variées de « la faculté pensante (1). » L'un

vant du *Traité des passions*, lequel, malgré les contradictions qui offusquent à chaque ligne le bon sens, et les étranges théories physiologiques qu'on y trouve, n'est qu'un long développement de la preuve que toutes les passions sont, en définitive, le résultat des mouvements des molécules organiques :

« .....Mais pour ce que j'ai mis entre ces remèdes la préméditation et l'industrie par laquelle on peut corriger les défauts de son naturel en s'exerçant à séparer en soi les mouvements du sang et des esprits d'avec les pensées auxquelles ils ont coutume d'être joints, j'avoue qu'il y a peu de personnes qui se soient assez préparées en cette façon contre toutes sortes de rencontres, et que *ces mouvements excités dans le sang par les objets* des passions suivent d'abord si promptement des seules impressions *qui se font dans le cerveau* et *de la disposition des organes*, encore que l'âme n'y contribue en aucune façon, qu'IL N'Y A POINT DE SAGESSE HUMAINE QUI SOIT CAPABLE DE LEUR RÉSISTER lorsqu'on n'y est pas assez préparé. Ainsi plusieurs ne sauraient s'abstenir de rire étant châtouillés, encore qu'ils n'y prennent point de plaisir ; car l'impression de la joie et de la surprise, qui les a fait rire autrefois pour le même sujet, étant réveillée en leur fantaisie, fait que leur poumon est subitement enflé malgré eux par le sang que le cœur lui envoie... » (*Traité des passions*, art. 211.)

J'ai déjà dit que je ne me rendais pas garant des singulières théories de l'illustre auteur du *Discours sur la méthode*, pas plus qu'il n'aurait voulu, j'imagine, se rendre garant lui-même de l'héroïque remède qu'il propose contre toutes les passions, remède qu'il reconnait être utile à *peu de personnes*, tout souverain qu'il soit. Ce que je voulais établir, c'est que Descartes reconnaissait la nécessité d'attribuer les passions aux mouvements organiques; la manière dont il a expliqué ces mouvements prouve seulement qu'il n'a pas su faire une saine application de son principe, et qu'il a cru pouvoir remplacer par des rêveries l'observation de la nature et les enseignements de l'expérience. Ce n'est pas la seule fois qu'il ait commis une pareille erreur.

(1) Ce paraît être un parti pris, aujourd'hui, de ne pas citer l'auteur de *Zaïre* comme une autorité, dans les sujets qui exigent une certaine profondeur d'esprit. Nous ne voulons pas scandaliser les écrivains austères qui semblent adopter ce parti-pris, en mettant sous leurs yeux le chapitre tant soit peu rabelaisien des *Oreilles du comte de Chesterfield*, où l'illustre philosophe du bon sens expose ses vues touchant l'influence de l'élaboration intestinale sur la génération et la nature des idées; nous nous contenterons de les engager à relire attentivement ce chapitre, — car nous aimons à croire qu'ils l'ont déjà lu, une fois au moins, — leur promettant qu'ils trouveront dans cette lecture autant de profit et plus de plaisir que dans celle d'un chapitre de Kant ou de Leibnitz, quoiqu'il soit loin de notre pensée de vouloir déprécier en rien ces deux grandes intelligences.

des écrivains les moins brillants, mais qui est, en revenche, un des penseurs les plus solides et les plus profonds, Bentham, disait que la lecture de Cullen lui avait été bien plus utile que celle de Potier, et il se demandait, en laissant entrevoir une réponse affirmative, si le corps politique ne pourrait pas avoir « *son anatomie, sa physiologie, sa nosologie*, et *sa thérapeutique.* » Il est permis de croire que si ce fort esprit n'a pas écrit d'une manière plus parfaite encore qu'il ne l'a fait cette grande médecine du corps social, c'est qu'il n'a pu acquérir les connaissances physiologiques dont la possession avait paru si utile à son extrême bon sens ; à l'époque où il écrivait, une telle acquisition n'eût pas d'ailleurs été possible, à moins que Bentham n'eût rénové la physiologie plus encore qu'il ne tentait de rénover la morale et le droit.

Il serait inutile sans doute de multiplier les autorités : en voilà plus qu'il ne faut pour justifier ce que je disais en commençant, que, peut-être, les sujets de législation fixaient-ils trop rarement l'attention de cette Académie ; les faits justifieront cette proposition bien mieux encore que les autorités : ils montreront que, s'il est vrai que le législateur se trompe fréquemment, faute de connaissances, sur les questions qu'il tranche plus qu'il ne les résout, il est également vrai que le savant ne les juge souvent pas mieux, faute de s'être familiarisé de longue main avec l'ordre d'idées auquel elles appartiennent. Pour nous renfermer dans le sujet qui va nous occuper, l'Académie pourra se convaincre, d'une part, que si le législateur, en votant l'interdiction des aliénés, a fait une loi contraire à l'esprit d'une civilisation avancée, contraire à l'équité, c'est plutôt faute de science que faute de bonnes intentions ; et, d'autre part, que si, pour continuer l'œuvre d'un grand médecin, le législateur voulait abroger aujourd'hui cette loi, il pourrait bien rencontrer parmi les médecins d'énergiques et de nombreux antagonistes. J'ai parlé de l'œuvre d'un grand médecin ; l'Académie devine sans peine de quelle œuvre il s'agit.

L'histoire n'oubliera pas, et la tradition médicale moins encore, qu'à la fin du siècle dernier, de ce siècle où l'esprit humain s'éleva au plus haut degré de puissance qu'il lui soit donné d'atteindre sans le secours des procédés scientifiques, et donna à la dignité de l'homme une si large part dans ses préoccupations, beaucoup d'aliénés étaient encore relégués dans des cachots infects, maltraités et enchaînés comme des bêtes féroces. Il fallut la voix puissante, l'infatigable et philanthropique persévérance de Pinel, pour faire tomber leurs chaînes, pour les rendre à leur dignité de malades, pour imposer à ceux qui les entouraient le respect dû à la plus lamentable de nos infirmités. Permettez-moi de le répéter, puisque, par un sentiment de justice très-louable, mais mal éclairé, on a pu récemment le méconnaître, permettez-moi de le répéter, non par un étroit sentiment de patriotisme, mais par respect pour la vérité, qui n'a pas de patrie, c'est bien au médecin philosophe dont l'Académie a voulu perpétuer la gloire, et dont elle aime à contempler l'image (1), c'est bien à Pinel, et non à d'autres, que la civilisation est

(1) Sur une des murailles de la salle de ses séances, l'Académie a fait peindre une fresque, qui représente Pinel faisant limer les chaînes des malheureux aliénés, et ouvrir leurs cachots.

redevable de ce beau progrès, l'humanité de ce grand bienfait.

Avant Pinel, sans doute, il a pu, il a dû germer, il a germé en effet des idées de réforme dans beaucoup d'esprits, dans celui du médecin Daquin peut-être plus que dans d'autres ; mais il ne me semble pas que la gloire du célèbre aliéniste français puisse en être obscurcie. Comme je l'ai dit ailleurs, « Le temps, en toutes choses, est un grand réformateur (1). » Un homme, quel que soit son génie, a rarement assez d'autorité pour opérer un grand progrès dans l'ordre social, ou même dans l'ordre scientifique, si déjà les esprits ne sont préparés à l'accepter, s'il n'y a dans l'air comme une sorte de puissance occulte qui aplanit les plus grands obstacles, à l'insu des réformateurs qu'elle favorise et des routiniers dont elle triomphe. « Les ouvrages de génie, a dit Helvétius, sont semblables à quelques-uns de ces superbes monuments de l'antiquité qui, exécutés par plusieurs générations de rois, portent le nom de celui qui les achève ; » vérité qu'un philosophe de nos jours a exprimée non moins heureusement, quand il a dit : « Le temps est le soleil qui mûrit le fruit de la science ; le génie ne fait que le cueillir. » Beaucoup d'ouvriers ont donc pu travailler à la réforme des aliénés ; mais Pinel en a été le glorieux architecte. C'est ainsi que l'ont jugé presque tous ses contemporains, et nous pensons que la postérité sanctionnera leur jugement.

Il ne s'agit donc plus de contester son œuvre au médecin

(1) *Moniteur des hôpitaux*, 25 juillet 1855.

philosophe, il s'agit de la continuer ; il s'agit de décider si la réforme physique opérée par Pinel ne pourrait pas être complétée aujourd'hui par une réforme morale ; si, de même que l'illustre aliéniste a pu sans danger délivrer un grand nombre d'infortunés des mauvais traitements qui leur étaient infligés, leur faire respirer un air plus pur et leur laisser le libre exercice de leurs mouvements, on ne pourrait pas, sans plus d'inconvénients, rendre la plupart d'entre eux à la vie morale, et leur conserver la jouissance du premier des biens que les sociétés civilisées doivent garantir à l'homme, la liberté.

La liberté est ravie, chaque année, en France, par application de l'article 489 du Code Civil, à plus de six cents citoyens, uniquement coupables d'avoir subi une altération plus ou moins marquée des facultés intellectuelles, et de posséder quelque bien ; et non-seulement ils perdent cette liberté, en quelque sorte physique et sauvage, de porter leurs pas où la volonté les dirige, de satisfaire leurs appétits quand ils se font sentir ; mais cette liberté morale, née de la civilisation, plus précieuse encore que la première, de disposer de leurs biens, soit pendant la vie, soit après la mort, de disposer même de leur personne, et de chercher, dans les pures consolations du mariage et de la paternité, un adoucissement à leurs maux.

A quelle cause attribuer cette excessive et étrange sévérité de la loi, qui vient accabler un malheureux déjà frappé par la nature ?

Serait-ce, comme l'ont pensé quelques médecins, que les

aliénés étaient encore, lors de la rédaction du titre XI du Code Civil, un objet d'horreur et de mépris? Il suffit de parcourir les divers rapports et discours dont ce Titre a été l'objet, pour rester convaincu que les législateurs qui l'ont rédigé ont été inspirés, au contraire, par les sentiments d'humanité qui, dans la vie publique tout au moins, étaient comme la passion dominante de leur époque.

« Le mineur sorti de l'enfance, dit le conseiller d'État Emmery, n'est qu'un interdit frappé par une disposition générale de la loi, qui est uniquement fondée sur les défauts ordinaires de la jeunesse, sur son état habituel. Il est à présumer que ces défauts s'affaibliront de jour à autre; car, chez le mineur, les progrès de la raison doivent naturellement suivre ceux de l'âge. Il est rare, au contraire, que le majeur qui a une fois éprouvé des pertes de ce genre parvienne à les réparer complétement; *sa condition est pire* que celle du mineur; *la loi lui doit au moins la même protection et les mêmes secours.* » (*Exposé des motifs au Corps Législatif*, séance du 28 ventôse an XI.)

Le rapport fait au tribunat par le citoyen Bertrand de Greuille exprime les mêmes sentiments. Partageant la faiblesse qu'ont presque tous les hommes pour leurs œuvres, ce tribun résume ainsi qu'il suit les mesures protectrices dont il croit avoir entouré les aliénés : « Vous voyez, tribuns, que *toutes les précautions* de *convenance,* de *sagesse* et de *justice* ont été prises pour soustraire la personne et les biens de l'interdit aux grands abus qui pourraient résulter de son inquiétante situation. »

Enfin, un autre tribun, le citoyen Tarrible (du Gers), dont

le sentiment poétique et admiratif était, il est vrai, un peu trop développé, disait, en présentant au Corps Législatif le vœu du tribunat sur *le douzième projet* du Titre XI du Code Civil, que « le législateur semble quitter ici sa voix imposante pour emprunter le langage d'un père dont la sollicitude pourvoit à tous les besoins de ses enfants. »

Dans quelques autres parties de leurs discours ou de leurs rapports, les législateurs parlent bien des droits de la famille ; mais c'est toujours pour les subordonner à ceux de l'aliéné ; ils parlent même de « *frapper* » celui-ci de la « *sévérité de la loi ;* » mais c'est pour indiquer, par ces mots, qu'ils ne le frappent qu'à regret, et qu'ils trouveraient la loi trop rigoureuse, par conséquent injuste, si elle n'était dans l'intérêt de celui qu'elle atteint. La précaution qu'ils ont prise d'ordonner que « les revenus de l'interdit soient essentiellement employés à lui procurer du bien-être et *à hâter*, s'il est possible, *sa guérison ;* » la comparaison touchante qu'ils établissent entre l'enfant mineur et le majeur interdit, prouvent assez que la pensée de ces législateurs a été une pensée toute de sollicitude et de protection (1). Si donc ils n'ont pas atteint leur but, c'est qu'ils ont manqué de lumières, c'est-à-dire de science, mais non d'humanité.

Ils ont été abusés par des analogies trompeuses ; ils se sont fait une idée inexacte de la véritable situation physiologique des aliénés ; ils ont méconnu les véritables principes

(1) C'est bien ainsi que l'ont compris les jurisconsultes. Pour ne citer que l'un des plus éminents d'entre eux et des plus judicieux : « Toutes les fois que l'on provoque l'interdiction, dit le procureur général Merlin, *il faut qu'il en résulte un bien sensible* pour celui contre qui on la provoque ; *c'est moins l'intérêt de la famille que l'on considère que celui d'un sujet.* » (*Répert. univ. et raisonné de jurispr.*, art. INTERDICTION.)

de la famille et de la morale, qu'ils croyaient respecter et défendre ; ils ont mal appliqué les règles qui doivent présider à l'usage et à la transmission de la propriété, ils ont, enfin, violé, sans le vouloir, le premier de tous ces principes, celui de la liberté individuelle. C'est là ce qu'il faut démontrer.

Il n'est guère de pensées qui se présentent plus naturellement à l'esprit que celle de comparer un malheureux aliéné, privé d'une partie plus ou moins grande de ses facultés intellectuelles, à l'enfant, chez qui elles n'ont encore atteint qu'un développement incomplet ; j'ai déjà dit que cette comparaison avait été faite par tous les collaborateurs au titre XI du Code Civil. Pourtant, en y réfléchissant plus qu'ils ne paraissent l'avoir fait, il est impossible de ne pas s'apercevoir que cette comparaison manque de justesse.

Le mineur, en subissant le joug de la tutelle, ne fait qu'obéir aux lois de la nature, toujours plus faciles à supporter que des lois de convention. Sa dignité n'a donc pas à en souffrir ; sa liberté, à peine davantage : l'interdit qui conserve sa conscience, — et un grand nombre d'entre eux sont dans ce cas, au moment où l'interdiction est prononcée, — voit dans la tutelle une infraction à l'ordre naturel, un attentat à ses droits et à sa dignité ; il la subit avec douleur, avec impatience, quelquefois avec un véritable désespoir ; le mineur trouve presque toujours dans l'amour des parents le plus tendre et le plus sûr de tous les protecteurs ; l'interdit n'a pour le défendre que les froides et impuissantes prescriptions de la loi, les liens douteux de la famille, si voisins parfois de l'indifférence, presque toujours si prompts à se relâcher ou à se rompre sous la dissolvante pression de l'intérêt ; enfin, suivant la judicieuse remarque du citoyen Emmery, la raison, chez le mineur, doit suivre les progrès de l'âge, tandis qu'elle ne fait habituellement, chez l'interdit, que s'affaisser de plus en plus. Il résulte de cette douloureuse vérité, que la minorité est le berceau de la vie morale et de la liberté, tandis que l'interdiction en est le tombeau anticipé ; en sorte que le mineur a toujours pour lui, et l'interdit toujours contre lui, ce sentiment, si puissant chez la plupart des hommes, qui les attire vers les puissances naissantes, et les éloigne des puissances qui tombent.

Ainsi, la considération capitale qui a guidé le législateur manquait de fondement, et s'il s'était mieux pénétré des deux situations respectives qu'il comparait, il aurait craint qu'une loi suffisamment protectrice pour le mineur, ne livrât l'interdit sans défense aux mauvaises passions.

Ce que l'on aurait pu prévoir ne s'est que trop bien réalisé : s'il est rare de voir un mineur dépouillé par ses parents, rien n'est plus fréquent que la spoliation d'un interdit par de prétendus amis ou par des collatéraux avides, contre lesquels la loi avait pris des précautions qu'elle croyait efficaces, et qui ne sont que vaines. Il semble même, — et je crains bien que l'apparence ne soit ici la représentation exacte de la réalité, — il semble que cette spoliation, tant elle est fréquente, soit le véritable but de la plupart des demandes en interdiction, l'intérêt des aliénés n'en étant que le prétexte. Les exemples abondent tellement à l'appui de cette triste vérité, qu'on n'a qu'à regarder autour de soi pour les compter par centaines. Contentons-nous d'en citer quelques-uns.

« Un homme, recommandable sous tous les rapports, dit M. le docteur Renaudin, est atteint d'aliénation mentale à la suite de nombreux travaux intellectuels. Un médecin non spécialiste croit reconnaître une paralysie générale et déclare l'incurabilité. On s'empresse d'interdire le malade, que l'on place, seulement alors, dans un asile d'aliénés. Un an ne s'est pas écoulé que notre malade recouvre entièrement l'usage de ses facultés intellectuelles, et, rendu à la liberté, il trouve qu'on a vendu la bibliothèque et les riches collections qu'il avait amassées avec tant de soin et de persévérance. » (RENAUDIN, *Comment. médico-lég. sur l'isolement et l'interd. des aliénés; Annales médic.-psychol.*, t. XI, p. 83, 1848.)

Dans son opuscule sur l'interdiction, M. Brierre de Boismont cite les faits suivants :

« Madame *** perdit fort jeune tous les parents qui auraient pu veiller sur sa conduite et l'aider de leurs conseils. Abandonnée à elle-même, elle contracta une liaison qui lui causa les plus grands chagrins. Cette dame, aussi bonne qu'aimable, faisait de son amour l'unique occupation de sa vie ; son illusion ne devait pas toujours durer ; elle découvrit qu'elle avait été étrangement abusée, et que c'était à sa fortune seule que s'adressaient les hommages qu'elle avait pris longtemps pour elle. Le chagrin qu'elle en ressentit fut affreux ; sa raison s'égara. On la conduisit dans une maison de santé. Déjà cette dame avait souscrit des obligations considérables : sans parents, sans amis, sa perte était certaine, si le directeur de l'établissement n'eût démêlé l'intrigue, empêché les démarches qu'on avait déjà faites pour provoquer son interdiction, et conservé le bien de cette intéressante malade. » (*De l'interdiction des aliénés et de l'état de la jurisprudence en matière de testaments*, etc., par A. BRIERRE DE BOISMONT ; Paris, 1852, p. 56.)

« Un aliéné, sur la demande de ses plus proches parents, ayant été interdit, passa plusieurs années dans un établissement où il avait été transféré. Ayant enfin recouvré la raison, il retourna dans son pays; toutes ses propriétés avaient été vendues; il ne possédait plus un coin de terre. » (*Ibid.*)

« Un homme, dans la vigueur de l'âge, devint aliéné; pendant sa maladie, la tutelle fut confiée à sa femme dont il était séparé. En moins d'un an, tout le mobilier avait disparu, les immeubles étaient affichés, et, si la guérison avait tardé plus longtemps, il aurait couru risque, comme il le disait lui-même, de ne savoir où reposer sa tête. » (*Ibid.*)

Le même médecin, résumant en quelques mots sa longue expérience et celle de ses collègues, s'exprime ainsi :

« Non-seulement les aliénés interdits sont exposés à être ruinés, mais encore, comme on l'a vu dans les exemples qui viennent d'être cités, le plus ordinairement leurs revenus mêmes ne sont pas appliqués à l'amélioration de leur sort. Il n'est pas un directeur d'établissement qui ne pût fournir les renseignements les plus tristes sur ce sujet. Ainsi, de riches aliénés sont placés dans des conditions de pension indignes d'eux, et l'on détourne de leur destination des revenus que ces malades ont souvent gagnés au prix de mille fatigues et de la perte de leur intelligence. Les moins malhonnêtes les thésaurisent dans des proportions ridicules; d'autres n'hésitent pas à se les partager, comme si l'aliéné n'était plus de ce monde. » (*Ibid*, p. 69.)

Les constatations dont parle M. Brierre n'ont pas seulement été faites par tous les médecins aliénistes attentifs; elles l'ont été officiellement en Angleterre par le comité public d'aliénation mentale. Aucune illusion n'est possible sur les faits déplorables qu'elles ont dévoilés; on ne peut différer que sur leur fréquence, que tout indique devoir être très-grande. Dès qu'on n'en peut dresser l'effrayante, mais instructive statistique, il serait superflu d'en multiplier les exemples particuliers; je demanderai pourtant la permission d'en rappeler un que j'ai déjà publié ailleurs, non-seulement parce qu'il fournira un appui à certaines considérations que j'aurai à présenter plus loin, mais aussi parce que j'espère que l'Académie, si elle n'éprouve pas la vive impression que ce fait produisit jadis sur moi, comprendra, du moins, l'ineffaçable empreinte qu'il a dû laisser dans mon esprit, et la profonde antipathie que, dès ce moment, a dû m'inspirer l'interdiction.

Pendant près de cinq ans j'ai été le commensal d'un de ces êtres, généralement bons, dont l'Evangile a dit, avec autant de bon sens que de noble générosité : *Le royaume des cieux est à eux.*

Ce pauvre déshérité n'avait pourtant pas l'esprit tellement simple, qu'il n'eût pu faire des études classiques ordinaires, telles du moins qu'on peut les faire sous la direction, d'abord d'un curé de campagne, puis des professeurs d'un petit séminaire. Il connaissait passablement la géographie et l'histoire profane; il possédait presque à fond l'histoire sacrée; il avait une bonne teinture de littérature et de grammaire, et savait assez de latin pour se plaire à la lecture de l'Ancien Testament, des Pères de l'Eglise, et même de plusieurs auteurs de l'antiquité. Une seule faculté paraissait lui faire entièrement défaut, celle des nombres. Sa sœur, plus âgée que lui, et son beau-frère, lui avaient répété souvent qu'il ne pourrait jamais apprendre l'arithmétique, et, soit par suite de la persuasion qu'ils lui avaient inculquée, — car il avait grande confiance en eux, — soit par défaut absolu d'aptitude aux mathématiques, le fait est qu'il paraissait n'avoir jamais su même la première et la plus simple des quatre règles. A l'époque où je le connus, il savait cependant compter les quarante sous qu'on lui donnait chaque semaine pour ses menus plaisirs; mais à la condition qu'il les comptât soit en deux, trois ou quatre pièces d'argent, dont il connaissait très-bien la valeur, ou, si c'était en monnaie de cuivre, à la condition de commencer par un sou et de continuer sans interruption jusqu'à quarante; s'il s'interrompait, il ne pouvait reprendre son compte où il l'avait laissé, et il était obligé de recommencer par l'unité. Là paraissait s'être bornée en tout temps sa science en comptabilité.

Malgré cette grave imperfection, M. G...., au sortir du séminaire, entra chez un avoué; il y copia des rôles, et même y rédigea des actes simples, dont il se rappelait encore les formules à l'époque où je l'observais; mais il devint bientôt évident pour tout le monde que le jeune clerc ne parviendrait jamais à acquérir la science du procureur. Son père et sa mère étant morts quelques années après sa sortie du séminaire, on jugea aussi qu'il ne pourrait administrer sa fortune, laquelle s'élevait à 10 ou 12,000 francs de rentes. Pour la lui conserver intacte, son beau-frère provoqua l'interdiction de M. G...., laquelle fut prononcée sans difficultés sérieuses, à ce qu'il paraît. M. G.... fut déclaré incapable non-seulement d'administrer ses biens, mais aussi de diriger sa personne, et il fut placé dans une maison de santé, où l'on payait pour lui 300 francs de pension par mois.

L'aversion naturelle, qu'à l'exemple de beaucoup de ses frères d'infortune, M. G.... avait pour la lutte et la résistance, jointe à son extrême piété, lui fit accepter avec résignation sa nouvelle existence, à ce point qu'on jugea inutile, après une année d'épreuve, de le maintenir dans une maison de santé, et qu'on le plaça dans une pension bourgeoise, où M. G.... jouissait d'une complète liberté physique, mais où, en revanche, le prix de la pension, au lieu de 300 francs, n'était que de 100 francs par mois, dépense à laquelle on ajoutait 2 francs par semaine, que la maîtresse de la maison comptait chaque dimanche à M. G.... pour ses menus plaisirs.

C'est dans cette situation que je l'ai connu; son interdiction remontait déjà à plusieurs années.

M. G...., âgé d'environ trente ans, était d'une taille assez élevée, bien proportionnée; sa physionomie était douce, mélancolique et résignée, mais néanmoins fine et agréable; les traits de son visage ne manquaient pas de distinction. M. G.... aimait peu les sociétés nombreuses et fuyait le bruit, qui d'ailleurs le fatiguait, ainsi que la lumière vive, et provoquait chez lui de la céphalalgie; il se plaisait au contraire dans la société d'un petit nombre de personnes; il aimait beaucoup la lecture, et, parmi ses regrets, celui qu'il manifestait le plus souvent, était de ne pouvoir se donner une belle bibliothèque; il était d'une grande piété; les 2 francs qu'on lui donnait chaque semaine étaient dépensés, pour la plus grande part, en location de livres; le reste passait dans le tronc des pauvres.

Quoique déclaré incapable d'administrer sa personne, M. G.... se promenait dans Paris en toute liberté depuis le matin jusqu'au soir. Comme il était bon, discret, serviable, affectueux, plusieurs personnes étaient heureuses de lui procurer, en le recevant chez elles, quelques moments de distraction. Parmi celles qu'il visitait le plus souvent se trouvait une jeune, honnête et laborieuse ouvrière, qui venait quelquefois travailler dans la maison où était placé M. G....

Malgré sa piété sincère, malgré la pureté des sentiments qui l'animaient, il arriva ce qui ne peut guère manquer d'arriver en pareille occurrence : M. G... reçut, dans ses visites, des consolations que la simple amitié ne saurait donner, et le travail de la jeune ouvrière dut bientôt pourvoir à deux existences au lieu d'une.

A partir de ce moment, les cabinets de lecture et le tronc des pauvres cessèrent de recevoir le modeste tribut de M. G.., consacré désormais à une plus sainte destination. Non content de l'affecter tout entier à de nouveaux besoins, M. G..., se rappelant son premier métier d'expéditionnaire, se mit à copier des rôles, et contribua ainsi, du moins mal qu'il put, à l'éducation d'un enfant, — éducation d'enfant du peuple, on le comprend bien, — à qui il ne put donner ni son nom, ni sa fortune, ni les priviléges sociaux attachés à la légitimité.

Pendant que son beau-frère, homme pieux et très-considéré dans son pays, économisait chaque année sur les revenus de M. G.... la différence qu'il y a entre 1,500 francs environ et 10 ou 12,000 francs, celui-ci continua pendant vingt ans sa vie de pénible et saint labeur. Il est mort, emportant, pour toute consolation, l'espoir que son enfant serait un fils assez dévoué et un ouvrier assez habile pour préserver sa mère des angoisses de la faim et de la triste ressource de l'hôpital!

Est-il nécessaire d'ajouter d'autres faits à cette lamentable histoire, pour prouver combien était grande l'illusion du citoyen Bertrand de Greuille et de ses collaborateurs, quand ils se félicitaient d'avoir pris, « *avec convenance, sagesse et justice, toutes les précautions* pour soustraire les biens de l'interdit aux grands abus qui pourraient résulter de son inquiétante situation? » nous ne le croyons pas. La foi des trop naïfs rédacteurs du titre XI dans l'efficacité de leurs précautions, était assurément sincère ; mais, en fait, les biens des interdits sont livrés à l'avidité des curateurs et des familles ; voilà l'exacte et triste vérité.

Mais ce n'est pas là tout ce que prouve le long martyre de M. G... Ce n'est pas seulement parce qu'elle a mal pris ou parce qu'il lui était impossible de bien prendre ses précautions, que la loi sur l'interdiction est défectueuse ; elle a des défauts d'un ordre plus élevé, que j'ai signalés déjà, et qu'il faut prouver maintenant.

L'interdiction ne fut-elle jamais provoquée que par des parents animés de la plus tendre sollicitude ; la tutelle ne fût-elle jamais exercée que par des curateurs pleins de zèle, d'humanité et de désintéressement, que ces défauts n'en persisteraient pas moins en principe, bien qu'atténués, en pratique, dans quelques-unes de leurs conséquences. Une loi n'est pas mauvaise uniquement parce qu'elle est impuissante à déjouer les combinaisons de l'astuce et de la fraude : quand même elle atteint son but sous ce rapport, elle est mauvaise encore, si elle blesse les lois générales de la morale, de la justice et de la raison, ou plutôt de la raison purement et simplement, car la vraie morale et la véritable justice ne doivent et ne peuvent être autre chose que l'application, au réglement des rapports sociaux, des vérités que la raison nous permet de découvrir ou de démontrer. Quand est méconnue la vérité, il n'est guère possible que la justice n'en souffre pas.

Cette considération fondamentale préoccupa-t-elle suffisamment les législateurs de l'ancienne Rome, quand ils inscrivirent l'interdiction sur les Tables de ses lois? Mes connaissances dans l'histoire du droit ne me permettent pas de le nier d'une manière absolue; mais il me paraît permis d'en douter; il est certain, tout au moins, que leurs successeurs de l'an XI ne s'en sont pas suffisamment pénétrés : ils ont accepté en lui faisant subir quelques modifications, heureuses sous certains rapports, mais pour la plupart malheureuses, l'héritage de leurs devanciers, sans le soumettre au contrôle de la science, ou même à l'épreuve des lumières philosophiques du dix-huitième siècle, déjà pâlissantes, il est vrai, mais non éteintes pourtant à l'époque de la rédaction du Code Civil. Il n'est donc pas bien étonnant que, guidés par les mêmes vues que leurs prédécesseurs, — vues exclusivement théoriques, — les rédacteurs du Titre XI du Code Civil n'aient fait sortir de deux mille ans d'expérience qu'un progrès douteux (1). C'est ce dont nous nous convaincrons de plus en plus, à mesure que nous avancerons.

Après avoir établi cette assimilation, dont nous avons montré le peu de fondement, entre l'enfant, d'une part, et l'insensé, de l'autre, les modernes législateurs ont dit de ce dernier :

« Son esprit ne se prête plus qu'à des conceptions désordonnées; il doit être privé de l'administration de sa personne et de ses biens;

« Il ne peut connaître les rapports de justice et de convenance que peuvent présenter les divers objets; il doit être privé de tous ses droits civils;

(1) Voyez note I.

« La fureur le pousse à des mouvements dangereux pour lui-même et pour les autres; son intérêt et celui de la société s'accordent *également* pour exiger impérieusement qu'on le prive de sa liberté;

« Il peut, enfin, devenir pour ses concitoyens un objet de pitié, de crainte, ou de dérision, un sujet de ruine, d'humiliation, de honte et même de *déshonneur* pour sa famille; » il faut armer celle-ci du pouvoir de sauvegarder ses intérêts, et d'ensevelir dans le « mystère » de la séquestration ses chagrins domestiques. »

Tels sont les faits et les raisons qui servirent de guide aux législateurs de l'an XI, et qui paraissent encore les uns parfaitement exacts, les autres pleines de sagesse à beaucoup d'esprits consciencieux et éclairés. Il y a pourtant, je crois, beaucoup à rectifier dans les raisons comme dans les faits, mais avant de chercher à le démontrer, il y a d'abord à rappeler un principe qui rendra notre critique beaucoup plus facile, et dont l'oubli a seul écarté, sans doute, les rédacteurs du Code Civil de la voie de justice où ils avaient la ferme intention de se maintenir : ce principe oublié, c'est celui de la liberté individuelle qui nous ramène lui-même aux fondements de toute société.

Les théologues et malheureusement aussi la presqu'universalité des philosophes ont accumulé les hypothèses, les raisonnements, les volumes et les erreurs pour asseoir ces fondements sur des bases inébranlables; ils ont abouti, tout en s'élevant aux plus hautes conceptions, les uns à des doctrines étroites, souvent cruelles, en opposition avec les lois les plus évidentes de la nature ; qui, par conséquent, révoltent la raison, si ce n'est à la fois la raison et l'humanité ; les autres, à des systèmes tantôt ingénieux, tantôt bizarres, ridicules même, impraticables presque toujours, et qui ont pour moindre défaut, parfois, d'être absolument inintelligibles. Notre destinée est-elle donc un problème insoluble, ou bien les philosophes ont-ils manqué de génie ? Ni l'un ni l'autre : la destinée de l'homme nous paraît écrite dans son organisation, et les philosophes n'ont manqué que de science et de méthode. Sans me livrer à des démonstrations que ni le temps ni le lieu ne sauraient me permettre, il suffira au but que je veux atteindre, de rappeler :

1° Que de toutes les lois de l'organisation, la plus impérieuse est celle qui nous porte à rechercher le plaisir et à éloigner la douleur (1) ;

2° Que l'instinct de la sociabilité n'est pas seulement un irrésistible besoin de notre nature, mais une nécessité imposée à notre faiblesse individuelle ;

3° Qu'enfin, la satisfaction de ces deux besoins exige que la société respecte notre vie, nos biens et notre liberté, et que nous respections de même la vie, les biens et la liberté de nos semblables.

(1) Il serait sans doute superflu de dire qu'on entend parler aussi bien ici de douleur et de plaisir moraux que de douleur et de plaisir physiques. Il serait plus utile, peut-être, de dire que nous n'ignorons pas les sophismes opposés à cette doctrine par certains raisonneurs, qui se décorent du titre modeste de spiritualistes. L'occasion pourra venir pour nous de mettre une fois de plus en évidence ces sophismes, qui sont en général inspirés par tout autre chose que l'horreur des satisfactions matérielles, mais qui sont encore, si ce n'est même surtout aujourd'hui, un moyen de succès, dans le monde qui se repait le moins des satisfactions de l'esprit. Il nous suffit ici de les signaler pour ce qu'ils sont.

Ce sont là des vérités primordiales, susceptibles pourtant de démonstration, mais qu'en raison de leur évidence, on nous permettra de considérer comme des axiomes de sociologie. Or, il résulte de ces axiomes que, dans une société dont les lois seraient conformes à celles de la nature, la liberté d'un citoyen n'aurait de limites que dans la liberté d'autrui. Voilà un principe dont on peut dire aussi qu'il est comme le soleil, et qu'il doit éblouir tous ceux qui ne sont pas aveugles.

Quiconque, donc, ne porte pas atteinte à la liberté d'autrui, doit vivre libre dans la société, qu'il soit d'ailleurs ce que nous croyons être un sage ou ce que nous appelons un fou : sous le rapport du droit à la liberté, il n'y a pas de différence entre eux.

Tel ne fut pas le sentiment des législateurs, surtout des législateurs modernes, du moins en fait, car, pour le principe, probablement ils n'y songèrent guère ; il nous est douloureux d'ajouter que tel n'est pas non plus le sentiment de beaucoup de médecins : pour les uns comme pour les autres, l'insensé, non-seulement *peut* être privé, mais « *doit* être privé de sa liberté, dans son propre intérêt, parce qu'il est incapable d'en user raisonnablement, » parce qu'il « *ne peut rien vouloir par lui-même, car la volonté suppose une pensée qui la détermine, et l'insensé n'a point de pensée proprement dite* (1); » parce qu'il « ne peut apporter dans les actes civils le *discernement* et *la volonté* qui en forment l'essence (2) ; » parce que « *la nature, en le jetant dans cet état déplorable,*

(1) Bertrand de Greuille ; Rapport au tribunat.

(2) Tarrible ; Discours au Corps législatif.

a opéré son interdiction dès avant qu'elle soit prononcée par un jugement (1). »

Que de questions soulevées, tranchées et non résolues, dans ce peu de mots ! que d'erreurs et d'obscurités accumulées ! quel exemple de désordre intellectuel et de confusion les sages donnent ici aux fous ! Essayons d'apporter un peu de circonspection dans cette folle assurance ; un peu de vérité dans ces erreurs ; un peu de lumière dans ces ténèbres.

Si l'aliéné, comme le disent les rédacteurs du Code, était privé de toute pensée ou même de toute volonté ; s'il était indifférent à tout ce qui l'entoure ; insensible au plaisir comme à la douleur, son interdiction serait assurément inutile ; mais elle serait au moins sans inconvénients pour lui, puisqu'il n'en aurait pas conscience ; un tel état s'observe dans l'idiotie portée à un certain degré, et dans une période avancée de la démence ; et l'on doit même dire à l'honneur des législateurs de l'an XI, qu'ils paraissent avoir cru cet état beaucoup plus fréquent qu'il n'est, et qu'il semble, malgré les contradictions où ils sont tombés, que ce soit à lui

(1) TARRIBLE ; même Discours. — Notre but étant de borner cet *Essai* à l'examen des principes de la loi, à son esprit et à ses conséquences essentielles, nous ne pouvons discuter une à une toutes les considérations particulières sur lesquelles se sont fondés les législateurs de l'an XI. Mais nous ne croyons pas pouvoir nous dispenser de faire remarquer combien celle qu'ils invoquent ici, pour la seconde fois, est peu digne de notre siècle, combien elle rappelle les premiers âges de la civilisation, et la barbarie des lois de Lacédémone. « L'insensé est un interdit déjà frappé par la nature ! » Cette proposition n'a pas de sens ou elle signifie : une déviation des lois régulières de la nature a commencé le malheur de l'aliéné ; la société et la civilisation doivent l'achever ! De là à cette loi de Sparte, vouant à la mort tous les enfants qui ne promettaient pas à la république des citoyens présumés utiles et de robustes défenseurs, il n'y a pas si loin qu'on pourrait le penser. Les législateurs de l'an XI ne sont certainement pas coupables d'une pareille doctrine, — qui, d'ailleurs, compte aujourd'hui encore quelques rares partisans, — mais ils sont coupables de n'avoir pas su prévoir les conséquences qui découlaient de leurs principes, et de n'avoir pas compris que la logique est inflexible.

surtout, sinon exclusivement, qu'ils ont voulu appliquer l'interdiction. Un mot d'explication sur ce point.

On leur a beaucoup reproché, les médecins surtout, de n'avoir pas défini ce qu'ils entendaient par ces trois mots du Code, empruntés à la législation ancienne : *imbécillité, démence, fureur*. Nous n'irons pas, avec tous ou presque tous les jurisconsultes, jusqu'à les féliciter d'avoir adopté ces dénominations (1); mais nous dirons que le reproche n'est

(1) Un des esprits les plus sages et les plus lucides parmi les jurisconsultes, après avoir établi, par une savante discussion qu'un aliéniste pourrait presque avouer, que la nomenclature de l'art. 489 est incomplète, s'exprime ainsi : « Ce que l'on peut dire, c'est que les rédacteurs du Code Civil n'ont pas, en effet, la prétention de définir avec une exactitude rigoureusement scientifique, les différentes variétés des maladies mentales, et que les expressions un peu vagues qu'ils ont employées et dont on leur fait un reproche, ont, au contraire, peut-être, l'avantage d'être, *par cela même*, plus compréhensives et plus susceptibles d'interprétation et même d'extension, suivant les différentes circonstances. » (DEMOLOMBE, *de la Minorité, de la Tutelle et de l'Emancipation*, t. II, p. 307).

Le judicieux professeur reconnaîtra sans peine, nous l'espérons, que, puisque « il n'y a, à vrai dire, » comme il l'écrit deux pages plus haut, « qu'*une* cause d'interdiction, l'absence de la raison..., » les rédacteurs du Code auraient mieux fait de s'en tenir à l'expression générale d'*aliénation mentale*, expression qui, sans cesser d'être claire et, par conséquent, d'une interprétation facile, serait encore plus *compréhensive* que celles du Code, puisqu'elle embrasse toutes les variétés d'altération de la raison. M. Demolombe nous accordera aussi que si les législateurs de l'an XI avaient intentionnellement choisi des expressions vagues, afin de laisser une libre carrière au système des interprétations et des extensions, il faudrait bien se garder de les en féliciter. Si tous les magistrats étaient des d'Aguesseau, il n'y aurait assurément que des avantages à un pareil système; mais comme M. Demolombe ne peut être homme à se faire une telle illusion, il conviendra, avec tous les publicistes, que le premier soin des législateurs doit être, au contraire, de rédiger des lois qui se prêtent le moins possible aux interprétations et surtout aux extensions. Nous pensons que tel a été précisément le but des auteurs du titre XI du Code Civil, lorsqu'ils ont introduit dans leur rédaction tous les mots qui, dans leur esprit, comprenaient les seules formes d'aliénation mentale dans lesquelles ils croyaient l'interdiction nécesssaire. On ne peut, *sous ce rapport*, quand on approuve l'esprit de la loi, que leur adresser des félicitations et regretter qu'ils n'aient pas mieux réussi.

Un jurisconsulte moins judicieux que M. Demolombe, mais beaucoup plus prétentieux et plus tranchant, ne partage pas, il est vrai, ce regret; il pense que les rédacteurs du Code ont réussi parfaitement, et que la classification scientifique moderne des maladies mentales « n'est pas autre chose que celle du Code avec un détail de plus et des mots différents, qui, d'ailleurs, manquent de justesse et de clarté. » Cette opinion a pour point d'appui une discussion dont l'inconséquence, l'obscurité et une poésie d'un goût équivoque forment les traits les plus saillants. Il est difficile que de telles qualités ne conduisent pas à l'erreur; le jurisconsulte en question n'a pas voulu faire une exception à

fondé qu'en partie : si les définitions ne sont pas dans le texte même du Code, elles se trouvent dans les discours préliminaires, où l'on explique les motifs et l'esprit de la loi, et elles méritent de nous arrêter un instant.

« L'*imbécillité,* dit le citoyen Tarrible, est une faiblesse d'esprit causée par l'*absence* ou l'*oblitération des idées.*

« La démence *ôte* à celui qui en est atteint l'*usage* de sa raison.

« La *fureur* n'est qu'une *démence portée à un plus haut degré*, qui pousse le furieux à des mouvements dangereux pour lui-même et pour les autres. » (Tarrible; discours au Corps législatif.)

Je n'ai pas, on le pense bien, l'intention de défendre la justesse de ces définitions; elles montrent que ceux qui les ont formulées n'étaient pas au courant même de la science de leur temps; mais, comme les passages précédemment cités, elles montrent aussi, et c'est là l'important au point de vue qui nous intéresse, que, dans l'esprit des législateurs de l'an XI, les variétés d'aliénation qu'ils ont voulu atteindre par l'interdiction enlevaient *complétement* au malade l'usage de sa raison. Cette conséquence ressort non moins clairement de cet autre passage du même discours où l'orateur, rappelant les dispositions du projet de Code Civil de l'an VIII, relatives aux prodigues, fait observer que les auteurs de ce projet s'étaient contentés « d'offrir un conseil *volontaire* à celui qui, *sans avoir perdu l'usage* TOTAL *de sa raison*, se défie de sa faiblesse et craint d'être exposé à des surprises. »

a règle; son erreur a été aussi complète que possible. Cela ne l'empêche pas, à ce qu'il paraît, de jouir d'une assez grande autorité en jurisprudence. Peut-être a-t-il été plus heureux quand il a traité des sujets qui ne touchent pas à l'aliénation mentale.

Le prodigue est donc, pour l'orateur comme pour les auteurs du projet de l'an VIII, un fou qui n'a perdu qu'une partie de sa raison; tandis que l'imbécile, le dément et le furieux sont des fous qui l'ont perdue tout entière. Enfin, cette opinion est exprimée de la manière la plus formelle dans le passage suivant : « Le projet actuel n'a pas cru devoir traiter les prodigues avec la même rigueur (1) que les insensés. Il a pensé que ceux-ci, *totalement privés de leur raison,* ne sont susceptibles d'*aucune réflexion*, d'*aucun sentiment* qui puisse faire espérer leur retour à des principes d'ordre, etc. » (*Rapport fait au Tribunat* par le citoyen BERTRAND DE GREUILLE.) Or, il faut n'avoir jamais vu d'aliénés pour ignorer que ceux qui ont perdu « toute raison, tout sentiment, toute volonté, » sont en très-faible minorité, que ce n'est jamais contre eux que sont dirigées les demandes en interdiction. L'immense majorité des fous conservent une partie de leurs facultés intellectuelles et de leurs sentiments affectifs, et la volonté, en particulier, est tellement opiniâtre chez beaucoup d'entre eux, que cette opiniâtreté même constitue un des signes les moins équivoques de leur aberration mentale. A moins de nier l'évidence, ce sont là des faits qu'on ne peut contester.

Si donc, les rédacteurs du Code avaient été conséquents à leurs définitions, ils n'auraient appliqué l'interdiction qu'aux idiots et aux déments dont nous parlions tout à l'heure, c'est-à-dire dans des cas où elle aurait été aussi

(1) Quel mot malheureux! quel renversement des notions morales, ou tout au moins quel oubli de la langue! traiter avec *rigueur* un insensé! Où trouver la vérité chez des hommes sujets à de telles aberrations de sens ou de langage, qui tantôt parlent de *protéger* l'aliéné, d'avoir pour lui la *sollicitude qu'un père a pour ses enfants*, tantôt parlent de le *frapper*, de le *traiter avec rigueur* ?

inutile qu'exempte d'inconvénients. Mais ils ont renoncé au mérite de la conséquence, et ils ont cessé de se comprendre eux-mêmes dès qu'ils ont parlé des intervalles lucides, — lesquels n'existent pas chez les aliénés dont nous venons de parler (1), — et au lieu de frapper d'interdiction « ceux qui sont *totalement* privés de la raison, » ceux « qui ne sont susceptibles d'*aucune réflexion*, d'*aucun sentiment*, » ceux « qui n'ont *aucune volonté*, AUCUNE PENSÉE, » on a atteint ceux qui ne savent pas diriger leur conduite d'après les règles de la raison commune, qui ne savent pas administrer leurs affaires, qui sont incapables d'un raisonnement suivi, et qui cèdent sans résistance à tous leurs penchants; qui, en un mot, suivant une expression fréquemment employée et jamais comprise, ne jouissent pas de *leur libre arbitre*.

Le libre arbitre ! mer d'incertitude ! éternel sujet de discussions stériles ! problème insoluble où sont venues se briser les forces des plus vigoureux génies !

Que des esprits spéculatifs cherchent à pénétrer dans ces profondeurs ténébreuses de la métaphysique, on peut le concevoir; on peut même suivre avec intérêt leurs pérégrinations, comme on s'intéresse à tous les nobles exercices propres à exercer l'intelligence, et peut-être à lui ouvrir des horizons nouveaux, en la conduisant, par la route de l'imprévu, où elle ne cherchait pas à aller ; mais que des hommes positifs par devoir et par profession, que des législateurs, que des médecins s'engagent dans les mêmes voies, et de leurs spéculations aventureuses déduisent des conséquences pratiques pour servir de règle à nos actions, voilà ce que

(1) Voir note II.

l'on ne saurait trop déplorer, ce dont on ne saurait trop s'effrayer ; voilà pourtant ce que l'on a fait toutes les fois qu'on a basé une disposition légale sur la solution prétendue du problème du libre arbitre.

Loin de moi la pensée de renouveler ici les impuissantes et souvent fastidieuses tentatives dont ce problème a été l'objet ; essayons seulement de résumer, en quelques mots, ce qu'il renferme de réel et d'imaginaire, de distinguer ses éléments positifs de ses éléments incertains.

La volonté est une chose évidente de soi : je veux mouvoir mon bras ; je veux écrire une dissertation sur la nature de l'homme, sur l'origine des idées ou sur l'interdiction, voilà la volonté : si mon bras n'est pas en état de paralysie, je l'étends ; si j'ai une plume, de l'encre et du papier, j'écris, voilà la volonté libre. « *La liberté*, a dit cet étonnant génie que l'on accuse de n'être pas profond parce qu'il n'est jamais obscur, et parce qu'il n'a pas eu la prétention de comprendre ce qui est inintelligible, *la liberté est uniquement le pouvoir d'agir* ; » il n'y a donc, sous ce rapport, aucune différence entre les sages et les fous.

Mais suis-je libre de vouloir, ou, en d'autres termes, dépend-il de moi que la pensée me vienne d'écrire ou de mouvoir mon bras ? Pour mon compte, je n'en crois rien, pas plus que je ne crois que nous soyons libres de ne pas avoir faim quand nous n'avons pas mangé depuis longtemps, et de ne pas éprouver de contractions du diaphragme quand nous avons pris de l'émétique ; mais je crois aussi que c'est là une opinion parfaitement oiseuse, que je ne sens le besoin d'imposer à personne. Il est donc fort inutile de chercher s'il y a, sous ce rapport encore, une différence entre l'aliéné et l'homme sensé.

Quand ma plume s'agite ou que mon bras se meut, la volonté qui les dirige est-elle guidée, à son tour, par la raison ? C'est là que gît toujours l'insolubilité. La raison ou la vérité, voilà bien, ainsi que je l'ai dit ailleurs, la véritable sagesse ; l'erreur, voilà bien la folie. Mais je me suis hâté d'ajouter que cette folie est la folie théorique, ou scientifique, ou philosophique : s'il fallait interdire tous ceux qui ne sont pas exempts d'erreur, qui de nous serait assuré d'avoir des droits à vivre en liberté ? Dans l'erreur comme dans bien d'autres choses, il y a sans doute des degrés : personne ne songera à mettre sur la même ligne celui qui se flatte d'être le premier médecin ou le premier poète de son temps et celui qui croit être Dieu même ; celui qui prétend avoir découvert le mouvement perpétuel et celui qui se croit seulement en mesure de prouver qu'il y a deux hommes dans l'homme (1) ; mais faut-il, même pour les deux plus graves de ces erreurs, retrancher un citoyen de la vie sociale, comme semblent le vouloir, hélas ! beaucoup de médecins, comme le veut et comme l'a écrit récemment un de nos jurisconsultes les plus en crédit (2) ? Permettez-moi d'espérer qu'aucun de vous ne partagera cette opinion, et qu'il n'y verra, après les

(1) Les philosophes qui professent cette opinion seront sans doute un peu surpris de voir leur doctrine donnée comme un exemple d'erreur qualifiée, et d'être rangés eux-mêmes à côté de ceux qui rêvent le mouvement perpétuel. Nous les prions de nous pardonner la liberté que nous avons prise, en attendant que nous leur prouvions que c'est bien là leur véritable place.

(2) Voyez note II.

éclaircissements que je viens de donner, qu'une double aberration de la raison et du sentiment.

Mais, a-t-on dit, si l'on enlève à l'insensé ou réputé tel la disposition de sa personne et de ses biens, c'est plus encore dans son intérêt que dans celui de la société. — On tranche ainsi, en peu de mots, beaucoup de questions graves, sans se donner la peine de les étudier et de les résoudre.

Agir dans l'intérêt d'un aliéné, en l'interdisant, ne peut s'entendre que des deux façons suivantes : 1° calmer ses souffrances ; rétablir sa santé ou l'empêcher tout au moins de la compromettre par les actes d'une vie désordonnée ; 2° assurer la satisfaction de ses désirs légitimes, et lui conserver ses biens et l'entière jouissance de ses revenus.

La santé est incontestablement un grand bien, car sans lui la vie n'est qu'un long martyre ou qu'une longue végétation ; mais il en est un plus grand encore : ce n'est, ni un philosophe, ni un turbulent réformateur, ni un idéologue qui l'ont dit, c'est un magistrat froid et grave comme la loi, c'est le judicieux procureur général Merlin : « La liberté est le plus grand des biens, celui dont l'homme se montre le plus jaloux. » En sorte que si, pour donner le premier, on est obligé de ravir le second, on prend le plus pour rendre le moins.

Pourtant, si la science était assez sûre d'elle-même pour payer, par de nombreuses années d'une santé prospère, le sacrifice de quelques instants de liberté, peut-être pourrait-on lui octroyer le droit d'exiger ce sacrifice Mais, hélas! que la science est loin encore de ce degré de certitude et de perfection! combien sont trompeuses les prévisions qu'elle forme, les craintes qu'elle inspire et les espérances qu'elle donne! — Elle n'est donc pas exposée seulement à s'emparer d'un grand bien pour en restituer un moindre, mais encore à prendre un bien réel pour en promettre un qui est imaginaire.

Dans l'exemple que nous avons cité, nous avons vu la science déclarer M. G... dangereux pour les autres et pour lui-même; incapable de diriger sa personne et d'administrer ses biens; et, pendant vingt ans, nous avons vu M. G... se promener librement dans les rues de Paris, sans que sa liberté ait nui à celle de personne; nous l'avons vu mener, pendant ces vingt années, une vie de dévouement, qui ne redouterait pas la comparaison avec celle des plus sages.

J'ai dit que je n'abuserais pas des exemples; je demande pourtant la permission d'en citer deux autres dans lesquels, il est vrai, l'erreur a été moins fatale, mais où elle a été, en revanche, plus éclatante et où elle sera, par cela même, je l'espère, plus féconde en enseignements, parce que la science a parlé ici par l'organe de ses plus éminents interprètes, dont la plupart ont l'honneur de siéger dans cette enceinte.

Si le hasard vous conduit, entre onze heures et midi, dans un des cafés les plus renommés du quartier Latin, vous trouverez probablement à votre gauche, en entrant dans la seconde salle, un personnage âgé d'environ soixante ans, vêtu d'une longue redingote qu'on dirait composée de trois planches ajustées par leurs bords; le corps grêle, abrité sous ce vêtement grotesque, n'est pas moins raide que le vêtement lui-même. Lorsqu'il entre dans le café, le personnage lance autour de lui un rapide, imperceptible et soupçonneux coup d'œil, et commande son frugal brouet, qui se compose presque invariablement d'eau claire, qu'il va puiser lui-même à la fontaine commune, de deux œufs à la coque et d'un petit pain qu'il a soin de choisir entre plusieurs, et dont il inspecte rigoureusement l'écorce, qui doit être vierge de toute solution de continuité ou de toute maculature suspecte. Avant de boire, il a soin d'essuyer minutieusement son verre, non avec la serviette que lui fournit l'établissement, mais avec un mouchoir qu'il tire de sa poche, et qui ne peut être imprégné d'aucun agent délétère.

Vous devinez, sans peine, pourquoi toutes ces précautions. Vous reconnaissez, à ces simples indices, un de ces mélancoliques si nombreux, qui croient, avec Jean-Jacques, que l'univers, ou du moins un fraction de la société conspire contre eux, leur tend sans cesse des embûches, et qui ont recours à tous les moyens imaginables pour se soustraire à des dangers chimériques. Le personnage auquel je fais allusion est, en effet, un de ces infortunés. Il a déposé les preuves de sa folie dans un écrit qui a déjà quatorze ans de date, et qui montre que la folie est au moins deux fois plus ancienne que l'écrit. Mais si cet écrit est un témoignage irrécusable d'aliénation mentale, il dénote aussi chez l'auteur une instruction, une étendue de vues, une rigueur de raisonnement, — (l'erreur première étant toutefois acceptée comme une vérité), — un talent d'écrivain, que sont bien loin d'égaler la plupart de ceux qui, moins modestes que d'Aguesseau, se croient assez puissants d'esprit pour marquer les limites « *presque imperceptibles* qui séparent la démence de la sagesse. » Dans cet écrit, M. X.... expose, avec une précision, une vraisemblance capable de séduire au premier abord les plus incrédules, toutes les manœuvres auxquelles se livrent les agents de la police secrète pour s'emparer de ses manuscrits, — lesquels ne traitent d'ailleurs que des sujets scientifiques, — et pour attenter à ses jours en l'empêchant de prendre du repos. Ces agents s'introduisent chez lui la nuit et le jour à l'aide de fausses clefs, etc. M. X.... se lève quelquefois brusquement pour repousser par la force ses ennemis; pour mettre ses manuscrits à l'abri de toute tentative, il les porte toujours sur lui.

Malgré ses talents, M. X... est donc fou ; mais, de plus, c'est un fou de la catégorie que la science considère à bon droit comme dangereuse, car il est naturel que celui qui se croit toujours attaqué, se trouve quelquefois disposé à se défendre en prenant l'offensive. La science devait donc ordonner la séquestration de M. X..., et l'opuscule déjà cité de M. Brierre de Boismont nous prouve qu'elle a été fidèle à ses principes.

« Le capitaine ***, dit cet aliéniste, à la page 72 de son travail sur l'interdiction, ancien élève de l'École Polytechnique, avait été placé dans mon établissement parce qu'il se figurait qu'on voulait l'empoisonner, et que, sous l'obsession de cette idée, il avait menacé plusieurs personnes de les tuer. Peu de temps avant son admission, il avait communiqué à la Chambre des pairs un mémoire très-remarquable sur les fortifications. Lorsqu'il abandonnait son idée fixe, il parlait avec une raison supérieure ; il n'était pas toujours facile de le mettre sur son thème favori. Des députés, des généraux vinrent me témoigner leur étonnement de sa séquestration ; ils paraissaient croire à un attentat contre la liberté individuelle. MM. Ferrus, Orfila, Devergie, furent chargés de l'examiner. Ils lui firent plusieurs visites. Les conclusions de leur rapport furent qu'il était aliéné et que son genre de folie exigeait qu'il fût renfermé dans un établissement spécial. Le capitaine s'adressa aux tribunaux, parut devant les magistrats, avoua qu'il avait eu des idées d'empoisonnement et qu'il en reconnaissait la fausseté. Il fut mis immédiatement en liberté. Peu de temps après, ses amis, qui avaient pris si vivement son parti, me dirent qu'il les avait injuriés, menacés comme empoisonneurs, et qu'ils s'étaient complétement mépris sur son état. » (BRIERRE DE B., *loc. cit.*, pag. 72.)

Ce que raconte dans quelques lignes mon distingué collègue est parfaitement exact; mais quand il imprimera une seconde édition de son intéressant mémoire, il pourra ajouter que le capitaine X... se trouve aujourd'hui dans le même état qu'il y a dix, vingt ou même trente ans; que malgré les appréhensions de ses protecteurs et les prévisions de la science, il a pu jouir, pendant cette longue période de temps, de ses biens et de sa liberté, sans compromettre la sécurité de personne.

Dans le dernier exemple que j'aie l'intention de citer, les interprètes de la science ont été plus nombreux, sinon plus éminents, et l'erreur a été peut-être plus frappante. Je me permets donc d'appeler sur ce fait toute l'attention de l'Académie.

M. Charles R..., aujourd'hui âgé de quarante ans, est actuellement moins intelligent que ne l'était l'infortuné M. G..., quoique beaucoup plus fort que lui sur le calcul; mais il est, en revanche, doué d'une bien moindre résignation, et, comme il n'arrive que trop souvent, c'est pour avoir moins pratiqué cette vertu évangélique qu'il a eu plus de bonheur.

Jusqu'en 1852, la vie de M. R... n'a été marquée par aucun événement qui puisse nous intéresser. Après avoir traversé ses études classiques avec un succès ordinaire, il entreprit sur une frégate de l'Etat, dont le commandant était un ami de sa famille, un voyage autour du monde, qu'il accomplit sans accident. A son retour, M. R... fit ses études de droit, passa trois examens, fut chargé pendant quelques temps, dans un journal quotidien, du compte-rendu des théâtres, et partit ensuite pour les Etats-Unis, après les sinistres journées de juin. Rappelé à Paris par une maladie de son père, au mois de novembre 1850, après deux ans et demi d'absence, sa vie et son état de santé n'offrirent rien de saillant jusqu'à la fin de l'année 1852. A cette époque, il se manifesta un affaiblissement de la vue, qu'on sut bientôt être causé par une amaurose, et qui augmenta graduellement au point de produire, après quelques alternatives d'amélioration apparente et d'aggravation, une cécité presque complète, vers la fin de 1853. Quelque temps après le début de l'amaurose, le caractère de M. R... se modifia notablement; ses facultés s'affaiblirent d'une manière très-sensible; M. R... devint irascible, crédule; son attention cessa de se fixer pendant longtemps avec suite sur le même sujet; il s'abandonnait quelquefois envers ses domestiques à des emportements dont la cause ne justifiait pas la violence. Il ne paraît pas, toutefois, malgré des affirmations contraires dans lesquelles il est malheureusement impossible d'avoir confiance, qu'avant le mois d'avril 1854, M. R... se soit livré à aucun acte de nature à faire supposer une altération grave des facultés cérébrales. C'est pendant un voyage qu'il fit, à la fin d'avril de cette année, aux frontières de la Belgique pour consulter un douanier-oculiste, que des désordres intellectuels se manifestèrent avec un caractère alarmant. Ces désordres avaient à peine duré deux, trois ou quatre jours, que M. R..., de retour à Lille, fut pris subitement, chez un de ses amis, des plus graves accidents cérébraux dont le caractère précis ne nous est connu que par le certificat suivant, signé : docteur C... et rédigé *six mois* après les événements.

« Je certifie avoir donné des soins à M. R... du 30 avril au 6 mai 1854, pour une gastro-céphalite aiguë dont il était atteint, et avoir constaté, à cette époque, chez ce malade, une affection amaurotique très-avancée et des signes certains d'aliénation mentale. » C...

« Lille, 28 octobre 1854. »

Un pareil certificat ne peut guère nous apprendre autre chose, sinon que celui qui l'a rédigé n'a pas des idées très-justes sur les maladies de l'encéphale, et que ses études médicales paraissent remonter à une époque où l'on croyait beaucoup trop à la gastrite, et où l'on était peu sévère sur l'observation. L'Académie n'a pas besoin que j'insiste pour s'apercevoir que, si le diagnostic unique de gastro-céphalite eût été suspect, le double diagnostic simultané de gastro-céphalite et d'aliénation mentale, porté chez un malade qu'on n'a vu que pendant huit jours, est à la fois suspect et compromettant.

Quoi qu'il en soit du véritable caractère des accidents éprouvés par M. R..., il est certain qu'ils ont dû être fort graves, car le malade n'en jamais eu conscience ; il en a nié l'existence pendant longtemps, croyant qu'on voulait abuser de sa crédulité quand on cherchait à lui en rappeler le souvenir, et il n'a fini par y croire que lorsque des personnes en qui il avait une entière confiance lui en ont affirmé la réalité.

Ce qu'il y a de certain aussi, c'est que, pendant la durée même de ces accidents, l'idée d'interdiction se fit jour dans l'esprit de l'un des parents de M. R... que la loi place au nombre de ceux qui doivent le protéger. Le 5 mai, ce parent écrivait à sa femme, sœur de M. R...

« .... Il n'y a plus guère que la machine de vivante chez ton pauvre frère ; dans la position où il est, il n'y a plus moyen de tarder davantage, c'est une obligation pour nous de le faire interdire. »

Prompte sollicitude de la famille, qui croit ne pouvoir tarder davantage à faire interdire un parent arrivé au septième jour d'une grave maladie aiguë, et qui commence à peine à reprendre ses sens !

L'action ne tarda pas à suivre la pensée : M. Charles R... fut ramené à Paris, le 6 mai, et conduit dès le lendemain, après avoir subi l'examen de trois médecins recommandables, dans l'établissement d'un de nos aliénistes les plus honorables et les plus distingués. Les trois médecins consultés avaient délivré le certificat suivant :

« Les médecins soussignés certifient que M. Louis-Charles R..., âgé de trente-quatre ans, demeurant rue Vivienne, n° 37, est affecté de démence et de paralysie générale accusant une affection cérébrale ancienne, et remontant, suivant toute probabilité, à un an au moins, et que cet état exige son séjour dans une maison de santé destinée au traitement de ces affections. »

« Signé : F... L... M... »

« Paris, ce 7 mai 1854. »

Les deux médecins de l'établissement confirmèrent bientôt ce diagnostic.

M. R..., une fois placé, ne put être visité que par sa famille, qui s'occupa aussitôt à remplir les formalités nécessaires pour faire prononcer l'interdiction. Un interrogatoire eut lieu dans l'établissement, le 26 août

1854 ; cet interrogatoire se compose de treize questions ; à l'exception d'une seule erreur de fait, peu importante, toutes les réponses sont parfaitement sensées, ainsi qu'on pourra s'en convaincre en parcourant les pièces justificatives qui se trouvent à la fin de ce travail. Néanmoins, à l'audience du 13 avril 1855, M. R... qui, par des motifs qui ne me sont pas suffisamment connus, ne comparut pas devant le tribunal, fut déclaré, par défaut, en état d'interdiction (1).

Ce jugement prononcé, la famille crut pouvoir donner à M. R... une certaine liberté ; on le plaça sous la direction d'un surveillant, et on le fit sortir de l'établissement, le 7 mai 1855, 365 jours après qu'il y était entré, car, ainsi qu'il le répète souvent, il avait compté les jours, ne pouvant lire les dates sur un calendrier.

D'après le conseil d'un avocat de ses amis, honorable autant que dévoué, et qui n'avait pu visiter M. R... une seule fois durant sa captivité, celui-ci fit opposition, le 7 juillet 1855, au jugement par défaut prononcé contre lui.

A la nouvelle de cette opposition, sans doute inattendue, les parents de M. R... le firent examiner de nouveau par quatre médecins dont deux sont des membres distingués et consciencieux de cette Académie ; ils délivrèrent, à la date du 11 juillet, une consultation écrite qu'on trouvera à la fin de ce travail, ainsi que toutes les autres pièces dont nous ne donnerons ici que le résumé, et dans laquelle ils déclaraient, entre autres choses, que « M. R... a été atteint de paralysie générale et qu'il est encore actuellement affecté de démence et *tombé en enfance ;* que sa maladie, qui semble momentanément améliorée, reprendra inévitablement sa marche, et se terminera d'une manière fatale ; qu'enfin, il est incapable de reprendre sans danger la libre direction de sa personne et de ses biens (2).

Ces déclarations, si nettes, ne parurent pas suffisantes au tribunal : il ordonna de nouvelles constatations qu'il confia à trois médecins distingués dont l'un figure avec honneur parmi les membres de cette Académie. L'avis des trois nouveaux experts fut à peu près en tous points conforme à celui des sept médecins qui avaient déjà examiné le malade,

(1) Voir note III.
(2) Voir note IV.

et, après un *court examen*, ainsi qu'ils ont eu soin de l'écrire, ils rédigèrent, le 19 juillet, un très-long rapport, dans lequel ils certifièrent l'existence chez M. R... d'une paralysie générale, l'amélioration momentanée de la maladie, et le retour plus ou moins prochain de sa marche rapidement fatale; enfin, « ***la nécessité d'entourer M. R... des mesures protectrices que la loi accorde à ceux que la défaillance de leur raison rend incapables de se protéger eux-mêmes*** (1). »

Quelque temps après la sortie de M. R.... de la maison de santé, je fus mis en rapport avec lui par l'ami généreux qui le conseillait, et qui était devenu le mien. Pénétré des principes que j'ai l'honneur d'exposer en ce moment devant l'Académie; convaincu par mes fréquentes conversations avec M. R.... de l'inexactitude de plusieurs des constatations dont il avait été l'objet, et de la cruauté qu'il y aurait à le frapper des sévérités de l'interdiction, je résolus de faire tous mes efforts pour l'y soustraire. J'engageai M. R.... à se faire examiner une fois encore par trois médecins que je lui indiquai; il y consentit; ces trois médecins se livrèrent à deux longs examens à la suite desquels ils rédigèrent une consultation, dont chaque mot, pour ainsi dire, porte l'empreinte de l'exactitude et de la précision (2), et qui se terminait par les conclusions suivantes :

En résumé, M. R... est actuellement atteint d'une double amaurose dont le début remonte déjà à plusieurs années et qui se complique d'un léger trouble dans la musculation des yeux. Postérieurement au début de cette affection, il paraît avoir été atteint d'une maladie encéphalique aiguë dont les suites réunies aux symptômes de l'affection antérieure des yeux, ont pu simuler une paralysie générale. Mais en raison de la marche presque constamment progressive, quelquefois stationnaire, jamais rétrograde de la paralysie générale, nous croyons pouvoir affirmer, d'après l'état actuel de la science, que cette affection, dont M. R... n'offre aujourd'hui aucun symptôme, n'a jamais existé chez lui. La paralysie, très-locale, très-circonscrite, de l'appareil de la vision, dont M. R... est atteint, constitue une maladie tout à la fois indépendante de la paralysie générale et très-compatible avec l'exercice des facultés intellectuelles.

CH. L... P. B... FR. DE ST-L...

« Paris, 9 juillet 1857. »

Cet exposé, dont je puis garantir exacts tous les détails pour les avoir

(1) Voir note V.

(2) Voir note VI.

nombre de fois constatés moi-même, ne ressemble guère, comme on le voit, aux consultations ou certificats qui avaient été rédigés précédemment, ni à ceux qui le furent quelques jours plus tard. Un peu ébranlé par ces contradictions flagrantes de la science, l'honorable défenseur de M. R.... voulut le soumettre à une observation plus rigoureuse et plus prolongée que n'avaient pu le faire les divers experts déjà consultés. Il demanda à M. R.... de vouloir bien passer quelques jours chez un médecin spécialiste pour y être observé nuit et jour; M. R.... y consentit, et là, pendant neuf jours consécutifs, il fut surveillé sans interruption jusque dans son sommeil. Le résultat de cet examen (1) fut absolument conforme, à des nuances imperceptibles près, à celui des trois médecins dont nous venons de transcrire les conclusions.

Ainsi, M. R.... se présentait devant le tribunal dans cette condition, triste pour lui autant que pour la science : dix médecins distingués ou même éminents croyaient à la nécessité de l'interdiction, tandis que quatre seulement, moins connus mais non moins distingués, tout en constatant chez M. R.... un certain affaiblissement de l'intelligence, pensaient qu'il pouvait continuer à remplir « *les devoirs généraux de cette vie commune et ordinaire* » qui constitue, suivant d'Aguesseau, la sagesse des jurisconsultes, et dans laquelle consiste aussi, à notre avis, ce que nous avons appelé la « sagesse pratique ou sagesse sociale. »

Aux lumières trop incertaines de la science, le tribunal crut devoir ajouter ses propres lumières. Le 13 août il fit subir à M. R.... un interrogatoire composé de soixante-sept questions; à part quelques superfluités qui dénotent une certaine faiblesse intellectuelle, il obtint soixante-sept fois des réponses d'une parfaite justesse et dont quelques-unes sont même remarquables par leur précision (2).

La sagesse de ces réponses ne pouvait soustraire M. R.... aux douloureuses émotions d'un débat contradictoire. Quelques jours plus tard, le public assista à un de ces navrants spectacles dont la plupart des procès en interdiction donnent la déplorable représentation : un avocat chargé de traduire les sentiments de sollicitude des parents de M. R....,

(1) Voir l'exposé de cet examen dans le *Moniteur des hôpitaux*, t. IV, p. 74, année 1856.

(2) Voir note VII.

insulte pendant une heure, d'une voix éclatante, leur frère aveugle et malade ; il dénature et tourne en ridicule tous ses actes, tous ses projets, tous ses sentiments; il lui rappelle avec insistance les accidents qu'il a éprouvés, les traces ineffaçables qu'ils ont laissées sur lui, leur retour prochain, et enfin l'inévitable et fatal dénouement qu'ils doivent avoir, d'après l'avis unanime des médecins les plus expérimentés ! Voilà, Messieurs, à quelles épreuves la loi de l'interdiction soumet ceux qu'elle veut protéger ! quels sauvages devoirs elle impose à leurs protecteurs !

Le défenseur de M. R.... chercha à adoucir les cruelles blessures faites par son adversaire; heureuse cette fois, la chaleureuse éloquence de Me Crémieux triompha, et, par un jugement en date du 30 août, M. R.... fut rendu à la liberté.

Malgré ce jugement, les protecteurs de M. R.... ne se crurent pas entièrement affranchis de leurs devoirs. Parmi les signes de la folie de leur parent, un des plus redoutables, à leurs yeux, était un certain projet de mariage ; ils résolurent de faire une nouvelle tentative en Cour d'appel pour défendre M. R... contre ce funeste projet. La Cour ne fut pas plus touchée que le Tribunal de leur pieuse persévérance, et, par un arrêt du 5 janvier 1856, elle abandonnna M. R.... à tous les dangers d'une vie indépendante.

M. R.... se hâta de profiter de sa liberté. On a vu que parmi les preuves les moins équivoques de la nécessité de l'interdire, les parents de M. R.... comptaient l'idée qu'il avait de songer à se marier dans la triste situation où il se trouvait ; il voulut compléter cette preuve en contractant un mariage, le 18 juin 1856; Mme R.... la compléta davantage encore en donnant à son mari un premier enfant le 1er avril 1857, et un second le 11 juin 1858; il ne semble même pas qu'elle soit disposée à s'arrêter à ces deux compléments (1).

Quant à M. R...., son état est exactement le même qu'en 1855, si ce n'est un peu meilleur, et avec cette différence que M. R.... était alors dans les plus cruelles angoisses, tandis qu'il jouit aujourd'hui de tout le bonheur que peuvent donner la richesse et les plus complètes satisfactions domestiques. Son interdiction n'aurait donc pas moins de raisons d'être maintenant qu'il y a cinq ans, et la sollicitude de ses protecteurs ne devrait pas être moins active. Pourtant, ce mariage, tant redouté,

(1) Au moment où cet ouvrage s'imprime, Mme R.... vient d'accoucher d'un 3e garçon.

paraît avoir calmé complétement les tendres appréhensions de sa famille, car depuis le jour où il a été célébré, elle ne lui a pas donné une seule fois signe de vie !

Je borne ici les exemples qu'il m'a paru le plus utile de faire connaître avec quelques détails, et je reprends la discussion qu'ils m'ont obligé d'interrompre, non sans avoir ajouté, toutefois, qu'il me serait facile de les multiplier.

Dans les deux faits qui précèdent, les erreurs de la science sont éclatantes autant qu'elles sont graves; il n'a pas dépendu d'elle que la misérable existence de M. G... n'ait été réservée aussi au capitaine X... et à M. Charles R... ; la médecine dont la noble mission est de soulager tous les maux quand elle ne peut les guérir, la médecine, méconnaissant ainsi les véritables et antiques principes de l'art, a tout fait pour favoriser les rigueurs de la loi, pour aggraver la situation de pauvres malades au profit de ceux qui étaient bien portants.

En dédommagement de ces fatales erreurs, de ce manquement à ses nobles traditions, quels bienfaits peut-elle offrir à ceux qu'elle concourt à priver de leur liberté? Il faut le reconnaître avec douleur, mais aussi avec franchise, car les aveux sincères sont un premier pas vers le progrès, ces bienfaits sont absolument nuls : une fatalité sinistre semble peser sur les malheureux interdits et stériliser, à leur égard, tous les efforts de la science? Qu'on en juge par les effrayants détails statistiques qui vont suivre, et qui seraient plus que suffisants, à eux seuls, pour faire repousser à jamais l'interdiction du code de la civilisation.

La thérapeutique mentale prétend guérir aujourd'hui un malade sur trois. Cette prétention, considérée d'une manière générale, ne me paraît pas établie sur des données à l'abri de toute objection ; mais tout porte à croire que, si elle n'exprime pas rigoureusement la vérité, elle s'en rapproche beaucoup. La dernière statistique donne, pour l'année 1853, une guérison sur 3,27 ou 30 et demi p. 100 (1), et, quoique cette statistique ne renferme pas elle-même tous les renseignements nécessaires, les chiffres qu'elle fournit donnent une approximation suffisante, pour qu'on puisse, sans inconvénient, négliger l'erreur possible. Une guérison sur 3,27, ce n'est pas là, d'ailleurs, un résultat dont la science ait à s'enorgueillir, et ce n'est point pour une telle perspective que l'on voudrait interdire un aliéné, si l'on n'avait en vue que l'intérêt de sa santé. Que serait-ce donc si, par un mystère, quant à présent impénétrable, l'interdiction réduisait, DE SEPT A HUIT FOIS, cette chance déjà si faible de guérison, et si, au lieu d'avoir, comme la généralité des aliénés, *une* chance de guérison sur *trois et un quart*, l'aliéné, dès qu'il est interdit, n'en avait plus qu'UNE SUR VINGT-TROIS ET UN TIERS.

(1) Le rédacteur de la statistique n'a trouvé qu'une guérison sur 10,89, ou 9,18 %. Cette énorme différence de proportion n'est, toutefois, qu'apparente : pour établir la proportion des guérisons, le rédacteur a comparé le nombre de celles-ci au nombre total des malades renfermés et traités dans les asiles d'aliénés, tandis qu'il faut les comparer au nombre des malades *admis* dans l'année que l'on considère. Il n'en est pas, en effet, des asiles comme des hôpitaux, d'où les malades sont renvoyés au bout de quelque temps, guéris ou non guéris : dans les asiles, la plupart des malades non guéris restent dans l'établissement à l'état d'incurables ; les compter dans les années qui suivent celle de leur entrée, c'est mettre sur le compte de la science autant de fois le même insuccès que le malade y a vécu d'années, moins une. En 1853, il a été admis dans les asiles 9,081 aliénés; il en est sorti, pour cause de guérison, 2,771; c'est donc une guérison sur 3,27, ou 30 1/2 %.

Telle est pourtant l'effroyable réalité ! Voici comment on s'en assure :

« *L'interdiction cesse avec les causes qui l'ont déterminée.* » Telle est la loi. *Les causes*, c'est la maladie. Quand la guérison est obtenue, les causes n'existent plus ; l'interdiction doit être levée. Le nombre des guérisons peut donc être évalué, rigoureusement, par le nombre des jugements de main-levée d'interdiction.

Or, pendant six années prises au hasard (1), il y a eu **3,201** interdictions, et **137** jugements de main-levée d'interdiction ; soit une guérison sur **23,38** !

Quelque aversion que l'interdiction m'inspire, mon esprit, je dois l'avouer, est resté confondu devant un pareil résultat, et mon premier mouvement a été d'en suspecter l'exactitude ; mais il n'y a pas à s'y tromper : chaque année les mêmes chiffres se reproduisent, dans les comptes-rendus de la justice civile, avec une persistance désespérante ; le fait est d'une implacable réalité. Aucun doute ne pouvant être conservé sur le fait, je lui ai cherché une explication favorable ; cette explication, je ne l'ai pas trouvée. J'ai voulu me persuader, d'abord, que les aliénés dont on provoquait l'interdiction étaient atteints d'une manière beaucoup plus grave que les autres ; qu'ils étaient déjà incurables, lorsque l'interdiction était prononcée ; mais le moindre examen des cas connus ne permet pas de s'arrêter à cette opinion : toutes les interdictions sont provoquées, soit dans les cas où l'aliénation est très-insuffisante pour jus-

(1) 1842, 1843, 1844, 1847, 1848, 1857.

tifier cette mesure, comme chez l'infortuné M. G..., soit dans les premiers temps de la maladie, comme chez M. R..., c'est-à-dire, dans ces cas, à une époque où l'incurabilité n'est pas plus probable pour eux que pour tous leurs compagnons d'infortune. Des manœuvres intéressées parviendraient-elles à empêcher les aliénés guéris de poursuivre le jugement de main-levée d'interdiction? Cette pensée et d'autres encore, qui se présentent involontairement à l'esprit, révoltent tellement les moindres sentiments d'humanité, que l'on n'ose s'y arrêter ni les approfondir, même lorsque l'on croit, comme nous le croyons, la cupidité capable de tout. Sans proposer donc aucune explication définitive, nous plaçons devant ce fait douloureux un sinistre point d'interrogation, et nous répétons purement et simplement, pour toute conclusion, qu'un mystérieux et fatal génie semble stériliser, à l'égard des aliénés interdits, tous les efforts de la science !

Voilà comment l'interdiction réalise cette intention du législateur : « les revenus de l'interdit doivent être essentiellement employés à adoucir son sort et à *accélérer sa guérison !* » Triste et trop concluante preuve de ce que nous disions précédemment, que la science, en exigeant des interdits le sacrifice de leur liberté, leur prend un bien réel pour leur en promettre un qui est imaginaire.

Mais ce sacrifice, les interdits en ont-ils réellement conscience? Apprécient-ils le bien qu'ils ont perdu? Quelques médecins le contestent; sans adopter complétement cette partie des discours des législateurs de l'an XI, où ils nient toute pensée, toute volonté, tout sentiment chez les aliénés, ces médecins pensent que la volonté de ces pauvres malades est si faible et si changeante, leur pensée si mobile, leurs impressions si fugitives, que la douleur morale ne peut à proprement parler exister chez eux, ou ne peut faire, tout au plus, que traverser leur cerveau comme un éclair. Il y a dans cette manière de voir un peu de vrai et beaucoup d'exagération. Au début de leur maladie, ainsi que je l'ai déjà dit, les aliénés possèdent toujours une grande partie de leur volonté et de leur intelligence, parfois, tous leurs sentiments affectifs, et ils peuvent les conserver pendant fort longtemps. Alors, ils souffrent comme nous de la contrainte imposée à leur volonté, et sont impatients du joug qui les opprime ; comme nous, et souvent plus que la majorité d'entre nous, ils sont avides de respirer l'air de la liberté. Il n'y a qu'une chose dont ils n'aient pas conscience, c'est de l'erreur ou des erreurs qui constituent leur folie, et cela même ne fait qu'augmenter la douleur et l'humiliation qu'ils ressentent de la contrainte qu'on leur fait subir. J'étais bien jeune quand l'occasion me fut donnée de constater, pour la première fois, la douleur morale que peuvent éprouver les pauvres aliénés, et pourtant, la scène dont je fus l'un des acteurs m'émut à un tel point, que lorsque j'y songe, à trente-cinq ans de distance, il me semble qu'elle est encore présente à mes yeux.

J'étais allé visiter à la campagne une jeune femme qui venait souvent dans ma famille apporter diverses provisions. Je trouvai sa maison gardée par son père, homme d'une force peu commune, d'une rare énergie, d'un courage indomptable, et qui était depuis quelque temps frappé d'aliénation mentale. Il était très-redouté dans le pays, et, pour qu'il ne s'éloignât pas trop de sa maison, isolée au milieu des champs, on lui mettait aux pieds ces lourdes entraves de fer, que l'on met aux chevaux pour les empêcher de s'écarter de l'endroit où on les mène paître. Quand j'entrai dans la maison, le malheureux fou était assis près de l'âtre, les fers aux pieds; je m'assis en face de lui pour attendre le retour de sa fille. A peine eûmes-nous échangé quelques mots, que je vis ses regards s'abaisser sur ses chaînes, et tout aussitôt des larmes sillonner sa mâle figure : « Mon petit monsieur, me dit-il en inclinant la tête, comme pour cacher ses pleurs, si jamais votre père devient malade comme moi, ne lui mettez jamais aux pieds ces indignes liens; cette humiliation le ferait trop souffrir, et pourrait lui donner regret d'avoir eu des enfants. »

En faisant cette navrante observation, je ne découvrais rien qui n'eût été découvert bien avant moi ; longtemps avant que je ne fusse au monde, longtemps même avant la rédaction du titre XI de Code Civil, l'immortel Pinel, pour engager ses contemporains à traiter les fous avec humanité, avait écrit ces véridiques et charitables paroles : « Quelque insensés qu'ils soient, la plupart de ces infortunés ont l'intelligence de leur captivité et le sentiment des douceurs qu'on leur procure. » (*Journ. de méd. chir. et pharm.* etc. ; août 1785, t. LXIV). Les peines morales des aliénés n'avaient donc pas plus échappé à la sagacité de l'illustre aliéniste que leurs douleurs physiques; s'il s'est attaché surtout à adoucir celles-ci, c'est qu'un homme ne peut tout faire, et que ce n'était pas trop, pour réussir dans ce qu'il avait entrepris, d'une volonté forte, d'une opiniâtreté inébranlable et de l'autorité que donne un grand talent. Je sais bien que les sombres pensées qu'engendre la séquestration n'assiégent pas incessamment l'esprit des malheureux reclus, et qu'il est des moments de répit à cette douleur comme à toutes les autres ; mais il suffit, tout le monde le comprend, qu'ils la ressentent de temps à autre, passât-elle, comme on le dit, avec la rapidité de l'éclair, — et il s'en faut bien qu'il en soit toujours ainsi, — pour que leur vie, supportable d'ailleurs, soit empoisonnée tout aussi longtemps qu'ils conserveront la conscience de leur triste situation. Contre ces vérités, à la portée de tout le monde, il n'y a pas de subtilités psychologiques qui puissent prévaloir. Pour décider si un être souffre, il n'y a pas deux juges : quand celui qu'on observe ou qu'on interroge donne des signes de douleur ou se plaint de souffrir, je conçois difficilement par quels arguments on voudrait nous convaincre qu'il se trompe. Lors donc que je vois presque tous les aliénés se plaindre amèrement et avec insistance de leur captivité, il me semble naturel de conclure qu'ils en souffrent, et qu'on ferait beaucoup pour leur bonheur, si on pouvait les rendre à la liberté. Pour les uns, ceux dont les lésions cérébrales suspendent définitivement leur marche après un certain temps, le poids des chaînes dure autant que la vie ; pour les autres, ce poids s'allége à mesure que la maladie continue ses ravages, et, bientôt, il cesse de se faire sentir; mais c'est lorsque les progrès incessants du mal ont éteint toute sensibilité morale, lorsque les malheureux sont réduits à cette existence végétative, où il leur est indifférent, ainsi que je l'ai dit ailleurs, de coucher sur la paille ou sur l'édredon, d'habiter un palais ou un hôpital. Nous savons déjà comment est respectée la loi, qui veut que l'on conserve soigneusement leurs biens aux interdits ; mais lors même qu'elle serait aussi fidèlement observée qu'elle est indignement violée, quel avantage pourrait-il en résulter pour ces malheureux, puisque, par le fait même de l'interdiction, *quatre-vingt-quinze* au moins sur *cent* sont voués à l'incurabilité !

Devant ce lugubre résultat, on pourrait se dispenser de pousser plus loin l'examen que nous avons commencé ; c'est donc moins par utilité que nous croyons devoir le poursuivre, que pour ne pas ne nous exposer au reproche de le laisser inachevé.

Fondée sur cette erreur que tous les aliénés qu'elle frappe sont « *hors d'état d'éprouver aucun sentiment,* » de se livrer à « *aucune réflexion,* » de « *comprendre aucun devoir,* » l'interdiction leur a défendu le mariage. La médecine, par malheur, est venue fréquemment au secours de la loi, en déclarant que l'exercice des fonctions sexuelles était funeste à la santé des aliénés ; c'est ce qu'elle a déclaré notamment pour M. Ch. R..., aujourd'hui père de deux charmants enfants. L'une et l'autre se trompaient gravement : la première avait oublié cette judicieuse remarque d'un illustre publiciste, qui n'en a pas toujours fait d'aussi justes : « C'est une règle de la nature, dit Montesquieu, que plus on diminue le nombre des mariages qui pourraient se faire, plus on corrompt ceux qui sont faits ; » la seconde, —

et elle est impardonnable de cet oubli, — avait perdu de vue cette importante vérité physiologique, à savoir que les appétits naturels ne perdent jamais leurs droits, et qu'en ce qui concerne les appétits sexuels, le mariage n'est pas seulement la meilleure condition sociale et morale pour les satisfaire, mais aussi la plus salutaire. Ce qu'une loi naturelle et générale pouvait faire prévoir, les faits particuliers l'ont démontré : les statistiques prouvent, en effet, que le mariage n'est pas moins favorable à l'intégrité des fonctions cérébrales qu'à celle des fonctions de tous les autres organes (1). L'interdire à tous les aliénés, c'est donc à la fois manquer aux règles de l'hygiène et assurer un tribut à l'immoralité.

Quelques médecins, il est vrai, ont considéré ce malheur comme bien préférable à celui de laisser engendrer, en permettant le mariage aux aliénés, des enfants dont quelques-uns seraient presque inévitablement destinés eux-mêmes à subir les atteintes de cette maladie ; ces médecins nous ont demandé si nous avions bien réfléchi, avant de conseiller le mariage à M. Ch. R..., et avant de l'approuver pour tous ceux qui se trouvent dans la même situation que lui. Nous croyons pouvoir dire, sans manquer aux lois de la modestie, que, si quelqu'un a manqué de réflexion dans cette affaire, ce n'est pas nous. L'objection qui nous a été faite, à propos du mariage des aliénés, prend sa source dans les principes hygiéniques que la plupart des médecins ont adoptés sur l'hérédité en général, sans avoir songé à se bien rendre compte de ces principes, sans s'être doutés des

(1) Voir note VIII.

conséquences sociales auxquelles ils conduisaient. Un des auteurs qui ont étudié avec le plus de profondeur, mais non pas toujours avec assez de sévérité, la grande question physiogique de l'hérédité, M. Prosper Lucas, interprétant la pensée de la grande majorité des hygiénistes et des médecins, veut que l'on repousse des liens matrimoniaux :

« 1° Tous les individus *personnellement* atteints de l'une des maladies qui, comme l'épilepsie, l'aliénation mentale, la phthisie, la scrofule, ETC., sont également redoutables pour toutes les familles ;

« 2° Tous les individus *personnellement* atteints d'une maladie quelconque, dont la famille trouve, dans son état de santé, ou dans le caractère de son organisation, des raisons de redouter le transport aux produits ;

« 3° Tous les individus *personnellement* exempts de ces maladies, mais dont les *ascendants médiats ou immédiats, directs ou indirects*, père, mère, grand-père, grand'mère, ou *oncles* ou *tantes* en ont été frappés. » (Dr Lucas, *Traité philosophique et physiologique de l'hérédité naturelle*, t. II, p. 906.)

Des exagérations portées à ce degré deviennent des puérilités qui n'exigent pas de réfutation. Pour qui connaît, d'une part, le nombre des individus que l'application de ces préceptes excluerait du mariage, de l'autre, les lois d'accroissement des populations, il est évident que cette manière de régénérer le monde conduirait à l'extinction prochaine du genre humain. Nous démontrerons, dans une étude spéciale sur l'hérédité, envisagée au double point de vue physiologique et social, que l'application, même beaucoup moins exagérée, des principes exposés par M. Lucas conduirait encore, quoique d'une manière plus lente, au même résultat, à la dépopulation et à l'extinction progressive de l'espèce humaine ; nous dirons alors dans quelles limites il faut restreindre cette application pour servir les intérêts de la société sans porter une atteinte coupable à la liberté individuelle. Mais c'est trop s'appesantir, peut-être, sur une digression ; reprenons donc, pour le moment, la discussion de notre thèse, en nous plaçant toujours au point de vue de la personne de l'interdit.

Les biens de l'interdit, que la loi voulait lui conserver. sont souvent la proie de collatéraux avides, c'est maintenant, pour nous, un fait acquis ; si le vœu de la loi était respecté sous ce rapport, les interdits n'en pourraient profiter que dans la proportion d'*un* sur *vingt-trois* ; c'est encore un fait acquis. Mais, à supposer que le contraire fût arrivé, que les interdits, revenus à la santé, dans la proportion d'un sur trois, par exemple, comme tous les autres aliénés, eussent retrouvé leurs biens intacts et en eussent repris l'entière jouissance, la loi aurait-elle été juste en leur en enlevant, même pour un temps, la disposition, sous prétexte qu'ils pouvaient les dissiper ? Les législateurs de l'an XI n'ont pas discuté cette question, et cela se conçoit, puisqu'ils ont tranché, sans discussion, celle de la liberté individuelle, dont celle-ci n'est, en quelque sorte, qu'un des petits côtés. Elle valait pourtant la peine d'un examen spécial. Les législateurs romains en avaient sans doute jugé ainsi, puisque la seule dissipation qu'ils eussent interdite au prodigue, était celle des biens qui lui venaient de son père mort *intestat* ; reconnaissant et consacrant par là le droit du prodigue à dissiper les biens qu'il avait acquis par son travail, par donation ou par testament. Au point de vue de l'individu, il ne nous semble pas que cette question puisse être résolue autrement que la grande question de la liberté individuelle ; nous dirons bientôt comment elle doit l'être au point de vue de la famille. Mais, avant d'aborder ce sujet, jetons un regard sur le chemin que nous avons parcouru.

Nous avons eu principalement en vue, jusqu'à présent, de montrer le but que la loi s'était proposé d'atteindre quant à l'intérêt de l'interdit, et les résultats qu'elle avait obtenus, en effet. Cette première partie de notre discussion peut se résumer ainsi :

L'interdiction a voulu sauvegarder les biens de l'interdit ; — elle les a livrés à l'avidité des spoliateurs ;

Elle a voulu adoucir la triste situation des aliénés ; — elle l'a considérablement aggravée ;

Elle a eu l'intention de rendre leur guérison plus facile et plus prompte ; — elle en a voué vingt-deux sur vingt-trois à l'incurabilité ;

En un mot, elle a voulu les protéger , et, sur tous les points, elle les a sacrifiés.

L'intérêt des aliénés, nous croyons l'avoir surabondamment établi, est celui qui a préoccupé surtout les auteurs de la loi sur l'interdiction ; mais il n'est pas le seul : ils se sont inspirés aussi des intérêts de la famille et de la société, intérêts toujours considérables et qu'on ne saurait s'empêcher de prendre en considération, lorsqu'on traite une question où ils sont, même accessoirement, engagés. Il nous faut donc suivre sur ce terrain les législateurs de l'an XI.

Telle est la diversité des esprits, qu'il s'en est toujours trouvé de réfractaires aux vérités les plus éclatantes ; qu'il s'est rencontré des hommes, ou plutôt des philosophes, qui, sans avoir complétement perdu la raison, ont pu mettre en doute jusqu'à leur propre existence, et qu'on doit désespérer de voir jamais l'unanimité régner sur un seul point. Il faut se rappeler cette triste infirmité de l'intelligence humaine, pour comprendre que l'institution de la famille ait pu trouver des adversaires ; mais il suffit aussi de savoir qu'ils n'existent que par suite d'une infirmité, exceptionnelle comme toutes les infirmités, pour comprendre qu'ils ne seront jamais redoutables. Sans parler des arguments victorieux que la famille peut opposer à ses ennemis, elle aura toujours pour elle cet instinct, plus puissant que les meilleurs raisonnements, qui réunit en un faisceau le père, la mère et les enfants, qui nous fait sentir plus encore qu'il ne nous apprend, que la famille est la base essentielle des sociétés, qu'elle en est la dernière réduction possible et comme le fidèle portrait en miniature ; c'est-à-dire qu'elle est l'unité des grandes agrégations humaines, lesquelles se composent de familles et non d'individus. Cette grande vérité, méconnue seulement de quelques organisations anormales, a frappé de tous les temps les hommes qui se sont occupés du perfectionnement des institutions sociales, et il est naturel qu'à l'exemple de leurs devanciers, les législateurs de l'an XI aient saisi l'occasion de montrer toute leur sollicitude pour la famille et de consacrer une fois de plus ses priviléges. Mais, lorsqu'on tend vers un but, il ne faut pas éviter avec moins de soin de viser au delà que de viser à côté, car c'est encore ne pas l'atteindre que de le dépasser. Les auteurs de la loi sur l'interdiction nous paraissent avoir commis cette faute, quand ils ont armé la famille du pouvoir de disposer de la personne ou même des biens d'un de ses membres, pouvoir qui est, en pratique, il ne faut pas le perdre de vue, la dernière et habituelle conséquence de cette loi.

Considéré par rapport à l'aliéné, ce pouvoir se rattache à la question de la liberté individuelle que nous avons traitée, et dont nous toucherons encore quelques mots en parlant de l'interdiction dans ses rapports avec les intérêts de la société ; nous croyons donc inutile de nous en occuper ici. Nous dirons seulement, au risque de nous répéter, — car nous voyons plus d'avantages que d'inconvénients aux répétitions de ce genre, — que si la famille est la base essentielle de toute société, la liberté individuelle est le principe fondamental des sociétés civilisées ; et que si, par impossible, il y avait antagonisme entre l'une et l'autre, mieux vaudrait encore la civilisation et la liberté sans la famille, fût-ce même avec l'anarchie, que la famille avec la barbarie et le despotisme domestique. Mais c'est trop déjà que de mentionner une hypothèse impossible : il ne peut y avoir antagonisme entre deux vérités, entre deux principes également incontestables, et, loin que la famille soit contraire à la liberté, elle en est un des plus fermes soutiens, et c'est là un de ses plus grands titres à nos sympathies et à nos respects ; pour que la famille et la liberté, loin de se nuire, se servent mutuellement, il ne faut que les maintenir l'une à l'égard de l'autre dans un juste équilibre ; c'est ce que n'ont pas su faire les législateurs de l'an XI.

En assurant la transmission des biens par l'ordre naturel des successions, dans le cas où l'interdit est célibataire, l'interdiction rattache au tronc de la fortune patrimoniale les parties qui en avaient été séparées ou qui étaient sur le point de l'être ; elle y réunit quelquefois des parties qui lui étaient étrangères ; en cela l'interdiction sert les intérêts matériels de la famille ; ce serait là son mérite, si elle ne l'achetait au prix d'une violation du droit de propriété et de succession, surtout du droit tel qu'il a été établi par les principes de 89, qui ont reconnu l'égalité de droit de tous les enfants et de tous les parents au même degré, à la succession de leurs parents, et la faculté pour tous les possesseurs de disposer librement de leurs biens, soit qu'ils les aient acquis par leur travail ou qu'ils leur aient été transmis par succession. Ce n'est pas ici le lieu de discuter si ces principes sont aussi favorables qu'on le croit à peu près universellement de ce côté du détroit, au but de la civilisation (1) ; il nous suffit de constater que nous vivons sous leur empire, et que l'interdiction les viole en substituant à la volonté du possesseur

(1) Nous ne laisserons pas, sur ce point, pressentir une conviction qui n'existe pas dans notre esprit; mais il nous sera permis de dire que cette grande question n'a jamais été discutée avec la sévérité que doit exiger aujourd'hui la science sociale. Nous ajouterons que si la science venait à nous prouver que les principes actuellement en vigueur ne sont pas les meilleurs, l'interdiction ne gagnerait rien à cette démonstration ; qu'elle y perdrait, au contraire, sous le rapport qui nous occupe, celui des intérêts de la famille, sa principale raison d'être.

l'aveugle fatalité du sort. L'article 901 du Code civil, qui exige que l'on soit « sain d'esprit » pour disposer de ses biens, ne fournirait qu'un faible argument contre notre opinion, ainsi que nous espérons le démontrer plus tard devant l'Académie, si elle veut bien nous prêter encore sa bienveillante attention.

Il est toutefois une situation où l'on conçoit qu'il puisse être juste de poser des limites au droit de propriété et de protéger les intérêts matériels de la famille ; c'est lorsqu'une mère et des enfants se voient menacés par les dilapidations d'un père, d'être privés de pain (1). Mais, à supposer que dans cette situation, qui ne serait autre que celle dans laquelle se trouve le prodigue, la question soulevée dût toujours être résolue contre le père, il n'en saurait évidemment résulter un argument en faveur de l'interdiction, puisque l'institution d'un conseil judiciaire suffirait dans ce cas à protéger la famille, comme elle a suffi, aux yeux des législateurs de l'an XI eux-mêmes, pour la protéger contre la monomanie de la prodigalité. Quoique la plupart des législations européennes, en cela plus arriérées que la nôtre, soumettent, impérativement ou facultativement la prodigalité aux rigueurs de l'interdiction, il nous paraît impossible que les esprits les moins progressifs voient aujourd'hui dans ces rigueurs autre chose qu'une cruauté inutile. La loi de l'an XI a donc fait plus

(1) Nous disons seulement qu'on conçoit que cela puisse être juste. Pour dire davantage, il faudrait faire une équitable appréciation des divers cas où peut s'élever un conflit délicat entre une des prérogatives du chef de famille qui touche de si près à la liberté, et les droits les plus sacrés de la famille elle-même. Une telle appréciation nous obligerait à des développements qui sont parfaitement inutiles, puisque, dans l'hypothèse même de la solution la plus défavorable aux droits du père, l'interdiction n'en serait pas moins une mesure inutile et, par conséquent, inhumaine.

qu'il ne fallait en faveur des intérêts matériels de la famille ; voyons ce qu'elle a fait pour les intérêts d'un autre ordre.

Les liens moraux et affectifs qui unissent tous ses membres, constituent l'essence même de la famille : plus ces liens sont étroits, plus est solide le faisceau qu'elle forme, plus est inébranlable l'appui qu'elle fournit à l'édifice social. Toute législation doit donc se proposer de resserrer ces liens dans la mesure compatible avec la liberté ; l'interdiction, loin de les cimenter, en est un dissolvant puissant : avant d'être prononcée, elle pose la famille en adversaire, si ce n'est en ennemie de l'aliéné prétendu, et l'on peut sûrement prédire que s'il y a la moindre résistance de la part de celui-ci, dès les premières poursuites, tout sentiment d'affection ou même de mutuelle bienveillance entre lui et sa famille est détruit sans retour : si la demande échoue, des sentiments de haine survivent au procès ; si l'interdiction est prononcée, il est à craindre qu'elle n'engendre des sentiments plus fâcheux encore peut-être que la haîne. Le premier effet de la mesure est de placer les demandeurs dans une de ces situations que l'immortel mélancolique de Genève veut, avec raison, que l'on s'applique à éviter, qui mettent nos devoirs en opposition avec nos intérêts, et qui nous montrent notre bien dans le mal d'autrui : « Dans de telles situations, dit-il, quelque vertu qu'on y porte, on faiblit tôt ou tard sans s'en apercevoir, et l'on devient injuste et méchant dans le fait, sans avoir cessé d'être juste et bon dans l'âme (1). » L'observation nous

(1) *Confessions*, Ire part, liv. II.

montre que, l'on ne faiblit, en effet, que trop souvent dans les situations que la loi de l'an XI a créées. Quand une fois la famille s'est assuré la possession des biens qu'elle convoitait; que leur possesseur naturel est réduit à l'impuissance et frappé d'une véritable mort morale ; qu'elle n'a plus rien à redouter pour ses intérêts du hasard des événements ni de l'inconstance des sentiments affectifs, elle éloigne ordinairement l'interdit du foyer domestique; bientôt le souvenir de l'absent, de même que le chagrin de la jeune veuve, s'envole sur les ailes du temps; on finit souvent par oublier que l'infortuné fait partie de la famille; heureux encore si, lorsqu'on vient à se rappeler son existence, on ne la repousse pas de la mémoire comme un souvenir importun, comme un incommode fardeau. Parcourez nos grands asiles, vous y rencontrerez des aliénés qui comptent de nombreux parents et qui, depuis dix, quinze et vingt ans, n'ont pas reçu d'eux une seule visite, une seule consolation!

Les législateurs de l'an XI ont vu, non dans cet oubli, qu'ils n'ont pas su prévoir, mais dans la séquestration et dans le mystère qui le favorisent, une sauvegarde pour la réputation des familles; ils ont parlé de la honte, du *déshonneur* même (1) qui pourrait rejaillir sur elles, s'il ne leur était pas permis de cacher au public le malheur qui les a frappées dans la personne d'un de leurs membres (2).

(1) « .....Ces considérations, puisées dans l'*honneur* et l'intérêt des familles... » etc. (*rapport au Tribunat*, par le citoyen BERTRAND DE GREUILLE.)

(2) Nous devons constater avec regret que cette préoccupation n'a pas été sans exercer une certaine pression sur les auteurs de la loi du 30 juin 1838, relative aux aliénés, et, avec plus de regret encore, qu'un aliéniste éminent a usé de toute son autorité pour

Nouvelle et affligeante preuve de l'empire des préjugés (1) sur les esprits les plus éclairés et animés des meilleures intentions ! Le préjugé qui a égaré les législateurs de l'an XI, est analogue à celui qui naguère encore repoussait de nos établissements hospitaliers les malades atteints de maladies dites honteuses, sous prétexte qu'elles étaient la juste et divine punition de nos déréglements ; c'est le même qui, malgré les protestations mille fois répétées de la philosophie, rend l'homme responsable de la fatalité qui le frappe ; préjugé qui a encore de si profondes racines dans le peuple de toutes les classes, c'est-à-dire partout où se trouvent réunies l'ignorance et la superstition ; préjugé qui prend sa source dans un sentiment faux et inhumain que doit flétrir la civilisation. Il est consolant de constater que toutes les familles ne partagent pas ce préjugé fatal, et qu'il en est qui savent surmonter une fausse pudeur pour remplir des devoirs dictés par les véritables sentiments d'humanité, éclairés par une haute raison ; nous pourrions en citer quelques-unes qui, à la connaissance de tous leurs amis, prodiguent à un parent aliéné les soins les plus touchants ; qui comprennent que la fa-

augmenter cette pression. Mais il nous faut ajouter pourtant, à l'honneur des législateurs de 1838, que leur préoccupation dominante a été celle de la liberté individuelle. Nous aurons occasion de montrer dans un autre travail jusqu'à quel point ils ont réussi à prévenir le mal qu'ils avaient redouté.

(1) Préjugés qui n'excluent pas, bien entendu, la contradiction : ainsi, tout en prétendant favoriser le secret des malheurs domestiques, l'interdiction n'en doit pas moins être prononcée par un tribunal, en séance publique, après des débats contradictoires plus ou moins retentissants, souvent publiés dans les recueils périodiques. D'ailleurs, parmi les intérêts que l'interdiction a voulu protéger, — car elle paraît avoir eu la prétention de résoudre ce problème : contenter tout le monde et son père, — se trouvent les intérêts des tiers qui auraient pu passer avec des aliénés des contrats susceptibles d'être frappés de nullité, pour cause d'incapacité de l'un des contractants ; pour que les tiers ne s'exposent pas à contracter ainsi, il faut que l'interdiction soit prononcée publiquement, qu'elle soit notoire ; le secret de l'interdiction aura donc ceci de particulier qu'il devra être gardé par tout le monde !

mille, pour être digne des joies qui lui sont réservées, doit savoir supporter ses douleurs ; que celles-ci ne peuvent pas être moins salutaires que celles-là, car elles sont plus morales ; et que pour être tout à fait digne de sa propre estime, il ne faut pas être, — qu'on nous pardonne le mot, — familliste dans le bonheur et communiste dans l'adversité.

Tels sont les sentiments que les législateurs doivent honorer et développer, dans l'intérêt de la famille aussi bien que dans l'intérêt social ; en justifiant, en protégeant des sentiments contraires, la loi de germinal an XI, n'a pas été seulement imprévoyante, elle a été corruptrice.

Le but des législateurs de l'an XI n'a pas été seulement, nous l'avons déjà dit, de sauvegarder les intérêts de l'aliéné et de sa famille ; ils ont voulu servir aussi ceux de la société. Mais, quelque soin que nous ayions mis à le chercher, nous n'avons pu trouver aucun rapport direct entre ces intérêts et l'interdiction.

Les droits de la société sur l'individu se résument d'un mot, et ce mot, nous l'avons déjà dit : « tout citoyen a droit de vivre libre, qui ne porte pas atteinte à la liberté d'autrui. » Quant à celui qui ne sait pas travailler à son bonheur, sans compromettre la liberté, la sécurité ou la propriété de ses semblables, il est évident qu'on ne saurait contester à la société le droit de prendre contre lui toutes les mesures nécessaires pour se mettre à l'abri de ses atteintes ; mais nous ne saurions voir rien de commun entre ces mesures et l'interdiction ; nous ne saurions comprendre que, pour garantir la société contre les mauvais penchants d'un monomaniaque incendiaire, il puisse être nécessaire de lui enlever l'administration et la libre disposition de ses biens et de lui interdire le mariage. Les législateurs de l'an XI auraient-ils été plus heureux que nous? auraient-ils saisi le lien qui se dérobe à nos regards? Rien n'indique, dans leurs discours qu'ils aient même songé à le chercher. Par quel enchaînement d'idées ont-ils donc été conduits à faire de l'interdition une loi de sûreté publique? Il n'est que trop facile de le deviner, malgré leur silence, quand on connaît les pentes naturelles et particulièrement la paresse et la superficialité de l'esprit humain : l'interdiction met la personne de celui qui en est l'objet à la disposition de son tuteur ; mais un tuteur n'est à la rigueur tenu que de veiller sur son pupille, et s'il juge qu'il n'y ait pas d'inconvénients à laisser celui-ci vaguer en liberté, rien ne l'oblige à le tenir séquestré ; en outre, les parents d'un aliéné peuvent ne pas juger à propos de le faire interdire, ou bien un aliéné peut n'avoir pas de parent ; dans tous ces cas, lorsque l'aliéné menace la sécurité publique, c'est à l'autorité chargée de protéger la sûreté de tous qu'il doit appartenir de mettre les aliénés dans l'impossibilité d'y porter atteinte : il faut donc armer cette autorité du droit de faire prononcer l'interdiction des aliénés dangereux. Telle a été sans doute la série de raisonnements des législateurs de l'an XI, raisonnements dont les seules traces se trouvent dans ce passage de l'*exposé des motifs* du citoyen Emmery :

« ..... C'est autre chose s'il s'agit d'un furieux dont les excès menacent le repos et la sécurité *publique* ; c'est alors, pour le commissaire du gouvernement, un devoir rigoureux de provoquer l'interdiction de l'être dangereux et nuisible. L'intérêt de tous doit ici prévaloir sur les ménagements et les égards particuliers. » D'après ce passage, il est évident que le seul but des législateurs a été d'armer l'autorité d'un pouvoir suffisant pour mettre un aliéné dangereux dans l'impossibilité de nuire ; l'interdiction donnant ce pouvoir au curateur, les législateurs, comme pour s'éviter la peine de faire une loi spéciale, n'ont rien trouvé de plus simple que d'étendre les prérogatives du curateur au *commissaire du gouvernement*, sans se préoccuper, sans paraître même se rappeler que ces prérogatives étaient bien plus étendues qu'il n'était nécessaire pour atteindre le but désiré ; sans songer que l'interdiction enlève à l'interdit d'autres droits que celui de vivre en liberté.

Les rigueurs inutiles sont toujours injustes, quand elles ne sont pas barbares : celles dont on frappait ici les aliénés, l'étaient d'autant plus, qu'elles ne remplissaient que très-incomplètement les intentions des législateurs. L'interdiction exige une procédure toujours longue, surtout quand on la poursuit devant les deux degrés de la juridiction ; en sorte qu'avant qu'elle ne soit prononcée d'une manière définitive, l'aliéné, s'il est dangereux, a tout le temps de s'abandonner à ses funestes impulsions. Ce grave inconvénient de la loi sur l'interdiction avait, ainsi que beaucoup d'autres, frappé depuis longtemps quelques publicistes ; il avait surtout frappé les médecins (1) ; sous l'inspiration de ces derniers principalement, les législateurs de 1838 ont voulu y remédier, en armant l'Autorité administrative du droit de faire séquestrer,

(1) Voir FALRET, *Observations sur le projet de loi relatif aux aliénés ;* Paris, 1837.

sans aucune formalité judiciaire, les aliénés qui *compromettraient l'ordre public ou la sûreté des personnes* (art. 18 de la loi du 30 juin 1838). Ce n'est pas ici le lieu d'apprécier cette disposition de la loi du 30 juin ; l'occasion viendra pour nous de discuter la loi tout entière ; nous nous bornerons, pour le moment, à présenter deux observations : la première, c'est qu'il y a lieu de s'étonner qu'après avoir donné si généreusement à l'autorité administrative les moyens de remplir sa véritable mission, celle de veiller à la sécurité et à l'ordre publics, les législateurs de 1838 n'aient pas cru devoir abroger l'article de la loi du 18 germinal an XI, destiné au même but, qui remplit ce but d'une manière beaucoup plus défectueuse, et qui n'est plus aujourd'hui qu'un fâcheux pléonasme législatif. Mais ce n'est là probablement qu'un oubli, une simple inadvertance. La seconde remarque touche davantage au cœur de la question.

Comme la loi du 18 germinal an XI, celle du 30 juin 1838 permet de sévir contre les aliénés réputés dangereux, en vue des dangers dont ils menacent la société, et pour des « *désordres* » qu'on ne prend pas la peine de spécifier. Ce sont là deux graves exceptions aux principes du droit commun.

Que la société ait le droit de prendre toutes les précautions nécessaires pour réduire à l'impuissance ceux qui mettent en péril la sécurité de ses membres, ce n'est pas nous qui le contesterons, nous qui adoptons dans toutes ses conséquences logiques le principe : *salus populi suprema lex ;* mais lorsque la sécurité de tous demande le sacrifice de la liberté de quelques-uns ou mieux d'un seul, il est une condiion absolument indispensable pour justifier ce sacrifice, c'est que le péril à conjurer soit certain. Dans le cas qui nous occupe, la science médicale élève souvent la prétention de le prévoir, et elle la justifie quelquefois ; quelquefois ce n'est pas assez ; pour légitimer la séquestration prophylactique, il faudrait que la science ne se trompât jamais, et les exemples que nous avons cités ne lui permettent pas, quant à présent, de prétendre à l'infaillibilité ; encore est-il probable qu'en présence même d'un pronostic infaillible, bon nombre d'excellents esprits reculeraient devant l'idée d'infliger une peine présente, et surtout une peine sévère, pour un délit futur. Nous ne sachons pas que les législateurs ou même les criminalistes, — du moins ceux qui n'ont pas été aveuglés par les passions politiques ou religieuses, — aient jamais songé à appliquer de pareils principes aux criminels ordinaires. La science morale, en beaucoup de points aussi positive déjà que la science médicale, nous apprend que la plupart des malfaiteurs récidivistes, qu'on laisse aujourd'hui vaguer librement dans nos campagnes et dans nos cités, renouvelleront inévitablement leurs criminelles tentatives, et les renouvelleront d'une manière plus dangereuse pour la société que les criminels aliénés, parce que leur intelligence leur permettra de les mieux combiner ; et cependant, malgré les menaces de mort qu'ils font planer sans cesse sur nos têtes, on respecte leur liberté jusqu'à ce qu'ils aient accompli des actes que l'on pouvait sûrement prévoir. Comment la société pourrait-elle équitablement se montrer plus rigoureuse envers ceux qu'elle croit dépourvus de toute raison que pour ceux qu'elle considère comme agissant dans la plénitude d'une volonté libre ! Une telle question porte avec elle sa réponse.

Non-seulement il répugne au sentiment de l'équité d'infliger des peines pour prévenir des faits qui ne sont que probables ; mais la véritable justice, c'est-à-dire la justice éclairée, veut que la société use de ses droits avec le plus de modération possible pour réprimer des faits accomplis, et qu'elle ne s'empresse pas de classer parmi les actions répréhensibles des écarts de raison parfaitement innocents, qui ne peuvent nuire qu'à ceux qui s'y abandonnent ; c'est une faute qu'elle commet très-souvent à l'égard des aliénés. Comment en pourrait-il être autrement, lorsque le législateur laisse à l'autorité le soin de définir ces mots : « *menacer le repos.* » (loi du 18 germinal), et « *compromettre l'ordre public* » (loi du 30 juin), et le soin d'appliquer la séquestration ou de provoquer l'interdiction, d'après son interprétation arbitraire. J'ai vu, dans une de nos grandes cités, un homme séquestré pour cause de désordre et de scandale publics, parce qu'il s'était promené dans les rues avec un bonnet de femme orné de rubans, et que ce costume étrange avait attroupé autour de lui une meute d'enfants et bon nombre d'adultes, assurément aussi déraisonnables que lui. C'est, à notre avis, porter beaucoup trop loin l'amour de l'ordre et de la décence que de le pousser jusque-là. L'autorité et le public lui-même, ou, pour mieux dire, le public surtout, qui a tant besoin en France d'apprendre à respecter la liberté et même les fantaisies d'autrui, quand ces fantaisies, quelque bizarres qu'elles soient d'ailleurs, ne peuvent nuire à personne, l'autorité et le public devraient savoir qu'il y a deux façons d'éviter le scandale : réprimer les actes véritablement scandaleux, et éviter d'être trop facile à scandaliser.

Quoique nous soyons loin d'avoir exposé dans tous leurs développements les objections qui s'élèvent contre l'interdiction quand on se livre à une étude complète du sujet, nous croyons pouvoir nous considérer comme arrivé au terme de l'examen que nous avons entrepris : si nous ne nous abusons, les graves, les très-graves inconvénients de cette loi ressortent assez clairement de la discussion qui précède, pour que tous les hommes de progrès adoptent la conclusion par laquelle nous résumons cette étude : *l'interdiction devrait être bannie du Code de la civilisation.*

COMPLÉMENT.

Là se terminait la lecture que nous avons eu l'honneur de faire devant l'Académie ; elle suffisait au but essentiel que nous nous étions proposé, qui était de mettre en évidence les vices radicaux de la loi sur l'interdiction, de faire comprendre, mieux que ne les avaient compris les législateurs de l'an XI, les droits de la raison et de l'humanité, ou de les définir tout au moins plus nettement ; de signaler les besoins de la civilisation et d'indiquer les espérances de l'avenir, mais d'un avenir, hélas ! sans doute bien lointain.

Ceux, en effet, qui, sans s'arrêter aux félicitations dont chaque siècle se gratifie à son tour, ont pris la peine d'étudier attentivement la marche du progrès, savent avec quelle lenteur il s'accomplit ; ils ne peuvent donc se bercer de l'espoir qu'un Code dont toutes les lois seraient basées, non sur de prétendus principes indémontrables de métaphysique, ou sur des théories hasardées, mais sur des faits et des démonstrations scientifiques rigoureuses, qu'un tel Code, qui seul mériterait le nom de *Code de la civilisation*, puisse jamais être jeté tout d'une pièce dans un moule ; ils savent qu'il ne peut être que l'ouvrage des siècles, si tant est que les siècles eux-mêmes puissent conduire cette grande œuvre à sa perfection. Ce n'est donc pas de la promulgation du code de la civilisation que les amis du progrès peuvent attendre l'abrogation de la loi du 18 germinal an XI.

Le progrès partiel lui-même, celui surtout qui doit s'opérer dans l'ordre des idées qui ne jouissent pas du privilége d'exciter les passions du vulgaire de toutes les classes, exige tant et de si grands efforts, qu'il ne faut pas espérer de voir l'interdiction renversée au premier choc de la raison qu'elle subira, et qu'il faut se résigner à la trouver longtemps encore inscrite dans les législations modernes ; et comme les amis sages et sincères du progrès doivent avoir pour devise : *Dura lex, sed lex*, il ne leur reste d'autre ressource que de chercher à améliorer ce qui est, en attendant qu'ils puissent le réformer. Cette ressource, d'ailleurs, n'est pas à dédaigner : si les améliorations peuvent avoir l'inconvénient de faire conserver pendant longtemps ce qu'il faudrait détruire par la base, elles ont l'inappréciable avantage de préparer un progrès qui, par cela même qu'il aura été plus lent, sera mieux étudié, plus en rapport avec l'état général des esprits, par conséquent, plus naturel et plus stable, moins sujet à ces tristes retours dont les commotions violentes et les réformes précipitées nous offrent de si fréquents exemples.

Un complément paraissait donc nécessaire à notre travail, c'était l'étude de la question suivante :

Peut-on, sous l'empire même de la loi du 18 *germinal an XI, et tout en en respectant l'esprit et même la lettre, améliorer la fâcheuse situation de ceux auxquels elle est appliquée.*

C'est la réponse à cette question que nous allons donner en peu de mots.

Il est un moyen de diminuer les inconvénients de l'interdiction, c'est d'en restreindre l'application. Pour un petit nombre de jurisconsultes, il y en aurait un autre : ce serait d'interpréter autrement qu'on ne le fait en général, les conséquences de l'interdiction, et de laisser aux interdits la jouissance de certains droits. Nous étudierons successivement chacun de ces moyens. Nous commencerons par le second, non que nous lui accordions la moindre valeur, mais parce que nous trouverons, dans la défense qu'en a faite un jurisconsulte éminent, une importante confirmation de la doctrine que nous avons exposée, et aussi une preuve décisive des habitudes déplorables admises en jurisprudence, et des capricieux hasards auxquels ces habitudes exposent les plus chers intérêts des citoyens. Les médecins, qui voient sans cesse, — quelquefois par leur faute, — leur science qualifiée de conjecturale, d'aventureuse même, ne liront pas sans utilité la discussion à laquelle nous allons les faire assister.

Nous avons dit que l'interdiction frappait le malheureux aliéné d'une véritable mort morale, puisqu'aux termes de l'article 502 « *tous les actes* » qu'il peut faire sont « *nuls de droit.* » Malgré la netteté de ces expressions, ce qui pouvait paraître impossible est arrivé, et certains jurisconsultes se sont posé la question suivante : *L'interdit peut-il faire lui-même valablement certains actes?* et, qui plus est, ils l'ont résolue par l'affirmative. Voici par quelles considérations un homme dont nous avons déjà eu l'occasion de louer le bon esprit et la force de dialectique, croit justifier cette solution, dans une discussion qu'on nous pardonnera de ne pas tronquer, malgré son étendue, car si elle ne prouve pas la thèse de l'auteur, elle a du moins le grand mérite d'être un éloquent et vigoureux plaidoyer contre l'interdiction :

L'interdit peut-il lui-même faire valablement certains actes?

La thèse que nous soulevons ici est très-importante; il s'agit de savoir si l'incapacité résultant de l'interdiction est complète et s'étend, sans aucune distinction, à toutes les facultés de la vie civile.

Or, cette thèse n'est pas moins difficile et moins controversée qu'importante.

634. — L'opinion s'est tout d'abord, après la promulgation du Code civil, généralement formée en ce sens, que l'incapacité de l'interdit était générale :

D'une part, l'art. 502 comprend textuellement tous les actes;

D'autre part, les motifs essentiels de cet article, la présomption d'insanité d'esprit sur laquelle il repose, la difficulté, l'impossibilité souvent de discerner les intervalles lucides, ne comportent aucune distinction entre les différents actes.

Tel est le double moyen sur lequel cette doctrine a été fondée. (Comp. Delvincourt, t. I, p. 55, note 1; Toullier, t. I, n° 502, et t. V, n° 57, note 2; Proudhon, t. I, p. 375, et t. II, p. 531; Duranton,

t. II, nos 27, 34, et t. III, no 759 ; Marcadet, t. I, art. 146 ; Grenier, *des Donat.*, no 104; Zachariæ, t. V, p. 14.)

635. — Et on en est venu ainsi jusqu'à prétendre que la présomption légale d'insanité d'esprit, qui résulte de l'art. 502, s'étendait même dans les matières criminelles, et dégageait de plein droit l'interdit de toute responsabilité envers la loi pénale. (Leseyllier, *Traité du droit criminel*, t. I, chap. I, note 46.)

Nous avons déjà réfuté cette proposition. (*Voy.* notre t. III, no 127, p. 182); et il nous paraît certain que l'art. 502 et toutes les autres règles de l'interdiction ne concernent que les matières civiles.

Ajoutons, en passant, que réciproquement la chose jugée au criminel ne lie pas non plus les juges civils en cette matière, et que ceux-ci peuvent refuser de prononcer l'interdiction d'un individu, lors même qu'un arrêt de cour criminelle l'aurait acquitté d'une accusation en se fondant sur ce qu'il était dans un état de démence et de fureur. (Corse, 2 mai 1827, minist. public. C. Lafranchi, D, 1827, II, 79.)

636. — La plupart des partisans de la doctrine que je combats ont eux-mêmes, d'ailleurs, répudié aussi cette proposition, et, bien loin de vouloir étendre aux matières criminelles l'application de leur doctrine, ils ne l'ont pas même présentée comme absolue dans les matières civiles, et certaines exceptions y ont été faites par les uns ou par les autres.

J'attache même un grand prix à constater d'abord ces exceptions, ces concessions, qui me fourniront bientôt, si je ne m'abuse, un argument très-favorable contre leur système tout entier.

637. — C'est ainsi que, parmi les jurisconsultes qui enseignent que l'interdit, par exemple, ne peut pas tester pendant un intervalle lucide, il en est qui enseignent en même temps qu'il peut reconnaître un enfant naturel. (Comp. Zachariæ, t. IV, p. 40 et t. V, p. 14 ; Favard, *Rép.* vo *Reconnaiss. d'enf. nat.*, sect. I, S. I, no 3.)

Et ces auteurs ont bien raison, suivant nous, de penser qu'une reconnaissance d'enfant naturel faite par l'interdit dans un intervalle lucide est valable. (*V.* notre t. III, no 127, p. 185, et notre t. V, nos 388, 389.)

638. — C'est ainsi encore que, sur la question de savoir si l'interdit

peut contracter mariage pendant un intervalle lucide, la division la plus profonde s'est mise dans le camp de la doctrine que nous attaquons ajourd'hui.

Il est des auteurs qui maintiennent devant cette hypothèse la présomption légale d'insanité d'esprit, résultant de l'art. 502; qui admettent pour le mariage les règles ordinaires de l'interdiction, et qui pensent, dès lors, que le mariage contracté par l'interdit est seulement annulable sous les conditions et dans le délai déterminés par l'art. 1304. (Duranton, t. II, nos 27, 33.)

D'autres enseignent, au contraire, que le mariage contracté par l'interdit est nul, ou, en d'autres termes, *non existant*, en vertu de l'art. 146, c'est-à-dire qu'ils aggravent ainsi, en ce qui concerne le mariage, la présomption légale d'incapacité résultant de l'art. 582 et qu'ils violent eux-mêmes ces principes de l'interdiction qu'ils invoquent! (Marcadet, t. I, p. 456.)

Enfin, d'autres dissidents encore professent que l'interdit peut se marier pendant un intervalle lucide, sous les mêmes conditions que le mineur, c'est-à-dire avec le consentement de ses ascendants ou du conseil de famille. (Zachariæ, t. III, p. 283.)

Nous croyons, pour notre part, que l'interdit peut, sans aucune condition ni formalité de ce genre, contracter valablement mariage pendant un intervalle lucide; et nous espérons l'avoir déjà démontré. (*V.* notre t. III, no 127.)

639. — Mais qu'il nous soit permis d'insister encore une fois sur les dissentiments, sur les contradictions, sur le désordre enfin et l'espèce d'anarchie, dont la doctrine contraire nous offre le spectacle.

La question pourtant, si difficile qu'elle soit, se présente en des termes très-nets et très-simples.

L'art. 502 s'applique-t-il aux actes qui ne peuvent être faits par le tuteur au nom de l'interdit, à ces actes, à ces facultés de la vie civile dont l'exercice inséparable de la jouissance est essentiellement personnel, comme de reconnaître un enfant, d'adopter, d'être adopté, de tester, de se marier?

Il nous est très-difficile de comprendre que l'on distingue entre ces facultés, et qu'en permettant à l'interdit de reconnaître seul un enfant naturel pendant un intervalle lucide, on enseigne en même temps qu'il ne peut se marier qu'avec le consentement de ses ascendants ou de la famille, et qu'il est tout à fait incapable de tester?

Toutes ces distinctions-là nous paraissent arbitraires. Elles attestent que l'on n'a point osé affronter toutes les conséquences de la doctrine qui généralise la présomption d'incapacité résultant de l'art. 502; mais toutes ces conséquences pourtant sont inséparables, elles se tiennent nécessairement les unes aux autres; et les différentes distinctions que l'on a voulu faire entre elles nous semblent démontrer ici l'absence d'une théorie véritablement juridique et rationnelle.

640. — Nous allons donc exposer la théorie qui nous paraît devoir gouverner tout cet ordre de questions.

Cette théorie a pour base la distinction que nous avons déjà plusieurs fois signalée entre les droits dont l'exercice peut être séparé de la jouissance, et les droits, au contraire, dont l'exercice est essentiellement personnel.

L'art. 502, suivant nous, ne s'applique qu'aux premiers; et quant aux autres, l'interdit peut les exercer lui-même pendant ses intervalles lucides.

Nous croyons pouvoir prouver que notre doctrine est conforme :

1° Aux traditions du droit romain et de notre ancien droit français;

2° A la raison, à l'humanité, non moins qu'aux règles de la science médicale;

3° Aux textes même du Code civil;

4° Aux principes de l'organisation de la tutelle, que ces textes ont établie.

641. — 1° Nous disons d'abord que, sous l'empire des législations antérieures, l'individu atteint d'aliénation mentale avait personnellement, dans les intervalles où sa raison lui était revenue, l'exercice de ces droits mêmes dont on prétend le priver aujourd'hui.

Cette proposition était, à Rome, hors de toute controverse :

« Furiosi, si per id tempus fecerint testamentum, quo furor eorum intermissus est, jure videntur esse testati. » (*Instit.* lib. II, titre XII, § 1.)

«..... Per intervalla, quæ perfectissima sunt....., ipsum posse furiosum, dum sapit, et hereditatem adire, et omnia alia facere, quæ sanis hominibus competunt. » (L. VI, c. *de Curat. fur.*)

642. — Il est vrai que, dans notre ancienne jurisprudence, des dissentiments s'étaient déjà produits et que l'on avait même soutenu que « l'interdiction pour cause de dérangement d'esprit ou de fureur est un obstacle absolu pour tester..... » (Ancien Denizart, t. IV, v° *Test.*, nos 156, 157.)

Mais l'opinion la plus générale était contraire; c'est ainsi que Meslé, après avoir dit que l'interdit ne peut contracter mariage, ajoute pourtant : « S'il y a des moments où il revienne à lui, il pourra, dans ces moments, se marier..... » (Partie II, chap. XIII, p. 475, 476.)

Et en ce qui concerne le testament, M. Joly de Fleury, dans ses plaidoyers, lors des arrêts des 11 mai 1703 et 10 juin 1704, rapportés dans le *Journal des audiences*, suppose formellement qu'il n'est pas nul, par cela seul que le testateur est interdit : « La preuve de l'imbécillité s'admet plus aisément que celle de la suggestion; il est des cas où on la reçoit et où elle est plus facile, *quand il y a eu interdiction précédente.* » (Comp. aussi M. de Lamoignon, dans ses arrêtés; le chancelier d'Aguesseau, *Plaidoyer du 15 mars 1698*; Furgole, *de Test.*, chap. IV, sect. II, n° 208; Ricard, *des Donat. et des Test.*, part. I, chap. III, section II.)

Qu'on n'objecte pas que le régime de l'interdiction, tel qu'il a été établi par le Code civil, est différent de ce qui avait été fait autrefois par les aliénés, soit par notre ancien droit, soit surtout par le droit romain.

Cette objection ne détruit nullement la preuve que je prétends déduire de ces citations historiques, à savoir, que les législations antérieures n'avaient pas retourné contre l'aliéné lui-même la protection qu'elles lui accordaient, et qu'elles n'avaient point paralysé, dans la personne l'exercice des droits qu'il était, en fait, capable d'exercer.

Notre ancienne jurisprudence se gardait même de cet excès avec tant de scrupule, qu'elle avait établi, dans l'interdiction, des différences et des degrés, et que l'incapacité qui en résultait, loin d'être toujours complète et totale, n'était parfois que partielle et limitée à une espèce particulière d'actes. (Ancien Denizart, t. IV, v. *Interd.*, n° 6.)

643. — 2° C'est qu'en effet, l'interdiction totale et absolue, quand même, ne serait plus une mesure de protection, mais constituerait elle-même, dans son exagération, une atteinte pleine de dureté et d'inhumanité aux droits les plus précieux du citoyen.

Qu'y aurait-il, en effet, tout à la fois de plus inconvenant et de plus tyrannique qu'une loi qui déclarerait absolument incapable, en droit, de reconnaître un enfant naturel, de se marier, de tester, un individu qui serait, en fait, très-capable de consentir tous ces actes? qui l'en déclarerait incapable, non point par l'effet d'une déchéance pénale quelconque, mais dans un but de garantie et de protection?

Et nous sommes parfaitement dans le vrai, quand nous disons que l'interdit peut être, en fait, très-capable d'avoir et de manifester une volonté intelligente et libre.

C'est une vérité depuis longtemps acquise à la science médicale, et confirmée de plus en plus aujourd'hui par les autorités les plus compétentes, que l'aliénation mentale est susceptible d'intervalles lucides (pour nous servir des termes de l'article 489), ou plutôt d'intermissions ou d'intermittences, pour nous servir du langage technique des aliénistes.

Et l'intermittence, ce n'est point une trêve fugitive, une lueur douteuse, un repos équivoque, *adumbrata quies*; c'est au contraire *perfectissimum intervallum* (l. VI, Cod., *de Cur. fur.*); c'est l'intelligence rendue à elle-même! c'est la raison revenue tout entière! c'est enfin la guérison complète, quoique momentanée!

Ecoutons le docteur Esquirol :

« Pendant les intervalles lucides et pendant l'intermittence, *l'aliéné jouit de la plénitude de sa raison*; il a la conscience des actes qu'il commet...; rien n'ébranle un aliéné qui est dans un intervalle lucide. » (T. I, p. 79 et suiv.)

Telle est aussi l'opinion de Pinel. (*Traité médico-philosophique de l'aliénation mentale*, p. 452.)

Broussais enfin va jusqu'à citer, dans son *Traité de l'aliénation et de la folie*, l'exemple d'une dame qui avait, depuis trente ans, des accès annuels de folie qui duraient trois ou quatre mois; elle en pressentait le retour et se rendait dans une maison d'aliénés; l'accès passé, cette dame retournait chez elle et conservait toute sa raison jusqu'à l'année suivante. » (*V.* l'article de M. Sacaze, dans la ***Revue de législation*** de M. Wolowski, t. I, 1851, p. 226.)

Eh bien ! en présence de tels témoignages, je dis qu'une loi qui éteindrait, dans la personne de l'interdit, ceux des droits qu'il ne peut exercer que par lui-même, c'est-à-dire les droits les plus précieux et les plus chers à l'homme ! qui les éteindrait d'une manière absolue, comme par une sorte de mort civile partielle, sans lui permettre jamais de les exercer, alors même *qu'il jouirait, pendant de longs intervalles, de la plénitude de sa raison!* qui l'enchaînerait ainsi, quand même ! lorsqu'il serait, au contraire, en pleine possession de sa raison, de son intelligence et de sa volonté ! qui l'empêcherait de chercher un soutien dévoué à son infortune, dans l'enfant qu'il reconnaîtrait ou qu'il adopterait (*V.* notre t. VI, n° 49); — de se choisir un ami plus sûr encore et plus dévoué dans l'époux auquel il s'unirait ! — de récompenser, d'encourager surtout, par une libéralité testamentaire, les soins et l'attachement dont il serait l'objet ; de révoquer, qui sait même peut-être ! un testament injuste par lequel il aurait antérieurement dépouillé ses propres parents, qui l'entourent aujourd'hui de leur affection ! je dis que cette loi-là dépasserait évidemment le but, et qu'elle tournerait son excessive protection en tyrannie !

644. — 3° Est-ce là ce que les rédacteurs du Code civil ont voulu faire et ce qu'ils ont fait ?

Je crois pouvoir prouver qu'il n'en est pas ainsi.

Et je le prouve d'abord par les termes mêmes.

Aux termes de l'art. 509 :

« L'interdit est assimilé au mineur pour sa personne et pour ses biens ; les lois sur la tutelle des mineurs s'appliqueront à la tutelle des interdits. »

Je ne prétends pas conclure de cet article que, le mineur étant capable de se marier et de tester, l'interdit doit aussi en être capable ; on a produit, je le sais, cet argument, dans l'intérêt de la doctrine que je soutiens ; mais il ne me paraît pas fondé, et je le désavoue moi-même. Je crois que l'assimilation établie par l'art. 509 ne s'applique qu'aux règles de la tutelle elle-même, et aux actes qui, dans l'un ou l'autre cas, rentrent dans les attributions du tuteur.

Mais, sous ce rapport et dans cette limite, l'assimilation est évidente; et l'art. 509 rend ainsi l'art. 450 applicable à la tutelle des interdits;

Or, il est certain que, lorsque l'art. 450 déclare que le tuteur représentera le mineur *dans tous les actes civils*, il ne comprend que les actes à l'égard desquels, en effet, cette représentation est possible; il est certain qu'il ne s'applique pas à la reconnaissance d'un enfant naturel, à l'adoption, au mariage, au testament.

Donc aussi, lorsque l'art. 502 déclare que *tous actes* passés par l'interdit, postérieurement à l'interdiction, seront nuls de droit, il ne s'applique qu'aux actes auxquels l'interdiction elle-même seulement s'applique, par la combinaison des art. 509 et 450.

On a toujours beaucoup argumenté de ces mots de l'art. 502 : *tous actes.....*; et, à vrai dire, c'est là toute la base de la théorie que je combats.

Eh bien! si je ne m'abuse, cette base doit crouler sous le coup du syllogisme que je viens de présenter.

Est-ce qu'en effet l'art. 450 ne se sert pas absolument des mêmes mots : *tous les actes de l'état civil!*

Or, on reconnaît, et il le faut bien, que ces mots, dans l'art. 450, ne s'appliquent pas à certains actes d'un ordre particulier.

Donc, il faut aussi reconnaître que ces mêmes mots, dans l'art. 502, ne s'y appliquent pas non plus.

Et il est impossible, en effet, qu'ils s'y appliquent; car il y a une indivisible corrélation entre les art. 450, 502 et 509 : *tous les actes* faits par l'interdit ne sont déclarés nuls de droit par l'art. 502 que parce que les art. 450 et 509 déclarent que *tous ces actes* doivent être faits par le tuteur qui le représente.

De l'un et de l'autre côté, on s'occupe des effets de la tutelle; et dès lors on ne parle que des actes auxquels la tutelle s'applique; on parle, il est vrai, de *tous* ceux-là, mais aussi *rien* que de ceux-là!

Quant aux autres, quant à ces actes, à ces facultés dont l'exercice est essentiellement personnel, le Code civil s'en occupe d'une manière spéciale et complète dans des titres en effet spéciaux, et qui prouvent de plus en plus qu'il n'en est pas du tout question dans les titres *de la minorité* et *de l'interdiction*.

C'est ainsi que le titre *du Mariage* règle la capacité du mineur (art. 144, 148, etc.), et qu'en ce qui concerne l'interdit, on demeure sous l'empire du fait : « il n'y a point de mariage lorsqu'il n'y a point de consentement. » (Art. 146).

M. Marcadet convient que « les annulations de mariage ont leur système à part, et qu'on ne peut appliquer aucune autre cause d'annulation que celles de ce chapitre (IV, du titre *du Mariage*); or, aucun texte de ce chapitre ne parle de l'annulation pour interdiction. » (T. I, p. 155). Voilà précisément ce que je dis; et je regrette que, d'un principe si parfaitement juste, l'honorable auteur déduise la conséquence, certes très-imprévue, que le mariage de l'interdit est tout à fait inexistant!

C'est ainsi encore que le titre *des Donations et des Testaments* règle la capacité du mineur (art. 903, 904), et qu'en ce qui concerne l'interdit, on demeure également sous l'empire du fait : « ..... il faut être sain d'esprit..... » (art. 901); d'où l'on a très-justement conclu que l'art. 504 ne s'appliquait pas aux libéralités, et d'où il faut conclure, non moins justement, que l'art. 502 ne s'y applique pas davantage.

Et cette argumentation répond en même temps à l'objection que l'on a tirée de l'art. 512, qui porte que l'interdit ne peut reprendre l'exercice de ses droits qu'après le jugement de main-levée de l'interdiction. Il est clair, en effet, que c'est là une pure pétition de principes; car la main-levée ne peut rendre à l'interdit que ceux des droits dont il était privé; or, ce que nous soutenons, c'est que l'exercice des droits qui nous occupent ne lui est pas enlevé par l'interdiction.

645. — 4° En rétablissant ainsi (nous le croyons du moins fermement) le véritable sens des textes du Code civil, et en particulier de l'art. 502, nous rétablissons en même temps les véritables principes en matière de tutelle.

La tutelle, quelle qu'elle soit, des mineurs ou des interdits est essentiellement une mesure de protection, elle n'a pas pour but, et elle ne doit pas avoir assurément pour résultat de frapper celui qu'elle protége, d'une sorte de mort civile partielle ! Or, c'est là évidemment qu'en vient la doctrine que je combats, doctrine inhumaine non moins qu'illogique.

Que le législateur ait créé une présomption légale d'incapacité en ce qui concerne les actes d'administration et de gestion, on le conçoit sans peine; le pouvoir de ces actes est confié au tuteur, et l'on ne pouvait guère admettre que ce pouvoir serait en quelque sorte intermittent lui-même, comme la maladie de l'interdit, pour cesser et pour renaître alternativement à chaque intervalle et à chaque rechute.

Et pourtant on sait que le droit romain, et même aussi notre ancien droit, avaient consacré ce système, et que, pendant les *bons moments*, comme disent nos vieux auteurs, *in suis induciis,* comme disait Justinien, le dément recouvrait le droit de faire seul toutes espèces d'actes.

Le Code civil n'a pas voulu de ces intermittences dans la tutelle, et nous croyons même qu'il a bien fait; mais pourquoi? Parce que l'incapacité personnelle de l'interdit n'est continue que corrélativement à la continuité du pouvoir tutélaire lui-même, et qu'elle ne s'applique qu'aux actes que ce pouvoir est chargé de faire pour lui; or, pour ces actes-là, le mal n'est pas grand! ils seront toujours faits par le tuteur ou par l'interdit, il n'importe guère; l'essentiel est qu'ils soient faits; et si l'interdit, en effet, est dans un état d'intermittence, il en conférera avec le tuteur, qui sera presque toujours alors, de fait comme de droit, son interprète et son représentant.

Mais soutenir que l'incapacité personnelle de l'interdit sera continue, même pour ceux des actes qui ne peuvent être faits que par lui seul, c'est accuser le législateur du Code civil d'avoir renversé toutes les traditions, tous les principes; d'avoir frappé le malheureux interdit, je le répète, d'une véritable mort civile; et cela, à l'époque précisément où les progrès de la science médicale ont de plus en plus attesté l'incontestable capacité de l'aliéné pendant ses intermittences; à l'époque, enfin, où, sous l'influence d'une civilisation plus avancée et de mœurs de plus en plus humaines, le législateur s'est montré, plus que jamais, jaloux de maintenir le respect dû à la liberté individuelle!

646. — Voilà donc, pour ce qui nous concerne, la théorie que nous proposons; celle qui est, à nos yeux, la seule conforme au texte bien compris du Code civil, aux principes, à l'humanité.

Où en serait d'ailleurs le danger? Nous ne l'apercevons pas.

Que l'insanité d'esprit soit présumée être l'état habituel de l'interdit (art. 489), et que l'obligation de prouver l'existence de l'intervalle lucide pèse sur la partie qui soutient la validité d'un acte par lui passé, nous le croyons sans peine.

Que la sagesse même de l'acte ne soit pas une preuve suffisante, c'est une proposition que le chancelier d'Aguesseau a très-bien démontrée devant le parlement de Paris, en 1698, et nous l'admettons également, tout en ajoutant néanmoins que ce sera là une circonstance à prendre en très-sérieuse considération.

Mais avec ces concessions et dans ces limites, je le répète, où est donc le péril? et que peut-on craindre?

Oh! certes, lorsque les magistrats appelés à prononcer sur une telle cause déclareront que l'acte en question, émané d'un interdit, le mariage, la reconnaissance d'enfant naturel, l'adoption ou le testament, que cet acte est valable, soyez certain qu'il sera, en effet, l'œuvre de son intelligence et de sa volonté très-saine et très-libre. (Comp. Merlin, *Rép.*, v° *Interdiction*, § 6, n° 6, et v° *Test.*, sect. Ire, § 1, art. 1, n° 6; Dalloz, *Rec. alph.*, t. III, v° *Disp. entre-vifs*, ch. I, sect. Ire, art. 1, nos 8 et 10.)

647. — En réservant à l'interdit la faculté de disposer à titre gratuit, pendant les intervalles lucides, nous n'avons, jusqu'à présent, parlé que du testament ou plus généralement de la faculté soit de faire des dispositions testamentaires, soit de révoquer des dispositions antérieurement faites.

La même règle semblerait devoir être appliquée à la donation entre-vifs, qui est également un acte de volonté toute personnelle et pour lequel l'article 901 paraît s'attacher uniquement, comme pour le testament, au point de savoir, en fait, si le disposant est, oui ou non, sain d'esprit. Cette observation a certainement beaucoup de gravité ; et nous comprendrions l'opinion qui assimilerait effectivement, en ce cas, la donation entre-vifs et le testament. (Merlin, *loc. suprà cit.*)

Cette opinion pourtant ne serait pas la nôtre; et si l'on nous objectait que nous risquons de compromettre, par cette exception, la théorie elle-même que nous venons de présenter, nous répondrions que nous n'avons pas cette crainte; et voici pourquoi.

C'est que la prétendue assimilation que l'on voudrait faire entre la donation entre-vifs et le testament serait profondément inexacte sous tous les rapports, et particulièrement en ce qui concerne la capacité personnelle du disposant. (*V.* aussi Coin-Delisle, art. 901, n° 9.)

C'est ainsi que la femme mariée, qui peut tester sans aucune autorisation, ne peut donner entre-vifs sans l'autorisation de son mari ou de justice (art. 905) ; c'est ainsi que l'individu pourvu d'un conseil judiciaire, qui a besoin de l'assistance de son conseil pour donner entre-vifs, n'en a pas besoin pour tester (art. 499, 413) ; c'est ainsi, surtout, que le mineur, qui à seize ans peut tester d'une certaine partie de ses biens, ne peut aucunement donner entre-vifs (art. 903, 904).

Ce dernier exemple surtout est de la plus grande force ; et nous pouvons en conclure que le législateur a pensé que le droit, qui serait accordé à l'individu placé en tutelle, de disposer entre vifs de ses biens, que ce droit, outre les dangers résultant de son exercice, de ses effets actuels et irrévocables, que ce droit, dis-je, n'était pas compatible avec l'administration du tuteur, dans les mains duquel la loi a placé tous les biens ; et c'est de ce motif aussi que nous avons déjà conclu que l'interdiction légale, qui n'empêche pas l'interdit de tester, ne lui permet pas néanmoins de donner entre-vifs. (*V*. notre t. I, n° 192, et aux autorités qui y sont citées, ajoutons un nouvel arrêt rendu depuis par la Cour de Colmar, 1er avril 1846, Recht., Dev., 1846, II, 625.)

Or, il nous semble logique et prudent de traiter, sous ce rapport, de la même manière l'interdiction judiciaire et l'interdiction légale.

Ajoutons que l'article 511 a pourvu à l'hypothèse la plus fréquente et la plus digne d'intérêt, et a ainsi détruit l'objection la plus redoutable qui aurait pu être adressée à notre doctrine.

648. — Il reste, à la vérité, une autre hypothèse encore, dans laquelle la même objection serait plus grave, c'est celle du mariage de l'interdit lui-même.

Est-il possible que la loi qui lui permet de se marier, ne lui permette pas de faire des donations par contrat de mariage et même de consentir des conventions matrimoniales ?

Je réponds assurément tout le premier : Non, cela n'est pas possible ; et voilà pourquoi je conclus *à fortiori* que l'article 511 sera applicable lorsqu'il sera question du mariage de l'interdit, et que ce que le conseil de famille est autorisé à faire pour son enfant, il doit être à plus forte raison autorisé à le faire pour l'interdit lui-même personnellement. C'est ainsi que l'individu pourvu d'un conseil judiciaire peut se marier sans aucune assistance, mais qu'il doit être assisté de son conseil pour le règlement de ses conventions matrimoniales. (*V.* notre t. III, nº 21, 22.)

Et en appliquant l'article 511 aux conventions matrimoniales de l'interdit, nous obtenons de plus cette importante conséquence de soumettre ainsi indirectement la question du mariage lui-même à la sagesse du conseil de famille, qui examinera s'il convient, dans l'intérêt de l'interdit, d'y mettre obstacle ou de le favoriser.

Avant d'examiner le fond même de cette dissertation, si remarquable à tant d'égards, qu'il nous soit permis d'enregistrer les aveux on ne peut plus graves qu'elle renferme, et qui, venant d'un jurisconsulte éminent, justifient si bien ce que nous avons dit du désordre fatal de la jurisprudence et de l'iniquité profonde de l'interdiction.

M. Demolombe demande, et ce n'est pas nous qui nous y opposerons, qu'on lui permette d'insister sur « *l'espèce d'anarchie* » dont la doctrine opposée à celle qu'il défend lui offre le spectacle ; espèce toute particulière, en effet, et espèce la plus mauvaise, puisqu'elle règne parmi les esprits les plus distingués, qu'elle envahit le sanctuaire même de la justice, et qu'elle livre au hasard des inspirations individuelles et à l'aveuglement des passions les droits les plus précieux des citoyens ! Quelle anarchie plus déplorable pourrait-on imaginer que celle qui permet toutes les hypothèses possibles sur le sens d'un texte de loi qui devrait être la lumière même ! Et quand on voit livrés à cette anarchie les esprits les plus éclairés, les esprits supérieurs qui cultivent la science du droit, que peut-on attendre de ceux qui, nécessairement parfois, ignorants et bornés, sont chargés de l'appliquer ! Ne serait-ce pas le cas, en présence d'un pareil désordre, de retourner contre la jurisprudence cette sorte d'anathème que, dans un accès de mélancolie, des médecins trop désillusionnés ont lancé contre l'objet de leurs propres études : « *Médecine, pauvre science! médecins, pauvres savants! malades, pauvres victimes!* » Si nous voulions citer des exemples, il nous serait facile de prouver que l'anarchie n'est guère moindre dans les faits que dans les idées; mais nous le croyons inutile; c'est assez insister sur un premier aveu dont la portée ne peut échapper à aucun esprit attentif et clairvoyant. Passons à un second, qui n'est guère moins précieux à la cause que nous défendons.

Nous avons déjà vu que M. Demolombe est partisan non-seulement de l'interdiction, mais de l'interdiction de l'an XI, qu'il juge supérieure à celle de notre ancien droit et à celle du droit romain (*V.* note n° 1); il ne peut donc être suspect de partialité; et pourtant il ne la considère comme supérieure qu'à la condition qu'on l'appliquera conformément à sa doctrine, c'est-à-dire à la condition que l'interdit conservera tous les droits dont l'exercice est exclusivement personnel, qu'il pourra faire valablement, dans ses intervalles lucides, tous les actes qu'un tuteur ni personne ne peuvent faire à sa place, tels que tester, se marier, reconnaître un enfant naturel, etc. Faute de cette condition, M. Demolombe déclare que l'interdiction « *ne serait plus une mesure de protection, mais une atteinte pleine de dureté et d'inhumanité aux droits les plus précieux des citoyens;* » qu'elle serait une « *tyrannie* » également condamnée par la *raison*, la *science* et l'*humanité*.

Or, de cette grave et solennelle déclaration nous pouvons déjà tirer cette conclusion, que l'interdiction a été jusqu'à présent tout ce que l'honorable jurisconsulte dit qu'elle serait, si l'on n'adoptait pas sa théorie; car, jusqu'à présent, l'interdiction n'a jamais été appliquée conformément à la doctrine qu'il cherche à faire prévaloir : depuis près de soixante ans, que la loi du 18 germinal an XI est promulgée, vingt-cinq mille citoyens plus ou moins aliénés ont été interdits; M. Demolombe pourrait-il en citer dix, pourrait-il même en citer un, qui ait pu valablement tester, se marier ou reconnaître un enfant, pendant un intervalle lucide? En sera-t-il dans l'avenir autrement que dans le passé? Rien ne permet de le croire; tout doit, au contraire, nous faire supposer que la théorie de l'ingénieux novateur ne fera pas plus de prosélytes qu'elle n'en a fait jusqu'à ce jour; nous regrettons que la vérité nous oblige d'ajouter qu'elle nous semble peu digne d'en faire; non qu'elle n'ait été inspirée à l'auteur par des sentiments excellents, mais parce qu'elle nous paraît aussi contraire à la dignité de la loi qu'aux véritables intentions de ceux qui l'ont faite.

Quant à ces intentions, on comprendrait difficilement qu'on ait pu les méconnaître, si l'on n'était prévenu de ces déplorables habitudes auxquelles nous avons déjà fait allusion et dont nous allons donner ici un premier exemple.

Le législateur dit formellement que « *tous actes* passés par l'interdit *seront nuls de droit.* » Il faut reconnaître qu'on ne saurait demander à un texte plus de clarté, et qu'on devrait s'estimer heureux si la loi était toujours aussi intelligible. C'est pourtant dans un pareil texte que les jurisconsultes ont su trouver des équivoques et même toutes les équivoques possibles ; qu'on juge par là des étranges commentaires auxquels peuvent donner lieu des textes véritablement obscurs. Par ces mots : « tous actes, » on a vu que certains jurisconsultes entendaient tous les actes, sauf les actes criminels, dont, suivant eux, les interdits pouvaient être responsables ; d'autres : tous les actes, moins celui qui consiste à reconnaître un enfant naturel ; d'autres encore : tous les actes, moins celui du mariage, que l'interdit ne pourrait néanmoins contracter que sous les mêmes conditions que le mineur ; d'autres, enfin : tous les actes, moins ceux dans lesquels l'interdit ne peut être suppléé, tels que l'adoption, le mariage et le testament. Cette dernière opinion est celle de l'auteur très-recommandable que nous avons cité. Et comment l'établit-il ? est-ce en cherchant dans les paroles mêmes des législateurs leur véritable pensée ? Nullement. Il se demande bien (n° 644) si les rédacteurs du Code ont voulu réellement défendre à l'interdit tous les actes, sans aucune exception ; mais, au lieu d'aller d'abord chercher sa réponse dans les écrits des auteurs qu'il interprète, il ne songe même pas à les consulter ; ils se livre à une discussion savante, nerveuse et d'un grand intérêt, nous nous plaisons à le reconnaître, mais pleine de subtilités dignes des beaux temps de la scholastique ; il confronte huit articles du Code, cherche à expliquer le sens des uns par le sens des autres, comme si tous avaient été conçus par le même esprit, rédigés par la même plume, et devaient former une harmonie parfaite ; et de ces rapprochements plus ou moins légitimes, de ces analogies plus ou moins naturelles, il fait sortir ce qu'il appelle une « *théorie* vraiment juridique et rationnelle sur les droits des interdits. » Une *théorie* pour décider si les législateurs ont voulu qu'un interdit pût ou non tester, reconnaître un enfant ou contracter un mariage !

Or, pour ceux qui ne tranchent pas de telles questions avec des théories, il est surabondamment démontré que les législateurs ne l'ont pas voulu. A supposer que les mots *tous actes* manquassent de clarté et pussent avoir un autre sens que celui qui leur est naturel, les législateurs de l'an XI ont assez souvent et assez formellement exprimé leurs véritables sentiments pour qu'ils ne puissent être l'objet d'aucune incertitude.

« ..... C'est ainsi, dit l'un d'eux, que l'interdit, ayant perdu la libre jouissance de *sa personne* et de ses biens, doit nécessairement passer *sous la puissance* d'un tiers, etc. » (BERTRAND DE GREUILLE, *Rapport au Tribunat*, séance du 5 germ. an XI). — Quand on a perdu la jouissance de *sa personne*, et qu'elle est passée sous la puissance d'un tiers, il semble assez peu probable qu'on en puisse disposer pour se marier.

Un autre rédacteur se sert à peu près des mêmes termes :

« ..... Du défaut de cette faculté, dérivent, d'un côté....., de l'autre, la nécessité de remettre à un tuteur le gouvernement *de leur personne* et de leurs biens. » (TARRIBLE, *Disc. au Corps législ.*) — Et pour qu'il ne puisse pas rester l'ombre d'un doute sur sa pensée, il ajoute ailleurs :

« L'interdiction ABSOLUE est nécessaire à l'égard de l'insensé... » (TARRIBLE, *Disc. au Corps législ.*)

A moins de supposer que les législateurs de l'an XI aient employé au hasard des mots dont ils ignoraient la valeur, on ne conçoit pas quels droits pourraient échapper à une interdiction *absolue*, ni comment on pourrait créer et exprimer une incapacité plus complète. Mais, s'ils n'ont pu se montrer plus *absolus*, les législateurs de l'an XI ont été encore plus explicites. Celui d'entre eux qui a été l'organe du conseil d'Etat, où la loi avait été préparée et où l'on devait, assurément, en connaître l'esprit, s'exprime ainsi : « ..... Vous apercevez, citoyens législateurs, la différence notable qui existe entre l'interdiction *absolue* et le simple assujettissement à prendre, dans certains cas spécifiés, l'avis d'un conseil :

« Ceux auxquels on donne un conseil ne sont pas incapables des actes de la vie civile; ils ne peuvent s'obliger, en contractant, dans les cas prévus, sans l'assentiment de leur conseil; mais, en général, ils sont habiles à contracter; ils peuvent *se marier*, ils peuvent *faire un testament;* CE QUE NE PEUVENT PAS LES INTERDITS *pour cause d'imbécillité, de démence ou de fureur.* » (EMMERY, *Expos. des motifs au Corps législ.*, séance du 28 vent. an XI.)

Si l'on croit pouvoir encore, après une déclaration aussi formelle, soutenir que les interdits ont la faculté de tester ou de se marier, il faut renoncer à se faire comprendre des hommes ou tout au moins des jurisconsultes; espérons que tout le monde ne sera pas jurisconsulte sur ce point, et qu'il sera désormais bien établi en droit, — comme il est établi en fait, depuis l'an XI, — qu'un aliéné interdit ne peut ni tester ni se marier, ni faire, en un mot, aucun acte valable, même pendant les intermittences de sa maladie. Telle a été, incontestablement, la volonté des rédacteurs du titre XI du Code Civil; ajoutons qu'au point de vue où ils s'étaient placés, il ne se pouvait pas qu'elle fût autre. La loi qu'ils ont faite est certainement irrationnelle, inhumaine, anti-scientifique, M. Demolombe l'a dit éloquemment et victorieusement prouvé; mais elle n'est point absurde, et elle le serait, ou peu s'en faut, si, toutes ses autres dispositions restant les mêmes, l'art. 502 devait être interprété comme le veut cet honorable juriste. L'interdiction des aliénés célibataires, nous le savons, est provoquée le plus souvent par la crainte d'un mariage ou d'un testament contraire aux intérêts matériels des familles; nous savons, d'autre part, que l'art. 510 laisse au conseil de famille le soin de décider si l'interdit doit être traité à domicile et conserver une certaine liberté, ou s'il doit être placé dans une maison de santé. Qu'arriverait-il donc si, jouissant de cette puissance, la famille pouvait encore craindre, après l'interdiction, ce qu'elle a précisément voulu éviter en la provoquant? Ce qui arriverait n'est pas difficile à prévoir : elle userait du pouvoir dont elle est armée; elle ferait séquestrer l'interdit, le soumettrait à une surveillance rigoureuse, l'empêcherait de recevoir aucune visite dans sa prison, et son prétendu droit de contracter mariage aurait pour unique résultat d'augmenter le poids de ses chaînes et de transformer une liberté relative en une dure captivité. Parvînt-il à tromper la surveillance de son tuteur et de sa famille, et à exercer un droit si éventuel, comment prouverait-il qu'il l'a exercé pendant une intermittence de sa maladie, surtout si l'on adopte cette étrange doctrine — à laquelle nous avons vu avec peine un esprit aussi judicieux que M. Demolombe se rattacher, — qui professe que la sagesse d'un acte n'est pas une preuve suffisante de la lucidité d'esprit de celui qui l'a fait, et que c'est à celui qui en soutient la validité de prouver la réalité de l'intervalle lucide, et non à celui qui la conteste de prouver que l'intervalle lucide n'a pas existé? Conçoit-on qu'il soit possible, dans de semblables conditions, de jamais démontrer la validité d'un testament olographe qui, rédigé presque toujours dans le recueillement de la conscience et de la solitude, n'aura et ne pourra avoir d'autres raisons de validité que la sagesse même des dispositions qu'il renferme, ou plutôt, — car sagesse est un mot bien difficile à définir, — le témoignage écrit que ces dispositions ont été le résultat d'une intelligence capable de réflexion et d'un raisonnement suivi, et l'expression d'une volonté bien arrêtée?

Quel est l'homme ou la femme qui se résignerait à associer sa vie à celle d'un malheureux interdit, avec la perspective que l'union qu'il va contracter sera presque sûrement exposée aux hasards d'une enquête judiciaire pleine d'écueils, au scandale d'un débat public, et qu'elle sera peut-être rompue au moment où un long et mutuel dévouement de la part des époux, où la suprême sanction de tout mariage, celle de la paternité, aurait dû le rendre sacré à tous les yeux! Concevoir et rédiger des lois dans un tel esprit, ce serait faire des actes les plus importants, les plus saints de la vie civile, une véritable loterie, des codes autant de recueils de logogryphes, et des magistrats une corporation d'OEdipes ! Si nous avons montré jusqu'à l'évidence que ce n'est pas là ce que les rédacteurs du Code civil ont voulu, il ne nous paraît guère moins évident que ce n'est pas non plus ce qu'ils ont pu vouloir.

L'idée qu'on s'est à peu près universellement faite des conséquences de l'interdiction est donc parfaitement juste : l'incapacité créée par l'art. 502 s'étend, malgré la grande autorité de M. Demolombe et malgré celle de Merlin, à *tous les actes, sans aucune exception*, que pourraient faire les interdits, et ce n'est pas en leur accordant la faculté de faire certains de ces actes que l'on doit chercher à diminuer les fâcheuses conséquences de l'interdiction, si l'on tient à respecter l'esprit et la lettre de la loi. Reste donc le second moyen dont nous avons parlé, qui serait d'en restreindre l'application. L'appréciation de ce moyen doit se trouver dans la réponse à la question suivante :

A quelles personnes convient-il d'appliquer l'interdiction pour concilier le plus possible le respect de la loi avec les droits de la raison et de l'humanité?

C'est cette réponse que nous allons essayer de formuler.

Après les dissidences dont l'article 502 a été l'occasion, on ne doit guère s'attendre à voir régner l'unanimité sur l'article 489 lui-même, qui a pour objet de définir l'état des personnes auxquelles le législateur veut qu'on applique l'interdiction. Dès que l'on ne conserve pas aux mots démence et imbécillité leur acception scientifique rigoureuse, ils n'ont plus aucun sens précis, et chacun reste libre de les interpréter au gré de son inspiration. Or, si les jurisconsultes sont d'accord en quelque point, c'est précisément en celui-ci, qu'il faut écarter de l'interprétation de ces mots toute préoccupation scientifique, et les prendre exclusivement dans leur sens *légal*, ce qui ne signifie autre chose que dans un sens obscur et qui varie avec chaque interprète ; car les jurisconsultes méritent bien qu'on leur rende cette justice, que, s'ils ont, en général, peu de penchant à prendre en considération les enseignements de la science, ils n'en ont guère davantage à respecter les intentions des législateurs. La discussion qui précède nous en a fourni une preuve convaincante ; il serait inutile d'en donner d'autres, et surtout d'en chercher de meilleures ; nous nous dispenserons donc de nous étendre sur les controverses auxquelles l'article 489 a donné ou pourrait donner lieu ; nous nous contenterons de rappeler sommairement comment il a été compris par quelques écrivains, et comment il convient de le comprendre pour répondre à la question que nous avons à résoudre.

Un magistrat, qui a apporté dans l'étude des questions relatives à la capacité civile des aliénés une connaissance assez approfondie des données scientifiques et une grande force de logique, mais dont l'excellent esprit a été égaré par les faux principes sur lesquels on fait reposer le droit, et dont il n'a pas su ou n'a point osé s'affranchir, M. Sacaze croit que tout individu atteint d'une monomanie, même très-circonscrite, doit être interdit.

Pour des motifs moins acceptables et avec une conviction moins arrêtée, se fondant sur une certaine théorie de l'indivisibilité de la raison humaine, que nous aurons à apprécier ailleurs, M. Troplong professe la même opinion ; il pense que l'Argien dont parle Horace, « qui allait s'asseoir avec un vrai plaisir dans le théâtre vide pour y applaudir des acteurs imaginaires, n'est *qu'un pauvre fou digne d'interdiction,* » quoique cet homme fût, d'ailleurs, » *un excellent citoyen qui remplissait à merveille les devoirs de la vie, bon voisin, bon époux, hôte aimable, maître indulgent pour ses esclaves, et qui n'entrait pas en fureur pour une bouteille débouchée, promeneur prudent qui savait éviter un précipice ou une pierre d'achoppement.* » Ainsi pense-t-il de cet honnête Athénien, qui s'imaginait que tous les vaisseaux qui entraient dans le Pirée lui appartenaient, mais qui, sur toutes les autres choses de la vie, n'était pas plus déraisonnable que le commun des hommes. (TROPLONG, *Code civ. expliq.*, t. II, n° 451.) Enfin, il trouve excellent un arrêt du parlement de Toulouse, annulant le testament d'un homme qui, « *sage sur tout le reste,* » s'imaginait qu'il était fille. (*Ibid.*, n° 456.)

Mais ce qui nous fait supposer que les convictions de M. Troplong, sur ce point, ne sont pas très-profondes, et ce qui prouve, en tout cas, qu'elles ne sont pas très-conséquentes, c'est qu'immédiatement après avoir voué à l'interdiction les honnêtes citoyens d'Argos, d'Athènes et de Toulouse, il plaisante les médecins (1) qui ont montré que Socrate et Pascal étaient, non pas des hommes à interdire,

(1) « Si Pascal n'était pas mort, dit-il, il n'aurait qu'à bien prendre garde à lui, car je connais maint docteur qui le tient pour halluciné. Socrate est bien heureux d'être venu si tôt ; il a *péri* du moins avec la réputation du plus sage des hommes, tandis qu'on pourrait bien trouver, dans plus d'un savant écrit médical, qu'il était à peu près monomane *avec* son démon familier. » (*Loc. cit.*, n° 452.) — Personne n'a prétendu que son démon familier fût monomane aussi ; Socrate était monomane, non pas avec son démon, mais parce qu'il croyait avoir des entretiens avec ce prétendu démon, qui ne pouvait pas être fou par la raison qui fait que Socrate l'était, raison que tout le monde comprend.

— une idée aussi saugrenue, que nous sachions, n'est venue à l'esprit d'aucun médecin, — mais qu'ils étaient hallucinés, et, — nous ajoutons, — monomaniaques. M. Troplong a sans doute trop de respect pour les témoignages historiques, surtout quand, parmi ces témoignages, il s'en trouve comme celui de Xénophon, pour contester que Socrate ait eu des conversations avec un être imaginaire ; il paraît trop res-respectueux envers Socrate lui-même pour le considérer comme un imposteur, et pour supposer qu'il feignît d'entendre ce qu'il n'entendait point en réalité ; enfin, M. Troplong respecte trop la raison pour ne pas reconnaître qu'un homme qui voit des objets ou qui entend des sons imaginaires est un halluciné, et que celui qui croit à la réalité de ces sons ou de ces objets est un halluciné maniaque ou monomaniaque, suivant le nombre d'idées fausses qu'engendre son hallucination ; il n'y a, sous ce rapport, aucune différence entre Socrate et l'Argien d'Horace, et s'il vivait de nos jours, ce n'est pas de peur des médecins que le philosophe d'Athènes aurait à « *bien prendre garde à lui,* » mais bien de peur des « juges, qui, tenant dans leurs mains la liberté et la capacité civile des personnes, » les font dépendre, non de « frivoles symptômes, » mais de théories plus ou moins hasardées sur des faits qu'ils n'ont jamais pris la peine d'étudier, et qu'ils ne connaissent que très-imparfaitement, quoiqu'ils en parlent avec beaucoup d'assurance ; les médecins instruits ne chercheraient nullement à compromettre la réputation de Pascal et de Socrate ; mais les juges en question pourraient bien mettre en péril leur capacité civile et leur liberté.

Au reste, s'il est quelques rares médecins qui méritent les reproches que M. Troplong leur adresse, il est en revanche des jurisconsultes qui ne méritent pas ceux qu'on peut adresser justement à M. Troplong. M. Toullier, par exemple, quoique très-disposé à faire à l'interdiction une trop large part, ne croit pourtant pas qu'on doive interdire l'Argien d'Horace, ce dont M. Troplong exprime son étonnement ; nous croyons que les esprits justes et éclairés seront plus étonnés de l'étonnement de M. Troplong que de l'opinion de M. Toullier.

M. Demolombe veut qu'on « ne tranche pas, en principe et absolument, la question de savoir si l'interdiction doit être appliquée à l'individu qui n'est affecté que d'une manie partielle et circonscrite. » Il pense que « le maniaque, » — (lisez monomaniaque) — « pourra être interdit, et qu'il *devra même l'être souvent, si l'on veut* ; mais ce qu'il conteste, c'est la théorie qui enseigne qu'il doit l'être toujours. Il est à présumer, » ajoute-t-il, « que la nomination d'un conseil judiciaire serait, *le plus ordinairement, en pareil cas,* la mesure qui serait adoptée. »

Il est assez difficile de comprendre comment un état pour lequel, d'une part, la nomination d'un conseil serait *ordinairement* la meilleure mesure à adopter, d'autre part, « *devrait souvent* nécessiter l'interdiction. » Cette contradiction dans les termes, prouve que M. Demolombe, qui a déploré, à si juste titre, l'anarchie qui règne sur l'interprétation de l'article 502, a lui-même obéi à cet fâcheuse tendance qui pousse les jurisconsultes à éviter en tout la précision, à laisser un champ libre aux appréciations particulières, à l'arbitraire des praticiens, c'est-à-dire, en définitive, à fournir un aliment à cette anarchie que l'on condamne soi-même avec tant de force. Les législateurs s'efforcent de rendre leurs textes clairs, et ils n'y réussissent pas souvent; les jurisconsultes semblent s'appliquer à les obscurcir, et ils n'y réussissent que trop. Il est vrai que M. Demolombe paraît plein de foi dans la sagacité des magistrats : « De quelque nom d'ailleurs, ajoute-t-il, que la science qualifie telle ou telle affection, les magistrats sauront bien la faire rentrer dans la division plus ou moins technique de l'art. 489, si, en effet, cette affection place la personne dans cet état d'incapacité auquel la loi a voulu subvenir. » Mais, sans être en aucune façon disposé à méconnaître le mérite des magistrats, on peut croire que ce serait leur faire beaucoup trop d'honneur que de supposer qu'ils tomberont tous d'accord sur des faits et des questions qui divisent des jurisconsultes aussi distingués que MM. Merlin, Demolombe, Sacaze, Toullier, Troplong, etc. En fait, il n'y a rien de moins vrai ; il suffit de lire un certain nombre d'arrêts pour se convaincre que la même altération de l'intelligence qui a suffi à telle cour pour lui faire prononcer l'interdiction, n'a paru exiger à telle autre que le secours d'un conseil judiciaire ; il ne serait même pas impossible de voir, dans la même cour, l'interdiction repoussée et admise tour à tour dans des affaires différentes, mais pour des états intellectuels semblables. Que serait-ce si l'on descendait dans la juridiction inférieure, à laquelle, par des causes diverses, tant d'interdits sont obligés de s'arrêter (1) ?

(1) Sur 641 demandes en interdiction jugées en 1858 par les tribunaux de première instance, et dont 607 ont été accueillies, 50 fois seulement les jugements ont été déférés

Ainsi, l'accord que M. Demolombe s'est plu à prévoir, sans y avoir, j'imagine, trop de foi, cet accord ne paraissait pas possible *à priori*, et, en fait, il n'existe pas.

Pour en terminer avec l'opinion de cet éminent jurisconsulte, et pour ne pas laisser à la doctrine qui admet l'interdiction des monomaniaques l'appui d'une autorité aussi recommandable, rappelons que, s'il approuve cette mesure, même d'une manière générale, ce n'est que sous des conditions particulières, conditions qui ne se sont jamais réalisées, qui ne se réaliseront jamais sous l'empire de la loi du 18 germinal an XI, et qu'ainsi M. Demolombe doit être rangé parmi les adversaires de cette loi, telle qu'elle a toujours été comprise, et par conséquent au nombre de ceux qui en désirent, comme nous, l'application la plus restreinte possible. Voyons donc jusqu'où l'esprit qui l'a inspirée permet de porter la restriction.

On connaît déjà les contradictions dans lesquelles sont tombés les rédacteurs du titre XI du Code Civil ; nous y avons assez insisté précédemment (Voy. p. 10 et p. 23 et suiv.), pour n'avoir pas à y revenir ; mais nous avons fait voir aussi qu'au travers et au-dessus de ces contradictions, apparaissait dans leur œuvre une pensée dominante sur laquelle nous devons maintenant nous appesantir : c'est que l'interdiction n'est applicable qu'à ceux qui ont entièrement perdu la raison, ou qui ne l'ont jamais possédée. C'est ce qui ressort de

aux cours d'appel, et, sur ces 50 jugements, 29, soit sensiblement les deux cinquièmes, ont été réformés ! Quelle preuve accablante des incertitudes qui planent sur les décisions judiciaires ! Quel plaidoyer éloquent en faveur des interprétations généreuses de la loi et, par conséquent, en faveur de notre doctrine !

plusieurs considérations que nous avons déjà présentées, mais que nous devons rappeler ici.

Cela ressort d'abord de la définition que les législateurs de l'an XI ont donnée des termes dont ils se sont servis dans l'article 489. M. Demolombe (n° 421), d'accord malheureusement en cela avec la plupart des jurisconsultes, pense, ainsi que nous l'avons déjà fait observer, que les rédacteurs du Code « n'ont pas eu la prétention de définir avec une précision rigoureusement scientifique les différentes variétés des maladies mentales, et que les expressions vagues qu'ils ont employées ont peut-être l'avantage d'être plus compréhensives, etc. » (Voy. p. 25.) Nous croyons que leurs intentions ont été mal appréciées. Cette sorte d'antipathie, plus ou moins naturelle et plus ou moins sincère, qu'affectent les jurisconsultes pour les dénominations et les définitions techniques, quoique fort générale, n'en est pas moins déraisonnable : il n'y a de précis, et par conséquent de clair, dans les sciences comme dans les arts, que les mots techniques, et si la première condition d'un texte de loi est la clarté, on ne saurait contester que les expressions et les définitions techniques ne soient les plus *juridiques*. Ce n'est guère, d'ailleurs, qu'à propos des applications de la science médicale, qu'une telle discussion peut s'élever : s'il s'agissait d'une application à la législation, de la chimie, de la physique ou de la géométrie, les jurisconsultes eux-mêmes s'apercevraient qu'il est non-seulement absurde, mais ridicule d'employer d'autres mots que les mots techniques, et de leur donner un autre sens que celui qu'ils ont dans la science; ils sentiraient, de plus, la nécessité d'étudier la valeur de ces mots avant de s'en servir, et s'ils n'avaient pas le loisir, le courage ou les ressources d'esprit nécessaires pour les étudier, peut-être auraient-ils la sagesse de s'en référer aux avis des hommes qui auraient été plus qu'eux patients ou favorisés. La science médicale, il est vrai, ne saurait s'imposer avec la même autorité que la plupart des autres, parce qu'elle-même, il faut bien le dire, manque souvent de précision; mais aucun esprit sensé ne songerait sans doute à se prévaloir de ses imperfections pour repousser les enseignements positifs qu'elle peut nous fournir. Ce n'est pas certainement ce que les rédacteurs du titre XI du Code Civil ont voulu faire; s'ils avaient eu l'intention d'interdire tout citoyen qui a éprouvé *une altération quèlconque* de la raison, ils se seraient probablement contentés de le dire purement et simplement, sans employer plusieurs termes pour exprimer la même idée, et sans donner de chacun des termes employés une définition différente; s'ils sont entrés dans des distinctions sur la forme et le degré des altérations, c'est que ces distinctions avaient de l'importance à leurs yeux; or, ils ne pouvaient les faire qu'avec le secours de la science. Ce secours, ils l'ont invoqué, soit en connaissance de cause, soit sans s'en apercevoir; mais, d'une part, la science de leur temps n'était pas en mesure de le donner aussi complet qu'on aurait pu le désirer, et, d'autre part, ils n'ont pas su faire usage de celui qu'elle pouvait leur fournir. Telle est la double cause de l'obscurité dont leur pensée est restée enveloppée, obscurité qui n'est pas telle, pourtant, nous le répétons, qu'on ne puisse la pénétrer. Avant de l'essayer, nous dirons, toutefois, que cette pensée restât-elle obscure malgré toutes nos recherches, ce serait un devoir pour tout le monde, à plus forte raison pour les ministres de la justice, de l'interpréter d'une manière favorable aux malheureux dont le législateur a voulu adoucir l'infortune.

Et d'abord, les rédacteurs du Code Civil ont-ils voulu, comme le prétend M. Troplong, appliquer l'interdiction aux individus qui se trouvent dans la situation de Socrate et de l'Argien dont parle Horace, c'est-à-dire aux monomaniaques? Le contraire nous semble évident; nous l'avons déjà prouvé (pages 26 et suiv.); nous allons essayer de le prouver de nouveau et d'une manière plus complète.

Comme pour tous les médecins, la prodigalité est, pour les législateurs de l'an XI, une véritable monomanie; ils se sont prononcés sur ce point de la manière la plus formelle : « *Il n'y a plus moyen de se dissimuler*, dit le citoyen Emmery dans l'*exposé des motifs*, que le dissipateur est *une espèce de fou* qui manque de discernement pour se conduire... » — « La prodigalité, dit le citoyen Tarrible dans le *discours au Corps législatif*, est *un genre de folie* ; elle a besoin de secours et de *remèdes* semblables — (semblables à ceux que réclament l'imbécillité, la démence et la fureur). » — L'orateur aurait mieux rendu la pensée de ses collaborateurs en disant remèdes *analogues*, puisque, en fait, le remède qu'ils ont prescrit contre la prodigalité n'est pas le même que celui qu'ils ont opposé à la folie complète, c'est-à-dire à la démence; mais ils n'en ont pas moins montré clairement par là qu'ils entendaient porter dans les choses la distinction qu'ils établissaient dans les mots.

Mais la prodigalité étant la seule monomanie dont le législateur se soit occupé d'une manière spéciale, n'en doit-on pas conclure qu'il a voulu comprendre les autres sous les termes de démence et d'imbécillité, et leur appliquer la règle générale de l'article 489? Une pareille hypothèse ne mérite pas même une réfutation. « On a longtemps douté, dit le rapporteur du conseil d'Etat, s'il y avait des mesures à prendre contre la prodigalité, » et nous avons déjà vu que, dans le projet de Code Civil de l'an VIII, les hommes éminents qui l'avaient préparé s'étaient contentés d'offrir au prodigue « un conseil volontaire, » c'est-à-dire facultatif. Les législateurs de l'an XI ne se sont décidés à être plus sévères, — ils ont pris soin de le dire, — que parce qu'ils ont vu, dans les perturbations domestiques qu'amène la prodigalité, un grand danger pour la conservation des familles, indiquant assez clairement par là que, sans ce puissant motif, ils auraient respecté le droit de propriété chez le monomane prodigue, comme ils l'ont respecté chez le monomane avare, et indiquant très-clairement aussi que l'action de la loi protectrice ne devait pas s'étendre au delà de ce qui était strictement nécessaire pour assurer l'efficacité de la protection. Loin donc que, par les termes généraux de démence et d'imbécillité, les rédacteurs du Code Civil aient embrassé toutes les monomanies, moins la prodigalité, il est certain, au contraire, qu'ils ont soustrait et voulu soustraire à l'application de l'article 489 toutes les monomanies, et qu'ils ont ensuite créé une disposition spéciale et exceptionnelle pour la monomanie de la prodigalité.

Et non-seulement leur intention a été de n'appliquer l'interdiction qu'à ceux dont toutes les facultés étaient altérées, mais encore ils ont exigé que l'altération fût portée à un degré très-avancé, qu'ils n'ont pas réussi à déterminer très-exactement, il est vrai, mais dont il nous paraît néanmoins possible de tracer très-approximativement les limites.

Ce n'est pas, toutefois, en suivant les habitudes des jurisconsultes que nous y arriverions sûrement, ces habitudes que nous avons déplorées et dont nous trouvons ici un nouvel exemple. En linguistique, c'est une règle, pour trouver la signification d'un mot, de rechercher si l'auteur qui l'a employé en donne la définition; de rapprocher les différents passages où ce mot se rencontre, pour faire jaillir de cette sorte de confrontation la pensée que l'auteur a voulu y attacher. En jurisprudence, cette méthode semble peu goûtée : le législateur peut définir les termes qu'il emploie ; il peut, dans de nombreux passages de ses discours, donner l'indication du sens qu'il y attache; les jurisconsultes ne paraissent point s'en préoccuper : soit qu'ils jugent cette préoccupation inutile, soit qu'ils se croient plus éclairés et plus profonds que le législateur, soit qu'ils s'imaginent pénétrer sa pensée mieux qu'il ne l'a fait lui-même, soit par tout autre motif, toujours est-il qu'au lieu de chercher la lumière dans les définitions et les commentaires des auteurs de la loi, chacun se croit autorisé à faire des commentaires nouveaux et même à formuler des définitions nouvelles; de là cette anarchie qui a déjà été plusieurs fois signalée. C'est ainsi que les auteurs de la loi du 18 germinal an XI ont donné les définitions des mots imbécillité, démence et fureur, et que cela n'a pas empêché chaque jurisconsulte d'en proposer d'autres, en général plus défectueuses (1), et de les substituer, sans plus de façon, à celles des législateurs.

On nous pardonnera de ne pas suivre cet exemple, et de chercher exclusivement l'esprit de la loi dans les discours et les définitions de ceux qui l'ont faite. Voyons donc s'il est permis d'interpréter légitimement, dans l'esprit de notre travail, les définitions des rédacteurs du Code Civil.

De ces définitions il faut retrancher celle du mot fureür, dont il est parfaitementinutile de s'occuper, car, sur ce point,

(1) Il nous serait facile de citer un grand nombre d'exemples à l'appui de notre appréciation ; les suivants paraîtront sans doute suffisants :

« L'imbécillité, c'est la faiblesse d'un esprit qui n'a pas la force de concevoir (*imbecillis*); c'est l'absence d'idées, l'idiotisme ; elle est le plus souvent originelle, quoiqu'elle puisse aussi résulter de quelque violente commotion et surtout du grand âge et de la longue vieillesse ; l'imbécillité n'est pas seulement habituelle, elle est permanente et n'admet pas d'intervalles.

« La démence, c'est le désordre des idées ; ce n'est plus la faiblesse, c'est le dérangement des organes, dont les fonctions sont altérées. Le dément ne manque pas d'idées ; tout au contraire ! il en a presque toujours même beaucoup trop, mais des idées déréglées, discordantes ; cet état est continu ou intermittent, suivant sa plus ou moins grande gravité.

« La fureur enfin, c'est la démence avec un caractère de plus ; la démence exaltée, exaspérée, qui se porte à des excès dangereux pour celui qu'elle travaille ou pour les autres. Elle n'est pas continue, elle ne pourrait pas l'être sans épuiser bientôt toutes les forces de l'organisation ; et même ses accès sont presque toujours suivis d'une sorte de prostration et d'anéantissement. » (Demolombe, *loc. cit.*, n° 419.)

Ces définitions sont les moins défectueuses que nous ayons trouvées dans les jurisconsultes : la première est même à peu près irréprochable, quoiqu'en définitive, elle ne dise pas beaucoup plus que celle des auteurs du Code ; la seule supériorité qu'elle ait sur celle-ci, c'est qu'elle signale la permanence de l'état d'imbécillité, que les termes de l'article 489 tendraient à faire considérer comme pouvant être intermittente.

Quant à la seconde, elle est notablement inférieure à celle des législateurs : non-seulement les explications de *dérangement des organes*, *d'altération des fonctions*, etc., sont surabondantes ; mais la dernière phrase exprime une opinion oiseuse au point de vue du but de la définition, et entièrement erronée au point de vue de la science : l'intermittence est loin d'être toujours en rapport avec le degré de gravité de l'aliénation : il y a des manies (démences du Code) intermittentes, qui sont incurables ; il y a des manies continues, qui guérissent parfaitement.

La fureur nous paraissant, ainsi que nous l'avons dit, peu importante à considérer, nous ne dirons rien de la définition de cet état.

Faisons remarquer que, dans ces définitions, comme dans celles qui vont suivre, les

leur erreur a été complète. L'état de fureur, on l'a déjà fait observer, ne peut pas être un état habituel, et si l'on respecte la lettre de l'article 489, il est certain qu'on ne prononcera jamais l'interdiction pour cause de fureur. Nous n'avons donc à nous occuper que de la démence et de l'imbécillité.

Quoique l'on pût désirer, dans la définition de l'imbécillité, des termes plus appropriés, ou, si l'on veut bien nous le permettre, des termes plus techniques, elle nous paraît cependant prêter aussi peu que possible à l'équivoque, et, pour que les juristes n'aient pas cru pouvoir s'en contenter, il faut que le désir de faire du nouveau les aiguillonne bien vivement. « L'imbécillité, dit l'orateur du Tribunat, est une faiblesse d'esprit causée par l'*absence* ou l'*oblitération* des idées. » On peut n'être pas satisfait du choix du mot *oblité-*

auteurs sont entrés largement dans le domaine de la science, quoique leurs principes, disent-ils, soient d'y rester étrangers.

Voici d'autres définitions, qui sont encore moins heureuses :

« L'imbécillité est cette faiblesse d'esprit qui, sans priver entièrement la personne de l'usage de sa raison, ne lui laisse toutefois que la faculté de concevoir les idées les plus communes et qui se rapportent presque toujours à ses besoins physiques et à ses habitudes. Cet état est ordinairement permanent.

« La démence provient, non de la faiblesse des organes, mais de leur dérangement ; elle est plus ou moins continue, suivant que leurs fonctions sont altérées sous un plus ou moins grand nombre de rapports.

« La fureur est l'état de démence porté au plus haut degré ; elle provient du dérangement et de la contraction des organes, dont les fonctions discordantes excitent les furieux à des mouvements dangereux pour eux-mêmes et pour les autres. Ordinairement cet état n'est pas continu. » (Toullier, n° 1310 ; Duranton, t. III, n° 713, cités par Dalloz, *loc. cit.*)

Ici, les défectuosités sont de toutes sortes : défectuosités juridiques, défectuosités scientifiques ; elles sont assez saillantes pour frapper tous les yeux ; il est à peine utile d'y insister. Les auteurs du Code disent que l'imbécillité est l'*absence* d'idées ; MM. Toullier et Duranton disent que ce n'est pas même la perte entière de la raison ; ce qui conduit à cette conclusion : qu'on peut raisonner sans pouvoir penser ! Ces honorables juristes prétendent que « le dérangement *des organes* (de quels organes ?) est plus ou moins continu, suivant que leurs fonctions sont dérangées sous un plus ou moins grand nombre de rapports, » doctrine *exclusivement scientifique*, mais d'une science qui n'a jamais été celle des savants, et qui est contraire à tout ce que l'observation nous a appris ; enfin, les honorables auteurs des définitions précédentes prétendent que la fureur est due à la *ration* ; mais peut-on lui reprocher de manquer de clarté? offrirait-il la moindre ambiguïté, appliqué à toute autre fonction qu'à celle de l'intelligence? Que serait-ce que l'oblitération de la vision ou de l'audition, sinon une cécité ou une surdité complète? Quant au mot *absence*, l'équivoque est moins possible encore ; le plus simple bon sens ne permet pas de lui donner deux significations. Il est donc évident que, dans leur première définition, les rédacteurs du Code ont voulu désigner l'*idiotie*, c'est-à-dire l'imbécillité native, ou, comme le disent les médecins, *congénitale* (*absence* d'idées ou d'intelligence), et l'*imbécillité* proprement dite, c'est-à-dire l'idiotie accidentelle (*oblitération* des idées ou de l'intelligence qui était déjà arrivée à un certain développe-

« CONTRACTION *des organes*, » ce qui fait grandement craindre qu'ils ne se soient pas bien rendu compte de la signification du mot *contraction*, et ce qui prouve péremptoirement qu'ils n'ont *absolument aucune notion* « des organes » dont ils parlent, organes qui ne sont qu'*un*, le cerveau !

Les dernières définitions que nous ayions à citer appartiennent à M. Troplong ; on va voir s'il a été mieux inspiré que ses confrères :

« L'imbécillité est un affaiblissement de l'esprit qui rapproche le malade de l'enfance ou de l'extrême décrépitude.

« La démence est l'expression générique qui désigne toutes les variétés de la folie ; c'est la privation de la raison avec ses accidents et ses phénomènes divers. Folie continue ou intermittente, folie totale ou partielle, folie tranquille ou orageuse et délirante, la démence (*dementia*, privation d'esprit) exprime tout cela.

« Mais quand la démence est menaçante pour la vie des autres, quand elle se répand en mouvements forcenés, en actes de férocité sauvage, en tentatives sanguinaires, elle prend plus particulièrement le nom de fureur. La fureur est l'*espèce;* la démence est le *genre.* » (TROPLONG, *loc. cit.*, n° 449).

De ces trois définitions, la première a, sur celle des auteurs du Code, l'avantage d'être plus obscure, si l'obscurité peut jamais être un avantage, même en législation. En effet, il n'y a pas deux manières d'être absent ni plusieurs degrés d'oblitération, tandis qu'il y a plusieurs âges dans l'enfance, et même plusieurs manières de supporter l'extrême décrépitude. La seconde définition est à peu près le contre-pied de celle des législateurs ; nous le démontrons assez dans le corps de notre travail pour qu'il soit inutile de le prouver encore ici. Enfin, la troisième renferme, outre une certaine confusion, une théorie sur le genre et l'espèce (théorie toute scientifique, nous n'avons pas besoin de le dire) que nous nous bornons à signaler aux classificateurs, quoique nous soyons persuadé qu'ils n'ont pas à en tirer grand profit.

ment). Malgré les variantes des commentateurs, il ne peut s'élever, ni en théorie ni en pratique, des difficultés sérieuses sur cette première définition, et, en fait, il ne s'en élève guère.

Il n'en est pas ainsi de la seconde : ici, les difficultés se conçoivent, quoiqu'elles nous paraissent avoir été grossies au delà de toutes les prévisions raisonnables, et qu'il nous semble possible de les applanir, lorsqu'on les aborde avec une suffisante rectitude d'esprit unie à des sentiments d'humanité.

Que dit l'orateur du Tribunat dans son rapport au Corps législatif? Que « la démence est *une aliénation* qui *ôte* à celui qui en est atteint l'*usage de sa raison.* » Est-ce là désigner, comme le prétend M. Troplong (*loc. cit.*, n° 449), « toutes les variétés de la folie, folie continue ou intermittente, folie totale ou partielle, » etc.? Nous avons déjà surabondamment prouvé le contraire en parlant de la prodigalité; mais il ne sera peut-être pas inutile de renouveler, par un autre procédé, la même démonstration : il est bien entendu que nous n'argumenterons pas en nous plaçant au point de vue scientifique, que les jurisconsultes, par des motifs que nous aurons à apprécier ailleurs, disent être très-différent du point de vue juridique, mais, en restant fixes sur le point de vue rationnel, qui doit être commun et convenir à tout le monde..., à moins qu'on ne prétende faire le point de vue juridique aussi différent de celui de la raison qu'on le fait différent de celui de la science; auquel cas, il serait évident que cette étude ne s'adresserait nullement à ceux qui se donnent ou qui ont reçu la mission de commenter et d'appliquer les lois, mais seulement à ceux qui pensent qu'il est bon de mettre de la raison partout, même dans les lois sur les déchéances de la raison. Mais si le sens donné par M. Troplong à la définition de la démence était le véritable, ce ne serait pas seulement en dehors du point de vue rationnel que les auteurs de cette définition se seraient placés ; ils se seraient non moins écartés du point de vue grammatical : après avoir pris le particulier pour le général, ils auraient pris le général pour le particulier ; étrange système de compensations, qu'on doit se garder d'imputer légèrement à des hommes raisonnables quelconques, et plus encore à des législateurs. Ainsi, par ces mots : « *une aliénation* QUI, » les rédacteurs du Code auraient voulu dire : « *toutes les variétés d'aliénation ;* » et par ces autres : « *l'usage de* SA RAISON, » ils auraient entendu : *l'usage*, soit de *toute sa raison*, soit D'UNE PARTIE *de sa raison.* » D'après cette grammaire, « *une paralysie* » désignerait « *toutes les paralysies*, » et si l'on ajoutait : « QUI *prive* DU MOUVEMENT, » ce serait comme si l'on disait : *qui prive de* TOUS *les mouvements ou seulement de* QUELQUES *mouvements.* En parlant « *des hommes* QUI..., » on parlerait de « TOUS *les hommes ;* » et « *l'humanité* » signifierait aussi bien « UNE PARTIE *de l'humanité* » que « *l'humanité tout entière.* » En sorte, par exemple, que s'il y avait une loi qui prescrivît d'interdire ou de dépouiller de leur liberté ceux qui ont « *une maladie qui prive ceux qui en sont atteints de* L'USAGE DE LA VUE, » il faudrait, pour se placer au point de vue juridique et grammatical de M. Troplong, faire interdire ou enfermer tous les myopes. Nous nous plaisons à supposer que, le cas échéant, le magistrat saurait faire des infidélités au juriste; il est certain, du moins, que la doctrine du juriste n'est en aucune facon conforme à celle du législateur, et il est consolant de pouvoir ajouter qu'elle n'est pas davantage conforme à celle qui a dicté un certain nombre d'arrêts; ce qui nous permet d'espérer que le triomphe de la cause que nous défendons n'est pas absolument impossible (1).

(1) Nous nous contenterons de citer quelques-unes des décisions rendues dans cet esprit, et qui sont rapportées dans l'ouvrage de MM. Dalloz :

« ..... Attendu ..... que dans de telles circonstances, l'imbécillité et la démence ne sont considérées par la loi que comme l'effet accidentel d'une maladie, plus digne de l'empressement et des soins qui peuvent guérir que des précautions exigées par l'art. 504, C. civ., pour un état qui, devenu habituel, *ne laisse plus d'espoir;* — que... etc. » (Cour de Pau; 13 janvier 1838. — Voir DALLOZ, v° Interdiction, n° 27.)

Dans l'espèce qui a donné lieu à cette décision, la maladie présentait bien actuellement les caractères de la démence définis par les législateurs; mais la maladie n'existant pas depuis assez longtemps pour faire désespérer de la guérison, la Cour a pensé, — et cette doctrine est partagée par un certain nombre de médecins éminents (voy. Falret., ouvr. cité), — que tant qu'il y avait espoir de guérison, l'interdiction devait être repoussée.

« ..Considérant qu'il est suffisamment constaté par les réponses de l'appelant au premier interrogatoire *qu'il sait compter*, puisque, lui ayant été présentées différentes pièces d'or, d'argent et de cuivre, il les a reconnues, rassemblées et comptées sans erreur, en leur donnant leur valeur réelle; ..... » (C. d'Angers, 23 avril 1806; v. DALLOZ, *loc. cit.*)

Pour toute preuve d'intelligence, le défendeur a reconnu différentes pièces d'or, d'argent et de cuivre, et cette preuve a suffi à la Cour pour lui faire réformer un jugement qui avait prononcé l'interdiction. Quelle distance entre la doctrine d'un tel arrêt et celle de M. Troplong, qui veut qu'on interdise l'homme d'Horace, « bon époux, *bon citoyen*, maître indulgent, » etc., etc.!

« ..... Considérant que rien n'établit que l'appelant puisse être classé *au-dessous de l'homme le plus borné*, ni qu'il soit ce qu'on appelle en droit *mente captus;* que seulement il a un esprit faible, qui souvent l'expose à être circonvenu, et qu'il est affligé d'une maladie épileptique, ... etc. » (C. de Colmar, 23 prair. an XIII, v. DALLOZ, *loc. cit.* n° 65.)

Dans cette espèce, l'appelant avait un esprit assez faible pour l'exposer à être souvent circonvenu; néanmoins la Cour n'a pas cru que l'interdiction dût être appliquée, et cette décision est d'autant plus intéressante que, de même que celle qui précède et que celle qui suit, elle a été rendue à une époque assez rapprochée de la promulgation de la loi, pour que les intentions des législateurs pussent être connues de beaucoup de magistrats. Nous rapprocherons utilement dans un instant ces trois décisions d'une décision contraire confirmée par la Cour suprême.

«... Considérant, en droit, que l'imbécillité est définie, par les orateurs du gouvernement, une faiblesse d'esprit causée par l'absence ou l'oblitération des idées; — en fait,

Pour en terminer avec l'esprit du titre XI du Code Civil, montrons que la logique n'est pas moins favorable que la grammaire à l'interprétation que nous en donnons ; suivons, dans ce but, la filiation des idées qui se trouvent exprimées dans l'œuvre des législateurs de l'an XI, et tâchons de caractériser ce qu'il y a d'essentiel dans les faits qu'ils avaient en vue.

Nous avons laissé pressentir déjà que c'est une erreur de croire qu'on puisse apprécier et soumettre à des lois des faits que la science seule permet de bien définir, en s'appuyant sur d'autres données que les données scientifiques ; disons maintenant, d'une manière formelle, en nous réservant de le montrer plus longuement ailleurs, que ce n'est pas une erreur seulement, mais une erreur grave, une erreur de principes et une erreur de fait : c'est une erreur de principes, les quelques détails que nous venons de donner sur l'emploi des mots techniques ou scientifiques le démontrent déjà suffisamment ; c'est une erreur de fait, car il n'est pas difficile de prouver que ceux qui ont repoussé l'intervention de la science y ont eu recours tout comme les autres ; ce en

qu'il n'existe pas au procès la preuve que la demoiselle Pavie soit dans un état habituel d'une telle faiblesse ; qu'au contraire elle conserve, malgré son grand âge, un discernement et une volonté *suffisamment établis par le bon choix des dépositaires de sa confiance* et des porteurs de sa procuration, et par la *conservation de sa fortune qui n'a éprouvé aucune altération..., etc.*» (C. de Rouen, 8 floréal an XII ; *voir* DALLOZ, *loc. cit.*, n° 260.)

Après les remarques que nous avons présentées sur les trois premières décisions, l'esprit de celle-ci sera facilement apprécié par tous les lecteurs. Nous croyons superflu de le faire ressortir. On nous permettra seulement de faire observer que si la doctrine qu'impliquent ces quatre décisions n'est pas la plus généralement suivie, l'autorité des Cours qui l'ont adoptée est du moins suffisante pour engager la magistrature tout entière à l'adopter aussi comme base générale de ses décisions, et pour lui permettre ainsi de s'abandonner sans scrupule à des tendances vers lesquelles doivent la porter naturellement ses sentiments d'humanité.

quoi ils ont différé des autres, c'est qu'ils y ont eu recours sans le savoir et, par conséquent, sans comprendre l'importance des lumières qu'elle pouvait leur apporter.

Les législateurs de l'an XI n'ont rien dit qui puisse nous apprendre s'ils ont fait de la science avec ou sans intention; ce qu'il y a de certain, c'est qu'ils en ont fait comme tous ceux qui ont traité les mêmes matières ; leur science, nous l'avons déjà dit, n'était pas irréprochable, même de leur temps ; mais elle leur a permis cependant d'entrevoir, sinon de distinguer clairement, ce qu'il y a d'essentiel dans les divers états des facultés mentales qu'ils ont jugé utile de soumettre à des lois spéciales, et ce qu'il y a d'essentiel, le voici :

L'intelligence peut ne pas se développer, ou bien elle peut s'affaiblir graduellement, sans réaction, et s'éteindre après avoir jeté ses premières lueurs; le corps de l'homme grandit; son esprit reste à l'état où il était dans la première enfance; les instincts seuls ou à peu près seuls existent; l'homme est vraiment alors un animal, et même un animal inférieur à plusieurs de ceux qui viennent après lui dans la hiérarchie des êtres organisés; il y a chez lui « *absence* ou *oblitération* » presque toujours congénitale, rarement accidentelle « *des idées*. »

C'est cet état que les rédacteurs du Code ont distingué et défini d'abord, et auquel ils ont appliqué l'interdiction.

L'intelligence peut être altérée par une de ses faces, dans une de ses facultés, de même que l'œil peut naître ou devenir insensible à l'une des couleurs ou à toutes, ou bien les voir où elles n'existent pas ; mais,de même que dans l'achromatopsie l'œil distingue parfaitement la lumière des ténèbres, les solides des liquides, les corps sphériques des corps ovalaires ou carrés, l'éloignement de la proximité ; de même, dans la mélancolie, dans la théomanie, dans la ploutomanie et dans la monomanie contraire, la prodigalité, etc., l'intelligence peut comprendre les droits et les devoirs sociaux, ou, tout au moins, les plus importants de ces droits et de ces devoirs, et s'élever même, parfois, aux plus hautes conceptions, comme nous le prouverons par un grand nombre d'exemples, lorsque nous traiterons dans tous ses développements la question *de la raison et de la folie*.

Parmi ces altérations partielles et diverses de l'intelligence, le législateur a jugé qu'il y en avait une qui portait une atteinte grave aux intérêts de la famille, dont les intérêts sociaux sont solidaires ; celle-là seule lui a paru nécessiter l'intervention de la loi ; il a créé pour elle, et pour elle seule, le secours du conseil judiciaire, et il ne s'est pas occupé des autres.

Les troubles qu'une partie seulement de l'intelligence éprouve dans la prodigalité ou dans toute autre monomanie, l'intelligence peut les éprouver dans l'ensemble de ses facultés. Dans ce troisième état, les idées ne sont ni absentes ni oblitérées ; mais elles se succèdent avec une telle rapidité, qu'il est impossible au cerveau de les retenir le temps nécessaire pour les comparer, pour en saisir les rapports ; d'où l'impossibilité d'y distinguer le bien du mal, et même l'impossibilité de réfléchir que le bien et le mal puissent exister. Pour continuer la comparaison, si juste à tant d'égards, que nous avons commencée, les idées forment comme un vaste panorama qui serait entraîné par un mouvement rapide; chaque objet viendrait bien à son tour frapper l'œil du spectateur; mais, avant qu'une image s'y fût complétement formée, une impression nouvelle la détruirait, et, au lieu d'une vision distincte, l'œil n'éprouverait qu'une sensation vague, où toutes les couleurs et tous les objets seraient confondus, comme sont confondues dans l'intelligence toutes les idées et toutes les notions. C'est ce troisième état — (qui a reçu des psychologues le nom de *manie* ou *polymanie*, par opposition à *monomanie*) — que les rédacteurs du Code ont désigné sous le nom de *démence* (privation de l'esprit ou de la raison), et auquel ils ont cru devoir appliquer l'interdiction.

Enfin, il est un quatrième état que les rédacteurs du Code n'ont pas défini, et qu'ils ne pouvaient guère définir; qu'ils ont caractérisé par ces mots : « *faiblesse d'esprit* » (EMMERY, *exposé des motifs*), état qui offre une infinité de degrés, compris, commé l'a fait observer avec beaucoup de sagacité le rapporteur Tarrible (1), entre la simple ignorance, d'une part, et l'imbécillité, de l'autre, et qui est la *démence* des psychologues. Dans cet état, il n'y a ni absence, ni oblitération, ni surabondance des d'idées; il y a seulement faiblesse des conceptions et des perceptions : l'œil intellectuel n'est pas insensible à certaines couleurs, comme dans la monomanie; il ne subit pas, comme dans la manie (démence

(1) « Mais l'imbécillité, dit cet orateur, a une infinité de nuances ou de degrés, dont le plus haut est celui qui a été désigné, et le plus faible peut être marqué par l'ignorance, qui donne à chacun (si j'ose m'exprimer ainsi) sa part d'imbécillité sur les objets qu'il ne connaît pas. » (TARRIBLE, *Disc. au Corps législ.*)

du Code), l'action presque simultanée, tant elle est rapide, d'innombrables éclairs qui le troublent et l'éblouissent; il n'est pas plongé dans les ténèbres, comme dans l'imbécillité; un voile obscurcit les objets qui passent devant lui, voile plus ou moins épais, et qui varie depuis la plus légère opacité jusqu'à l'impénétrabilité complète, où la faiblesse d'esprit devient imbécillité. Inspirés par l'humanité et guidés par la raison, les rédacteurs du Code ont pensé que l'interdiction serait une mesure beaucoup trop rigoureuse pour les individus placés dans cette situation, aussi bien que pour les prodigues, et ils leur ont donné la même protection qu'à ces derniers.

Tel est l'enchaînement que la logique permet d'établir entre toutes les parties de l'œuvre des législateurs de l'an XI; telle est l'idée qu'ils se sont faite de ce qu'il y a d'essentiel dans les altérations ou les imperfections de l'intelligence, idée juste dans sa généralité, et dont la justesse aurait peut-être été mieux appréciée si elle n'était pas restée presque à l'état de vague intuition dans leur esprit, s'ils en avaient eu une plus parfaite conscience, s'ils l'avaient exposée avec plus de méthode et de netteté, et sans l'obscurcir par quelques contradictions de détail.

Ce que la logique permet d'établir, de nombreuses et formelles déclarations faites par les rédacteurs du Code, outre celles que nous avons citées en parlant de la prodigalité, le confirment pleinement. Ce n'est plus de «*faiblesse d'esprit*» ou «*d'une espèce de folie*» qu'on y parle, quand il s'agit de ceux auxquels il faut appliquer l'interdiction ; on y dit, ainsi que nous l'avons déjà fait remarquer au début de ce travail, que, « *privés de raison, ils ne peuvent connaître les rapports de justice, de convenance* ou *d'intérêt que présentent les divers objets* » (TARRIBLE, *loc. cit.*); qu'ils sont « replongés dans des ténèbres *plus épaisses* que celles de l'enfance » (*id.*); qu'ils ne sont susceptibles d'*aucune réflexion qui puisse faire espérer le retour à des principes d'ordre* » (1) (BERTRAND DE GREUILLE, *loc. cit.*); « qu'ils n'ont *aucune volonté, aucune pensée* » (*id.*); qu'ils ne peuvent comprendre aucun devoir; « qu'ils sont privés de la faculté de comparer et de juger : l'imbécile, parce que son esprit, incapable de recevoir ou de retenir des impressions, n'a aucun objet de comparaison ; l'insensé et le furieux, parce que les objets ne se présentent à leur esprit que sous des formes fantastiques, éloignées de la réalité » (TARRIBLE, *loc. cit.*), etc., etc.

A moins que d'être égaré par ces fâcheuses habitudes, par ces inexplicables préoccupations que nous ne saurions nous lasser de signaler à la sévérité des esprits justes, il est impossible de s'y méprendre : les seuls aliénés qui doivent être interdits conformément à l'esprit et même à la lettre, rigoureusement interprétée, de l'article 489, sont ceux qui, par l'*absence*, l'*oblitération* ou le *désordre* des idées, c'est-

(1) Les rédacteurs du Code sont tombés dans des contradictions trop fréquentes pour que l'idée puisse nous venir de chercher l'esprit de leur œuvre dans une de leurs phrases détachée de l'ensemble des autres. Nous nous contenterons donc de faire observer que leur intention, d'après la citation qui fait l'objet de cette note, semblerait avoir été de n'appliquer l'interdiction qu'aux aliénés, non-seulement privés de toute leur raison, mais encore incurables. Nous sommes heureux, d'ailleurs, de constater que cette opinion est celle de plusieurs médecins et de quelques jurisconsultes (V. DALLOZ, v° *Interdiction*, n° 28), et qu'elle a été consacrée dans quelques arrêts (V. la note de la page 107).

à-dire de *toutes les idées*, sont *privés de l'usage de leur raison*, c'est-à-dire, ce qui est absolument synonyme, *de toute leur raison*.

Cependant, les rédacteurs du titre XI du Code Civil ont fait mention des intervalles lucides, et ils ont prescrit de ne pas suspendre, pendant ces intervalles, comme on le faisait à Rome et, dans une certaine mesure, en France, sous l'empire de notre ancien droit, les effets de l'interdiction. Ne serait-ce pas une raison de penser qu'ils n'ont pas plus voulu soustraire à l'interdiction ceux qui conservent constamment une partie de leur raison que ceux qui la recouvrent parfois tout entière? Le contraire nous paraît certain.

Il n'y a d'abord aucune similitude entre un maniaque qui est habituellement privé de toute sa raison, mais qui la recouvre de temps en temps, et un monomaniaque qui conserve toujours la plus grande partie de la sienne ; en sorte que, l'interdiction fût-elle applicable au premier, il n'en resterait pas moins démontré qu'elle ne doit pas l'être au second. Mais il nous paraît hors de doute aussi que ceux dont l'aliénation mentale éprouve des intermittences bien caractérisées n'ont pas été placés sous l'empire de l'article 489. Sans revenir ici sur toutes les considérations que nous avons données à l'appui de notre opinion dans la *note II*, à laquelle nous renvoyons, il nous suffira de rappeler que, dans l'esprit des rédacteurs du Code, les intervalles lucides ne sont pas du tout semblables à ceux qu'on observait chez la malade dont l'histoire est rapportée dans cette note ; que chacun de ces intervalles n'est pas « un jour entre deux nuits, » mais bien une « *lueur équivoque* » qui « reparaît *de loin en loin* ; » de sorte que, si la lueur n'est pas équivoque, et si elle reparaît plus souvent que *de loin en loin*, il est clair, ce n'est plus alors, pour nous servir des termes mêmes de l'orateur du gouvernement, « le cas de l'interdiction » (1).

La doctrine que nous soutenons est donc la seule conforme à la pensée dominante des rédacteurs du Code, et il nous sera permis d'ajouter que c'est la seule qui puisse mettre l'interdiction à l'abri des reproches sanglants, qu'à propos des intervalles lucides, lui adresse M. Demolombe, et qui, dans l'état actuel de la jurisprudence, ne sont que trop mérités. On nous permettra aussi de répéter une fois de plus, en terminant, que si la doctrine que nous venons d'exposer est bien celle qui découle logiquement de l'ensemble du travail des législateurs de l'an XI, nous sommes loin de prétendre qu'elle y apparaisse avec une telle netteté, qu'elle doive frapper, au premier examen, tous les esprits ; nous sommes loin de prétendre même qu'on ne puisse trouver, dans les contradictions que leur travail renferme, quelques arguments de détail qui nous seraient contraires ; mais ce que nous contestons, c'est que ces arguments soient d'une importance comparable à l'ensemble de ceux que nous avons fait valoir ; importance considérablement accrue par le lien rationnel qui les enchaîne. Ce que nous soutenons, c'est que notre doctrine est la seule qui puisse rendre en partie à l'interdiction le caractère essentiel qu'elle avait dans

(1) « Lorsque la raison n'est plus qu'un *accident* dans la vie de l'homme, lorsqu'elle ne s'y laisse apercevoir que de *loin en loin*, tandis que les *paroles et les actions de tous les jours* sont les paroles et les actions d'un insensé, on peut dire qu'il existe un état *habituel* de démence ; c'est alors le cas de l'interdiction. » (EMMERY, *exposé des motifs*.)

l'esprit du législateur, celui d'une mesure de protection personnelle et d'humanité.

Dans la longue discussion à laquelle nous venons de nous livrer, nous nous sommes borné à examiner les principes de la loi sur l'interdiction, l'esprit qui l'a dictée et les conséquences générales que son application entraîne ; cet examen suffisait à notre but. La discussion de tous les détails de la loi, de toutes les questions secondaires qu'elle peut soulever, ne nous aurait apporté aucune lumière nouvelle, et nous étions loin, d'ailleurs, de réunir toutes les conditions requises pour traiter avec fruit un pareil sujet.

Toutefois, parmi les questions et les détails dont il s'agit, il en est quelques-uns qui ont des rapports intimes avec l'objet principal de notre étude, et sur lesquels, pour ce motif, nous avons jugé utile de présenter quelques considérations. Ces considérations porteront :

1° Sur l'examen des aliénés défendeurs à l'interdiction ;

2° Sur le droit des interdits à provoquer la mainlevée de leur interdiction ;

3° Sur le pouvrvoi en Cassation, sur ses effets et sur la compétence de la Cour de Cassation en matière d'interdiction ;

4° Sur la direction de la personne des interdits et la limite des droits du conseil de famille et du tuteur ;

5° Sur le choix du tuteur et sur l'administration des biens des interdits ;

6° Enfin sur la responsabilité de leurs actes.

1° De l'examen des aliénés défendeurs à l'inter-

diction. — La loi du 18 germinal an XI confie cet examen aux magistrats exclusivement; mais, par suite d'une bonne pensée qui est presque passée aujourd'hui à l'état d'habitude, et pour ne négliger aucun des moyens qui peuvent éclairer leur conscience, les magistrats font souvent précéder leur interrogatoire d'un examen médical, qu'ils confient même ordinairement à plusieurs hommes de l'art. Nous avons déjà eu le regret de constater que l'honorable mission confiée à la science n'avait pas produit, dans ce cas, le bien qu'on était en droit d'en attendre, et que les médecins ont, en général, montré plus de tendance à étendre qu'à restreindre le cercle de l'interdiction, et à agraver ainsi la triste situation des aliénés. Mais c'est là, heureusement, une anomalie assez exceptionnelle en médecine légale pour qu'on puisse espérer de la voir disparaître le jour où les médecins se feront une idée plus juste et plus complète des droits du citoyen, et qu'ils comprendront mieux la pensée essentielle des législateurs de l'an XI. Les développements dans lesquels nous sommes entré suffisent amplement à leur indiquer le sens dans lequel ils doivent diriger leurs investigations pour se conformer à cette pensée et pour respecter ces droits. A peine sera-t-il utile de résumer en quelques mots, au point de vue spécial que nous envisageons ici, les conséquences qui découlent naturellement de notre discussion.

L'article 496 du Code civil impose au tribunal chargé de prononcer sur la demande en interdiction, l'obligation d'interroger le défendeur, dans la chambre du conseil. Cet article ne dit pas si l'interrogatoire devra être renouvelé; mais l'article suivant semble impliquer qu'il devra l'être une fois au moins, puisqu'il dit : « *Après* LE *premier interrogatoire*, le tribunal commettra, s'il y a lieu, un administrateur provisoire,... » etc. Dans cet article, le législateur s'est évidemment préoccupé du cas où l'état du malade serait tel, qu'il serait urgent, dans son intérêt, de pourvoir immédiatement à l'administration de ses biens et aux soins de sa personne ; mais si cette préoccupation avait été la seule, le législateur aurait dû dire : « *Après* UN *premier* interrogatoire,... etc. ; il est évident que lorsqu'il dit : *Après* LE *premier*, il donne à entendre qu'il y en aura plusieurs dans tous les cas, mais qu'après *le* premier, le tribunal pourra ordonner des mesures d'urgence. Il tombe d'ailleurs sous le sens que, pour constater l'état *habituel* d'une personne, ainsi que le veut la loi, un seul examen d'une ou de plusieurs heures ne saurait jamais être considéré comme suffisant. Or, c'est précisément ainsi que procèdent habituellement les tribunaux, c'est-à-dire qu'ils interprètent les articles 496 et 497 en contre-sens de leur lettre et de l'esprit de la loi.

C'est une faute que les médecins devront éviter et qu'ils n'évitent malheureusement pas toujours, comme le prouve le rapport des experts chargés par le tribunal d'examiner l'état mental de M. R...... Lorsque le malade dont l'examen leur aura été confié ne sera pas dans un état d'idiotisme, de démence complète ou de paralysie générale avancée, ils devront renouveler plusieurs fois leurs investigations, à quelques jours au moins d'intervalle; lorsque deux, trois ou quatre examens bien complets auront donné des résultats identiques, c'est-à-dire que l'état du malade n'aura pas éprouvé de variations, on sera autorisé, alors, à dire que l'état constaté est *habituel*; lorsqu'au contraire, des changements se seront produits d'un examen à l'autre, tout jugement définitif devra être suspendu, et la réserve devra être d'autant plus grande et plus prolongée que les changements observés auront été eux-mêmes plus considérables.

Le judicieux M. Demolombe dit (1) que le défendeur peut se trouver « dans un tel état, soit de surexcitation et de fureur, soit de prostration et d'anéantissement, que l'interrogatoire ne puisse obtenir de lui aucune réponse, mais que la mesure ordonnée par la loi n'en est pas moins remplie, et que la *preuve, dans ce cas, n'en est que plus positive.* » Il n'est pas nécessaire de montrer à des médecins combien l'éminent juriste a été induit ici en erreur, erreur qu'il semble d'ailleurs partager avec la Cour de Cassation. C'est surtout dans les états extrêmes, mais plus particulièrement encore dans la surexcitation et la fureur, — qui ne peuvent être produits que par un accès de délire ou de manie aiguë, — c'est dans ces états extrêmes que la prudence est de rigueur, car ils ne peuvent jamais être des états habituels, ainsi que l'a si justement reconnu M. Demolombe lui-même, dans la définition qu'il a donnée de la fureur (voir ci-dessus la note de la p. 102). Et non-seulement ces états ne peuvent être habituels, mais c'est, en général, dans ces cas qu'il est permis d'avoir les plus grandes espérances de guérison.

La loi ne dit pas dans quel ordre d'idées devra être fait l'interrogatoire du défendeur; mais les jurisconsultes s'ac-

(1) N° 510 du volume déjà cité.

cordent assez à reconnaître qu'on ne doit l'interroger, comme l'écrit M. Demolombe, que « sur les faits les plus ordinaires de la vie, » et qu'on devra exclure de l'interrogatoire toutes les questions qui se rattachent à des matières abstraites ou spéculatives, aux sciences, à la politique, etc. Cette opinion nous paraît parfaitement juste ; peut-être même ne dit-elle pas tout à fait assez. Est-il nécessaire que, pour échapper à l'interdiction, le défendeur soit capable de raisonnements suivis, même sur les faits ordinaires de la vie? C'est ce que l'on pourrait et devrait peut-être inférer, par exemple, de ce passage de MM. Dalloz : « Tel homme qui peut veiller suffisamment à ses affaires domestiques, tombe tout à coup dans des égarements de raison très-marqués, lorsque son imagination est frappée d'une idée qui l'absorbe et le tourmente. Dans un cas pareil, il n'y aurait pas lieu de prononcer l'interdiction, parce qu'elle n'a pas pour but de redresser les écarts de l'esprit, mais de prévenir la dissipation des biens (Dalloz, *loc. cit.*, v°. *Interdiction*, n° 96). » Quelque généreuse que soit cette doctrine, elle ne l'est pas encore assez. Nous avons déjà surabondamment prouvé que l'interdiction ne pouvait avoir pour seul but la conservation des biens de l'interdit, puisque la nomination d'un conseil judiciaire atteint parfaitement ce but ; il n'est donc pas nécessaire de revenir sur ce point. Mais ce qu'il faut rappeler, c'est que la Cour d'Angers a pu refuser avec raison de prononcer l'interdiction, en se fondant sur ce seul fait, que le défendeur avait reconnu la valeur de diverses pièces de monnaie d'or, d'argent et de cuivre. Or, il n'est nullement nécessaire d'être capable d'un raisonnement suivi pour dire la valeur d'une pièce de monnaie, pas plus que cela n'est indispensable pour comprendre qu'on n'a pas le droit de s'approprier le bien de son voisin et de porter atteinte à sa liberté ou à sa vie. Enchaîner avec rigueur une suite d'idées est la faculté la plus élevée de l'intelligence ; c'est la plus rare parmi les hommes, même chez ceux qui s'imposent la tâche périlleuse d'éclairer les autres; et c'est aussi celle qui éprouve habituellement l'altération la plus profonde, quand la raison tout entière subit des atteintes. Ce n'est donc pas sur l'affaiblissement ou même sur l'absence de cette faculté que les magistrats devront puiser des motifs d'interdiction, mais bien dans ces deux circonstances, que le défendeur est incapable de comprendre aucun devoir social et d'apprécier avec exactitude les faits les plus élémentaires.

Quant aux investigations des médecins, elles devront porter sur tous les ordres d'idées, sur toutes les facultés intellectuelles, parce que la science a intérêt à réunir sur chaque question qui lui est soumise le plus grand nombre de lumières possible, et parce qu'il ne faut pas que des hommes de science s'exposent au reproche d'avoir laissé échapper des faits importants soumis à leur observation ; mais lorsqu'ils en seront arrivés à formuler en conclusions les résultats de leurs recherches, au lieu de conclure d'une manière générale, comme on le fait presque toujours, que telle personne est incapable de se diriger et d'administrer ses biens, les médecins devront déterminer quelles sont les facultés qui sont ou perdues ou affaiblies, quelles sont celles qui sont conservées ; si celles qui ne sont qu'affaibles ou celles qui sont conservées suffisent pour permettre à l'aliéné d'apprécier les faits les plus simples et de comprendre les premiers devoirs de la vie sociale ; enfin, si l'état de l'individu qu'ils ont examiné offre des chances de guérison, ou si, au contraire, il doit, d'après les données de la science, rester pendant longtemps stationnaire ou s'aggraver progressivement. C'est ainsi que le médecin élèvera la science dans la considération publique, et qu'il remplira dignement la mission humanitaire qui lui est dévolue dans la société.

L'interrogatoire du défendeur par les magistrats doit se faire dans la chambre du Conseil, en présence du tribunal tout entier et du ministère public. Quelques jurisconsultes se sont demandé si le poursuivant pouvait ou devait être présent ; ils ont été à peu près unanimes à répondre que le demandeur pouvait assister à l'interrogatoire, mais que cela n'était pas indispensable pour la régularité de la procédure.

Sur la question de jurisprudence, nous n'avons aucune observation à faire ; mais, au point de vue de l'humanité et aussi de la sincérité ou de la valeur de l'épreuve à laquelle la loi a soumis le patient, nous ne pouvons nous dispenser de faire remarquer que ces deux conditions seront d'autant mieux remplies, que l'interrogatoire se fera avec moins de solennité : l'appareil de la justice suffit souvent pour troubler, pour amoindrir les facultés de l'homme le plus sain d'esprit ; il peut, à plus forte raison, augmenter un désordre intellectuel déjà existant. Cette fâcheuse éventualité ne peut que nous faire regretter que la loi n'ait pas cru devoir, dans tous les cas, ordonner que l'interrogatoire aurait lieu au domicile du défendeur.

2° Du droit de l'interdit à provoquer de son chef la main levée de son interdiction. — L'article 512 du Code Civil dispose que « la main levée ne sera prononcée qu'en observant les formalités prescrites pour parvenir à l'interdiction. » On a fait remarquer avec raison que ce texte n'est pas suffisamment explicite : en effet, il ne dit ni par qui la demande en main-levée pourra être faite, ni contre qui elle devra l'être ; si même on devait l'interpréter à la lettre, il en résulterait que les personnes qui peuvent provoquer l'interdiction ont seules le droit de former la demande en main levée, et que, par conséquent, l'interdit lui-même est privé de ce droit. La très-grande majorité des jurisconsultes repousse heureusement cette interprétation inhumaine, et il en est de même de la magistrature. On peut voir dans l'ouvrage de M. Demolombe (n° 678) les excellentes raisons que ce judicieux écrivain invoque en faveur de la doctrine généralement adoptée, raisons que nous croyons inutile de reproduire ici, puisque cette doctrine n'a pas aujourd'hui de contradicteurs sérieux (1), et que nous

(1) Nous croyons seulement devoir rappeler le remarquable arrêt de la Cour de Bordeaux, qui n'a pas peu contribué sans doute à établir la jurisprudence sur ce point, et qui mérite si bien l'autorité dont il jouit. Voici cet arrêt, ainsi que le résumé succinct de l'affaire à propos de laquelle il a été rendu :

On a déjà vu, par le petit nombre d'exemples que nous avons cités dans le cours de notre travail, quel triste rôle jouent les beaux-frères dans les procès en interdiction. Le sieur Audy en possédait deux, qui ne paraissaient pas moins zélés que le commun des autres : c'étaient les sieurs Babin et Ginet. Ils introduisirent une action contre leur beau-frère, dont l'interdiction fut prononcée par un jugement du tribunal de Bergerac, en date du 26 mai 1814. Le conseil de famille avait nommé tuteur le sieur Babin, et subrogé-tuteur le sieur Ginet. Bientôt après, l'interdit adressa une requête au tribunal pour obtenir l'autorisation d'assembler le conseil de famille, de demander l'avis de ce conseil sur son état, et, en cas d'avis favorable, de poursuivre la main-levée de son interdiction. Le conseil donna un avis favorable, en effet, et l'interdit assigna les sieurs Babin et Ginet pour voir prononcer la main-levée. Opposition de la part des sieurs Babin et Ginet, sous prétexte, entre autres, que l'interdit est assimilé au mineur, et que

n'écrivons point pour discuter des questions de jurisprudence, mais bien pour améliorer la situation de ceux dont les facultés cérébrales ont éprouvé quelques troubles ou se sont incomplétement ou anormalement développées. Nous ne chercherons pas davantage à décider quel doit être le contradicteur de l'interdit, lorsque celui-ci demande la mainlevée de son interdiction, ou même s'il est nécessaire qu'il se donne un contradicteur. Nous dirons seulement qu'ici, comme partout où la loi est obscure, il convient de l'interpréter en faveur des faibles et des affligés, et qu'ainsi il devra suffire à l'interdit que sa requête soit accueillie par le président du tribunal pour qu'il puisse poursuivre la mainlevée de son interdiction. Cette manière de procéder ne peut d'ailleurs avoir que des avantages sans aucun inconvénient : si l'interdit a pour tuteur et subrogé-tuteur des beaux-frères,

celui-ci ne peut ester en justice sans l'assistance de son tuteur. — Le tribunal, ouï le substitut du procureur du roi, et après en avoir délibéré dans la chambre du conseil, déclare le sieur Audy non recevable à poursuivre la mainlevée de son interdiction. — Appel de la part du sieur Audy. L'affaire est portée devant la Cour de Bordeaux, qui prononce l'arrêt suivant :

« La Cour, attendu, sur la fin de non-recevoir proposée par les intimés, tirée de ce que l'interdit ne pouvait procéder en justice, et qu'ainsi il n'a pu introduire l'action en main-levée de l'interdiction prononcée contre lui ; que de la combinaison des art. 512 du Code Civil et 896 du Code de procédure civile, il résulte évidemment que, lorsqu'il y a cessation des causes de l'interdiction, il y a lieu à en demander la mainlevée, et qu'il serait *absurde* et *barbare* d'interdire aux malheureux les moyens de réclamer ce droit ; — considérant que ce serait d'autant plus dangereux, dans le procès actuel, que l'interdit a pour tuteur et subrogé-tuteur les deux maris de ses sœurs, qui, étant ses successibles, sont intéressés à empêcher qu'il reprenne l'administration et la disposition de ses biens ; — qu'ainsi, loin de l'écarter par cette fin de non-recevoir, la justice doit lui tendre une main secourable, sauf à voir si, comme on le dit, les causes de son interdiction ont cessé ; — considérant que de ce qui vient d'être dit, il résulte que la fin de non-recevoir est mal fondée, et qu'il y a lieu à faire droit sur l'appel du jugement qui, se bornant à l'admettre, n'a pas prononcé sur le fond du procès, qui, si cette exception eût été rejetée, était sur le point de recevoir une décision définitive ;

« Par ces motifs, sans s'arrêter à la fin de non-recevoir opposée par les intimés, dans laquelle ils sont déclarés mal fondés, fait droit à l'appel interjeté par Jean Audy, du jugement du tribunal de Bergerac, du 10 août 1816 ; émendant, déclare Audy recevable dans son appel ; et statuant sur le fond, etc.

comme les sieurs Babin et Ginet, — ce qui est le cas habituel, — nul doute que les contradicteurs ne se présentent sans qu'il les cherche ; si, au contraire, le tuteur a pour son pupille une affection sincère et lui porte un véritable intérêt, ne serait-ce pas une cruauté et presque une absudité de la part de la loi de provoquer une lutte forcée entre un tendre et bienfaisant protecteur et un protégé qui ne doit avoir pour lui que des sentiments de reconnaissance ?

Les questions précédentes résolues, on s'est demandé encore si tout parent était recevable à demander la mainlevée d'interdiction de son parent interdit? Au point de vue de l'équité, de l'humanité, la question ne nous paraît pas douteuse ; nous pensons même que ce droit devrait appartenir à toute personne amie de l'interdit, pourvu, bien entendu, que celui-ci eût donné son consentement. Il peut arriver et il arrive, en effet, trop souvent, que les malheureux de toutes les catégories, et plus encore peut-être ceux dont nous nous occupons dans ce travail, trouvent dans un ami plus d'affection, de dévouement, de protection que dans leur famille ; la loi, qui ne devrait être que l'application des principes de la morale, doit favoriser les bons sentiments et non les comprimer ou leur opposer des obstacles.

3° Du pourvoi en cassation, de ses effets et de la compétence de la Cour de cassation en matière d'interdiction. — Les jugements, soit qu'ils aient admis ou repoussé l'interdiction, peuvent être, comme tous les autres, frappés d'un recours en cassation ; tout le monde est d'accord sur ce point. Mais jusqu'où s'étend le droit de censure de la Cour suprême? Les juges du fond sont-ils souverains pour décider que tel état mental exige l'application de l'article 489 (interdiction), ou de l'article 499 (conseil judiciaire)? Sur ce point, les opinions sont beaucoup moins arrêtées, et il ne semble pas que la Cour de Cassation elle-même soit très-bien fixée à cet égard. Cette question, d'ailleurs, est à peine effleurée dans les ouvrages de jurisprudence que nous avons pu consulter ; dans celui de M. Demolombe, si complet sous presque tous les rapports, elle n'est pas même mentionnée. Elle intéresse pourtant à un haut degré les malheureux dont nous discutons dans ce travail les plus chers intérêts ; il ne nous faut pas moins que cette considération pour nous décider à traiter une question délicate de jurisprudence pure, et à nous aventurer sur un terrain qui nous est peu familier. Nous espérons que notre intention sera notre excuse.

Si les opinions ne sont pas, comme nous venons de le dire, parfaitement arrêtées sur le pouvoir des juges du fond en matière d'interdiction, on ne peut guère douter, cependant, que le sentiment général ne tende à considérer ce pouvoir comme absolu, et les arrêts des cours d'appel comme échappant, pour tout ce qui ne tient pas à la forme, à la censure de la Cour suprême. Ce sentiment prédomine visiblement parmi les écrivains juridiques, mais il prédomine aussi dans le public, ce que prouve le très-petit nombre d'affaires d'interdiction portées devant la Cour de Cassation, malgré les puissants intérêts qui devraient faire recourir à sa juridiction. Ce sentiment ne nous semble pas légitime.

On invoque en sa faveur deux arrêts de la Cour de Cassation, dont il ne nous a pas été possible de nous procurer les textes complets, et dont on trouve dans Dalloz les extraits suivants :

« Attendu, porte le premier, que, pour décider que l'épouse de Pinteville est dans un état habituel de démence, les juges n'ont fait qu'apprécier la délibération du conseil de famille, les enquêtes, l'interrogatoire subi par la même épouse de Pinteville, le rapport du médecin expert nommé par eux et la notoriété publique, appréciation que la loi confie à leur conscience ; — rejette. » (Req. 23 janv. 1828 ; MM. Borel, *prés.*; Lassagni, *rapp.* Affaire Pinteville.)

L'extrait du second arrêt est ainsi conçu : « Attendu que l'arrêt attaqué repose sur des faits dont l'appréciation appartenait exclusivement aux tribunaux et aux cours, juges du fond, et que cette appréciation, telle qu'elle a été faite, repoussait l'application de l'article 489, et commandait celle de l'article 499 et l'article 897 C. pr. ; — rejette. » (Req. 29 mai 1822 ; MM. Henrion, *prés.*; Borel de Brétizel, *rapp.* Aff. Bougrelle.)

Le second de ces arrêts est à nos yeux dépourvu de toute valeur, en ce qu'il ne se rapporte pas précisément à la question que nous avons à résoudre. Nous espérons bien prouver, en effet, qu'il est impossible, au point de vue de la compétence de la Cour de cassation, d'appliquer la même règle aux jugements qui prononcent l'interdiction et à ceux qui nomment simplement un conseil judiciaire ; or, dans l'affaire à laquelle se rapporte le second arrêt, c'est l'article 499 que les juges du fond avaient appliqué, et la Cour suprême ne peut, en effet, pour des raisons que nous dirons dans un instant, apprécier l'opportunité de cette application. Il faut remarquer, d'ailleurs, qu'en déclarant que « *les faits*, dont l'appréciation appartenait exclusivement aux tribunaux et aux cours, repoussaient l'application de l'art. 489, et commandaient celle de l'art. 499, » la Cour suprême laisse aux autres juridictions l'appréciation des *faits* seuls, mais qu'elle se réserve implicitement d'apprécier l'*application* de tel ou tel article à ces faits.

Quant au premier arrêt, il semble tout d'abord plus conforme à l'opinion commune. Toutefois, en examinant bien cet arrêt, on voit qu'il laisse la question indécise : la Cour suprême déclare encore que la loi confie à la conscience des juges du fond l'appréciation des *faits*, qui leur permettent de décider qu'un individu est dans un état de démence ; mais elle ne dit pas explicitement que les juges du fond sont dispensés d'indiquer clairement quels sont ces faits, de prouver ainsi qu'ils ne se sont pas trompés sur leur *valeur*, et que la démence existait bien, dans le sens de la loi. Or, c'est là toute la question.

Cette question se trouve résolue d'une manière très-claire, mais en sens contraire de celui qu'on attribue à l'arrêt précédent, dans un autre arrêt très-important que nous allons reproduire en entier, en le faisant précéder de l'exposé sommaire de l'affaire à propos de laquelle il a été rendu :

De Plœuc, possesseur d'une fortune considérable, avait d'abord été interdit pour cause de prodigalité ; mais un arrêt solennel de 1819 leva l'interdiction et le plaça seulement sous l'assistance d'un conseil judiciaire.

Depuis, la demande en interdiction fut renouvelée par le sieur de Plœuc, son frère, et par la dame de Guehenneuc, sa tante maternelle.

Rejetée par le tribunal de Quimper, l'interdiction fut admise, sur l'appel, par un arrêt de la Cour de Rennes, conçu en ces termes :

« Considérant, au fond, qu'il résulte des différents avis émis par les conseils de famille réunis à diverses époques pour statuer sur le sort de de Plœuc aîné ; des mesures que l'on a été obligé de prendre précédemment en différents temps, tant dans son intérêt personnel que dans celui de la conservation de ses propriétés ; de l'opinion énoncée plusieurs fois par les conseils judiciaires qui lui ont été donnés, que le sieur de Plœuc est depuis longtemps atteint d'une faiblesse d'esprit telle, qu'elle le rend incapable d'une volonté libre qui lui soit propre, et de se gouverner lui-même ; que cet état de faiblesse est encore plus directement constaté par les déclarations de la plupart des témoins entendus lors des enquêtes édifiées dans la présente instance ; qu'il y est appris qu'il se laisse absolument et aveuglément dominer par les personnes qui vivent avec lui et qui s'emparent de son esprit sans aucune résistance efficace de sa part ; qu'il est à la merci de ses domestiques dont il ne sait pas se faire respecter ; qu'il ne choisit le plus ordinairement pour le servir et composer sa maison que des filles perdues de mœurs et de la conduite la plus dépravée ; qu'il n'a presque plus d'autorité dans le château qu'il habite ; qu'il est le jouet de ceux qui l'entourent ; qu'il est quelquefois victime de leur brutalité et de leurs mauvais traitements, et qu'il n'a aucune énergie ni volonté pour faire cesser les désordres scandaleux qui se passent chez lui et sous ses yeux ; qu'il cède à toutes les influences, aux suggestions et aux obsessions des personnes qui le maîtrisent ; que ses facultés intellectuelles sont tellement énervées, qu'il n'est plus accessible à aucun sentiment honorable ; que la faiblesse de son esprit et l'asservissement aux volontés de ceux qui prennent empire sur lui sont tels, que non-seulement il consent, mais même qu'il laisse employer tous les moyens à l'effet de parvenir à ce qu'il s'unisse par les liens du mariage à la fille Madeleine Legall, qui demeure chez lui depuis environ dix ans et le maîtrise de la manière la plus absolue, qui a toujours mené notoirement la conduite la plus scandaleuse, et dont les déportements ne peuvent être par lui ignorés ;

« Qu'il suit de tous ces faits que, quoique la faiblesse d'esprit dont est atteint de Plœuc n'aille pas jusqu'à lui faire perdre entièrement la raison, elle ne le rend pas moins incapable de gouverner sa personne ; qu'il est donc utile pour lui, et même indispensable, de le faire assister d'un tuteur pour le protéger et le défendre des séductions et des manœuvres de ceux qui abusent de son imbécillité ; considérant que cette tutelle n'étant que dans l'intérêt du sieur de Plœuc aîné, celui qui en sera chargé ne devra user de son autorité que pour améliorer son sort ; qu'il ne devra le contrarier dans ses goûts et dans ses habitudes qu'autant qu'ils pourraient lui nuire et qu'il serait nécesaire pour le soustraire à la domination de ceux qui s'empareraient de son esprit ; qu'il ne pourra le priver de sa liberté personnelle, et devra employer ses revenus à lui procurer une existence heureuse dans son château de Guilguiffen ou dans tout autre lieu où il voudrait habiter...

« Par ces motifs, dit qu'il a été mal jugé par le jugement du tribunal de Quimper du 2 juin dernier ; corrigeant et réformant, décharge les appelants des condamnations contre eux prononcées ; faisant ce que les premiers juges auraient dû faire, déclare que le sieur de Plœuc est interdit pour cause d'imbécillité habituelle ; ordonne, en conséquence, que le conseil de famille sera convoqué devant le juge de paix de son domicile, à l'effet de lui nommer un tuteur, lequel sera tenu de gouverner sa personne et de régir ses biens avec bienveillance et dans son plus grand intérêt, sous la surveillance du conseil de famille, à charge de lui en rendre compte, ainsi que des sommes qui seront allouées pour l'entretien et la subsistance du sieur de Plœuc, eu égard à l'état de ce dernier, à sa condition, à son âge, à ses besoins et à la fortune dont il jouit ; ordonne aussi qu'il sera nommé, par le même conseil, un subrogé tuteur ; condamne l'appelant aux dépens, etc. »

Pourvoi du sieur de Plœuc, qui prétend qu'il y a fausse application de l'article 489 du Code Civil. Sur ce pourvoi, la Cour de Cassation rend l'arrêt suivant :

« La Cour,

« Attendu qu'aux termes de l'article 489 du Code Civil, le majeur qui est dans un état habituel d'imbécillité, de démence ou de fureur, doit être interdit, même quand cet état présente des intervalles lucides ;

« Attendu que, même en écartant tout ce qui est relatif aux inclinations peu honorables, aux mœurs relâchées, à la dégradation morale du sieur de Plœuc, ce qui ne suffirait pas toujours pour faire supposer l'état permanent d'imbécillité, ledit sieur de Plœuc est déclaré atteint d'une faiblesse d'esprit qui le rend incapable d'une volonté libre qui lui soit propre ; qu'il est le jouet de ceux qui l'entourent et quelquefois victime de leur brutalité, de leurs mauvais traitements; qu'il n'a aucune énergie, cédant à toutes les influences, aux suggestions, aux obsessions des personnes qui le maîtrisent; que ses facultés intellectuelles sont tellement énervées, qu'il n'est plus accessible à aucun sentiment honorable, et qu'il est incapable de se gouverner lui-même;

« Attendu qu'*en concluant de ces faits* que le sieur de Plœuc est dans un état habituel d'imbécillité, la Cour de Rennes a fait une juste application de l'article 489 du Code Civil; — rejette. »

Cet arrêt, on le voit, est beaucoup plus décisif dans le sens de la compétence de la Cour suprême sur l'opportunité de l'application de l'article 489, que l'arrêt rendu dans l'affaire Pinteville. Mais, avant de développer ce point important, nous ne pouvons nous défendre de présenter sur cet arrêt et sur celui de la Cour de Rennes quelques remarques pleines de tristesse. Nous avons cité, quelques pages plus haut, divers arrêts où les Cours, inspirées par le véritable esprit de la loi du 18 germinal an XI, posaient en principe qu'il fallait avoir perdu toute raison pour tomber sous l'application de l'article 489, et qu'il suffisait, (Cour d'Angers), de savoir reconnaître et compter quelques pièces de monnaie pour échapper à l'interdiction. Dans l'arrêt que nous venons de citer, nous voyons une Cour, entrant dans une voie complétement opposée, comme il n'arrive, hélas ! que trop souvent, appliquer l'article 489, tout en reconnaissant que le défendeur « n'a pas complétement perdu la raison, » mais seulement, parce que « ses facultés intellectuelles sont tellement énervées, qu'il n'est plus accessible à aucun sentiment honorable. » Les magistrats qui ont rendu cet arrêt ne connaissaient pas sans doute l'exemple de Lacenaire, qui était encore bien moins accessible que de Plœuc aux sentiments honorables, et ils ne savaient pas qu'en épluchant bien l'histoire de l'Académie française, il ne serait peut-être pas impossible de trouver de grands écrivains dont les mœurs privées étaient assez analogues à celles du sieur de Plœuc, et qui n'en sont pas moins venus, de par le suffrage de leurs collègues, s'asseoir dans l'un des quarante fauteuils réservés aux intelligences d'élite.

Pour tout dire d'un mot, la Cour avait oublié qu'il n'y a pas entre les facultés intellectuelles et les sentiments instinctifs une telle solidarité, qu'on ne puisse conserver les unes pendant que les autres sont dénaturés, et réciproquement. Et encore cet oubli avait-il réellement été commis par la Cour? Il est malheureusement permis d'en douter ; la surabondance des considérants qu'elle donne à l'appui de sa décision, le soin qu'elle prend de dire que la tutelle sous laquelle elle place le sieur de Plœuc *n'est que dans son intérêt*, — comme si une tutelle pouvait jamais être contre l'intérêt d'un mineur! — de prévenir ceux qui pouvaient s'intéresser à de Plœuc que son tuteur ne devrait jamais le contrarier dans ses goûts, qu'il ne *pourrait* le priver de sa liberté (1), mais qu'il sera tenu, au contraire, de lui procurer une existence heureuse dans son château; toutes ces précautions, hélas! fort inutiles, puisqu'elles sont en dehors de la loi, semblent prouver que la Cour, en interdisant de Plœuc, obéissait à des impressions particulières, plutôt qu'elle ne se préoccupait d'interpréter rigoureusement la loi.

(1) Et qui donc pourrait l'en empêcher, ou du moins le conseil de famille, puisque la loi dit en termes formels qu'à ce conseil appartiendra le soin de décider si l'interdit devra être soigné à domicile ou transporté dans une maison de santé!

Ce qu'il y a de plus fâcheux encore, c'est de voir la Cour suprême suivre les mêmes errements, et confirmer l'arrêt de la Cour d'appel, par des motifs évidemment dépourvus de toute valeur.

Ainsi, la Cour commence par établir que « la dégradation morale, les inclinations peu honorables et les mœurs relâchées ne suffisent pas TOUJOURS pour faire supposer l'état permanent d'imbécillité. » Mais ce qui est évident au dernier chef, c'est que cela ne suffit JAMAIS ! La Cour adopte cette erreur de la Cour d'appel, qui consiste à établir une prétendue solidarité entre les facultés intellectuelles et les sentiments affectifs ; enfin, la Cour suprême admet, comme celle de Rennes, et d'après des témoignages dont il serait inutile de discuter la valeur, que le sieur de Plœuc n'avait pas une *volonté libre ;* c'est-à-dire qu'elle fait reposer une décision judiciaire, — tout ce qu'il y a de plus net et de plus positif, — sur une rêverie métaphysique, — tout ce qu'il y a de plus nuageux et de plus incertain ! — Il serait inutile de développer davantage ces considérations ; le complément qu'on pourrait leur donner se présentera de lui-même à l'esprit de tout lecteur réfléchi. Arrivons donc au point capital qui nous intéresse dans cet arrêt, à celui de la compétence.

« *En concluant* de ces *faits,* » dit la Cour de cassation, « que le sieur de Plœuc est dans un état d'imbécillité, la Cour royale de Rennes a fait une juste application de l'article 489, » etc. D'où il suit rigoureusement que si elle avait tiré de *ces faits* une conclusion contraire, la Cour de Rennes aurait *mal appliqué* l'article 489. La Cour suprême se réserve donc d'apprécier *l'application* de l'article 489. C'est ce qu'il s'agissait d'établir d'abord. Mais en quoi consiste cette appréciation : consiste-t-elle à exiger que les juges du fond disent simplement, comme c'est la coutume : Attendu qu'il résulte de l'interrogatoire, des témoignages, de l'expertise, etc., que le sieur N... est dans un état d'imbécillité..., etc. ? C'est cette opinion que la plupart des jurisconsultes semblent disposés à partager, et c'est cette opinion qui ne nous paraît ni fondée en raison, ni conforme à l'arrêt que nous venons de rapporter.

La Cour suprême n'est pas, dit-on, un juge *des faits*, et nous accordons volontiers qu'il en est ainsi ; mais est-ce un fait que de déclarer qu'un individu se trouve dans un état habituel d'imbécillité ? Il est évident que non. Dire qu'un individu se trouve dans un état habituel d'imbécillité, c'est établir un rapport entre des actes de son intelligence et l'état de son intelligence elle-même. On demande à un individu s'il est bien de violer la femme ou la fille de son voisin, ou de lui voler son bien ; on lui demande de dire la valeur d'une pièce de monnaie ; constater ses réponses ou l'absence de toute réponse, voilà des faits ; conclure de ces réponses ou de cette absence de toute réponse à l'état d'imbécillité, voilà un jugement ; c'est dans ce jugement même que consiste l'application de l'article 489 ; c'est ce jugement que la Cour suprême a le droit de casser ou de confirmer, droit dont elle a évidemment usé dans l'affaire de Plœuc, et dont elle a eu raison d'user, quoique l'usage qu'elle en a fait ne soit pas aussi judicieux qu'on eût pu l'attendre de ses hautes lumières et de son indépendance.

On a trouvé, dans l'absence d'une définition légale de la démence et de l'imbécillité, une raison d'en abandonner l'appréciation souveraine aux tribunaux et aux cours d'appel, ainsi que la nécessité d'un certain arbitraire dans les jugements, comme il y en a nécessairement toujours, d'après M. Toullier, dans les procès en demande de conseil judiciaire. Cette raison nous paraît d'un très-faible poids. D'abord, la définition, ou plutôt les définitions dont il s'agit se trouvent dans l'exposé des motifs; mais, à supposer, ce qui serait étrange, qu'on ne voulût pas adopter les définitions du législateur, par le motif qu'elles ne se trouvent pas dans le texte de la loi, il n'en résulterait pas moins qu'il faut donner, sauf impossibilité absolue, au mot dont la définition manque, une interprétation quelconque, qui empêche précisément cet arbitraire et l'anarchie qui en est la conséquence, une interprétation qui apporte la plus grande uniformité possible dans l'application de la loi. Or, n'est-ce pas pour arriver à cette uniformité si désirable que la Cour de Cassation a surtout été créée? N'est-ce pas là sa plus belle attribution? La Cour de Cassation ne devrait donc laisser aux tribunaux et aux Cours l'interprétation souveraine des mots démence et imbécillité, que si la définition en était impossible. Or, celle qu'a donnée le législateur prouve que cette impossibilité n'existe pas. Le devoir de la Cour de Cassation est donc de l'adopter et de la rendre plus claire et plus précise, en restant dans l'esprit de la loi. Quant à l'assimilation qu'on pourrait chercher à établir entre les jugements qui prononcent l'interdiction et ceux qui statuent sur la mesure d'un conseil judiciaire, cette assimilation n'est pas soutenable. La prodigalité et la faiblesse d'esprit ne sont pas, en effet, susceptibles d'une définition; il y a plusieurs degrés de prodigalité comme il y a plusieurs degrés de faiblesse d'esprit, et M. Toullier a eu raison de dire qu'on n'éviterait jamais ici un certain degré d'arbitraire; mais quant à la démence et à l'imbécillité, il en est tout autrement : il n'y a pas ici plusieurs degrés, car il y a absence complète de raison; l'imbécile et le dément ne peuvent exécuter aucun acte de la raison; ils ne peuvent apprécier justement ni le nombre ni la qualité des objets qu'on leur présente; ils ne peuvent, par conséquent, distinguer en rien le bien du mal, ni, par conséquent, suivant les expressions du législateur, « éprouver aucun sentiment (sous-entendu, raisonnable), comprendre aucun devoir. » Un tel état est parfaitement défini; il a été très-bien compris par les Cours dont nous avons ci-dessus rapporté les arrêts, et il ne paraît pas bien certain que la Cour de Rennes ne l'eût pas compris de même, si elle n'avait eu d'autres préoccupations que la stricte interprétation de la loi.

Pour terminer cette dissertation, nous concluons donc que la Cour de Cassation est seule juge de l'opportunité de l'application de l'article 489, ce qui veut dire, en d'autres termes, qu'elle est seule appelée à décider souverainement si les mots démence et imbécillité ont été compris dans le sens que le législateur leur a donné. Pour que la Cour de Cassation puisse statuer sur cette question, il est indispensable que les arrêts qui lui seront déférés renferment la preuve que l'interprétation qu'on y adopte est légitime, et ces preuves ce sont des faits, des faits tels, par exemple, que ceux qui ont été mentionnés dans l'arrêt de la Cour d'Angers. Toutes les fois qu'il ne résultera pas, *des faits* mêmes consignés dans les arrêts, que les individus poursuivis en interdiction étaient incapables de faire aucun raisonnement juste, de reconnaître la nature et les plus élémentaires qualités des objets vulgaires qu'on aura dû leur présenter, de distinguer le bien du mal dans les choses les plus ordinaires de la vie; lorsqu'il ne sera pas fait mention dans les arrêts que cette absence complète de raison a été constatée plusieurs fois, à des intervalles assez éloignés, et qu'elle existe depuis un temps assez long pour ne pouvoir pas être attribuée à des troubles cérébraux passagers, ces arrêts devront être cassés.

Telle est notre conclusion.

Si la Cour de Cassation est touchée des raisons sur lesquelles cette conclusion se fonde, nous aurons rendu à la cause des faibles d'esprit le plus grand service qu'il soit possible de lui rendre sous l'empire de la loi du 18 germinal an XI, car nous avons la conviction que nous soustrairons plus de la moitié de ces malheureux, c'est-à-dire plus de trois cents par an, à l'application de l'article 489.

4° De la direction de la personne des interdits et de la limite des droits conférés au conseil de famille et au tuteur. — Quelque prix que nous attachions, quelque importance qu'il y ait à faire partager notre opinion aux hommes éminents qui composent la Cour suprême, il ne suffirait pourtant pas tout à fait qu'ils adoptassent la jurisprudence que nous proposons, pour réaliser tout le bien qu'elle peut produire. Pour que la réalisation de ce bien soit assurée, il faut conserver à l'interdit provisoire sa liberté d'action, et, dans l'état actuel des choses, en suivant les errements accoutumés, cette liberté lui sera enlevée presque toujours. En matière civile, le pourvoi en Cassation ne suspend pas l'exécution d'un arrêt de Cour d'appel ; lorsque l'arrêt aura prononcé l'interdiction, l'interdit tombera donc immédiatement sous la direction d'un tuteur et d'un conseil de famille ; si le tuteur est pris parmi les parents ou les amis favorables à l'interdiction, à plus forte raison, parmi les héritiers présomptifs de l'interdit, on a toutes les raisons de craindre que celui-ci ne soit privé de toute communication avec les personnes qui pourraient lui donner des conseils utiles et soutenir ses véritables intérêts. Déjà, pour le simple conseil judiciaire, la Cour d'Amiens a jugé, avec une grande sagesse, que ce conseil doit être choisi de préférence hors de la famille du prodigue ou du simple d'esprit ; mais on comprend combien cette précaution est importante lorsqu'il s'agit d'un tuteur, dont les droits sont bien autrement étendus que ceux du conseil judiciaire. Autant que possible, les magistrats devront donc choisir pour tuteurs des hommes notoirement connus comme très-honorables ; si le tuteur est choisi parmi les parents, ce devra être de préférence parmi ceux qui n'étaient pas favorables à l'interdiction, et surtout parmi ceux qui n'ont aucune chance de devenir les héritiers de l'interdit. Il sera très-important, en outre, d'ordonner, par le jugement ou l'arrêt, que l'interdit, qu'on le fasse soigner à son domicile ou qu'on le place dans un établissement, pourra recevoir toutes les personnes qui demanderaient à le voir, et qui pourraient justifier d'anciennes relations d'amitié avec lui. C'est le seul moyen de lui conserver la liberté d'action nécessaire, soit pour soutenir son pourvoi, soit pour demander et poursuivre la main-levée de son interdiction, lorsque ses amis jugeront qu'il s'est produit dans son état une amélioration suffisante. Si l'on néglige de mentionner dans le jugement ou l'arrêt la recommandation dont nous parlons, il arrivera souvent que, sous prétexte d'un isolement nécessaire au traitement, ou même sans prétexte, toute relation entre l'interdit et ses amis et parents éloignés, sera interrompue, et que le malheureux sera complétement paralysé dans son action. Qu'on ne croie pas que ce soit de la théorie que nous faisons ici ; nous supposons des situations que la pratique nous permet d'observer chaque jour.

5° Du choix du tuteur et de l'administration du bien des interdits. — Nous savons déjà, par ce qui précède, l'importance que présente le choix d'un tuteur, au point de vue de la personne de l'interdit et de l'exercice de ses droits ; nous savons aussi dans quel sens il convient de faire ce choix. Son importance n'est pas moindre au point de vue de l'administration des biens. On n'a pas oublié que le pieux tuteur de l'infortuné M. G..... trouvait moyen d'économiser à peu près dix mille francs par an sur environ douze mille de revenu que possédait M. G....., et l'on n'ignore pas que l'histoire de ce tuteur est, au degré près, celle de tous les tuteurs, héritiers de leur pupille. Mais, ce ne serait peut-être pas assez de choisir un tuteur hors de la famille de l'interdit pour assurer à cet infortuné tout le bien-être que peut lui procurer son état de fortune. La loi porte que les revenus de l'interdit doivent être *essentiellement* employés à adoucir son sort et à accélérer sa guérison. Le mot *essentiellement* n'est pas très-heureusement choisi. Pris dans son acception littérale, ce mot serait, dans ce cas, dénué de sens ; il faut donc l'en détourner, et l'en détourner, c'est lui enlever toute précision : veut-il dire que les revenus de l'interdit seront employés *entièrement*, ou *avant tout*, ou *principalement*, à adoucir le sort de l'interdit ? Pour nous, la question n'est pas douteuse : guidé par le principe que nous avons déjà plusieurs fois invoqué, nous devons donner au mot *essentiellement* le sens le plus généreux, et par conséquent, nous croyons que les revenus de l'interdit devront être *entièrement* employés à adoucir son sort, à satisfaire ses désirs. Mais on conçoit qu'un tuteur, même bien intentionné, puisse comprendre autrement les devoirs que le mot *essentiellement* lui impose ; qu'il pense, par exemple, avoir complétement rempli le vœu de la loi, quand il aura assuré à son pupille, quelle que soit d'ailleurs la fortune de celui-ci, la complète satisfaction de ses besoins physiques et les meilleurs soins médicaux possibles. D'un autre côté, la règle que nous adoptons ne peut elle-même être absolue. Si, par exemple, l'interdit est marié, s'il a des enfants, personne n'admettra, et nous moins que personne, que tous ses revenus doivent être absorbés par lui seul ; il est évident qu'il faudra, dans ce cas, non-seulement distraire de ces revenus ce qui est nécessaire à l'entretien de la famille, mais encore songer à l'avenir et réprimer bien des caprices qu'on eût pu satisfaire, si l'interdit n'avait pas eu d'héritiers directs. Pour tous ces motifs, nous pensons que même, après avoir choisi le plus judicieusement possible un tuteur et un subrogé-tuteur, le tribunal ou la Cour devra déterminer, dans le dispositif du jugement, l'emploi des revenus de l'interdit, d'après les principes que nous venons d'exposer.

6° De la responsabilité des actes des interdits. — Par suite d'une de ces fictions qu'on pourrait croire à jamais reléguées exclusivement dans le domaine du roman, mais dont nos lois, encore si barbares à tant d'égards, nous offrent de fréquents exemples, les interdits sont déclarés incapables de faire aucun acte valable, d'éprouver aucun sentiment, et de comprendre aucun devoir, même quand ils ont mené pendant vingt ans une conduite exemplaire, comme celle de l'infortuné M. G..... Mais si, par exemple, un interdit allume un incendie ou commet un homicide, quelque loin que l'on pousse l'amour des fictions, il sera bien difficile de prétendre que ce ne sont point là des actes *valables*, au moins physiquement et même socialement parlant. Mais sont-ils valables moralement parlant, ou, en d'autres termes, l'interdit peut-il être responsable de pareils actes devant la loi pénale? Quelques jurisconsultes l'ont pensé, et parmi eux nous regrettons de trouver le judicieux M. Demolombe. Il est vrai que cette doctrine se rattache, chez lui, à celle qui considère comme valables certains actes civils des interdits, doctrine que nous savons être contraire à l'esprit aussi bien qu'à la lettre de la loi du 18 germinal an XI ; cette dernière doctrine ne peut donc être un argument en faveur de la première. Mais celle-ci se fonde encore sur cette sorte de principe, qui donnerait une bien triste idée de la justice, s'il devait être, en effet, considéré comme une règle de ses décisions : que les juges du civil n'engagent pas les juges du criminel et réciproquement. En sorte que, même dans la France prétendue civilisée du XIXe siècle, il en serait des juridictions comme il en était jadis des Pyrénées : erreur d'un côté, vérité de l'autre. Ce n'est pas ici le lieu de montrer toute la fausseté, toutes les fâcheuses conséquences et toutes les inconséquences d'un pareil principe ; il nous suffira de prouver que, dût-il, dans l'état actuel de la jurisprudence, recevoir certaines applications, il ne saurait être raisonnablement appliqué aux interdits.

La question de la responsabilité des interdits a été rarement portée devant les tribunaux, et lorsqu'on la discute dans les ouvrages, on ne cite qu'un fait à l'appui de la solution qu'on en donne ; ce fait a été jugé par la Cour de Bastia. Nous allons le rappeler en peu de mots, tel qu'il se trouve résumé dans l'ouvrage de MM. Dalloz :

« Lanfranchi avait, depuis son enfance, des attaques d'épilepsie. En 1825, un de ses voisins entre dans sa maison, dans un état complet d'ivresse, et menace de frapper la mère de Lanfranchi. Celui-ci saisit un couteau avec lequel il tue l'assaillant. Poursuivi pour meurtre, Lanfranchi est acquitté par la Cour de justice, sur le motif que, bien qu'il pût actuellement être soumis aux débats, il était en état de démence au moment de l'action ; mais, considérant que Lanfranchi est, depuis son enfance, sujet à des accès de fureur et de frénésie ; que, s'il était remis en liberté, il pourrait compromettre de nouveau la vie des citoyens, la Cour le met à la disposition du procureur du roi, pour qu'il y ait à provoquer son interdiction. Cet arrêt passe en force de chose jugée ; depuis, le ministère public requiert l'interdiction de Lanfranchi ; le conseil de famille estime qu'il n'y a pas lieu à interdiction. Et le tribunal de Sartène, considérant que Lanfranchi n'était pas dans son état habituel de fureur, rejette la demande en interdiction. — Appel de la part du ministère public. — Il soutient que l'arrêt de la Cour de justice, qui décide que Lanfranchi était dans un état habituel de démence, a acquis l'autorité de la chose jugée; que dès lors le tribunal était lié par cet arrêt.

« La Cour, par les motifs qui ont déterminé les premiers juges, et attendu que l'arrêt de la Cour de justice criminelle, en date du 25 juillet 1826, ne constitue pas la chose jugée capable de lier les juges civils, lesquels ne peuvent se déterminer que d'après les actes et justifications faits de leur autorité; — confirme. (C. de Bastia, aud. solen. du 2 mai 1827; MM. Colonna d'Istria, prés.; Tamiet, avoc. gén.; C. Casabianca, avoc.)

On pourrait contester avec avantage certains considérants de cet arrêt; mais, en fait, il est parfaitement fondé, et l'on s'explique difficilement comment le ministère public a cru devoir en appeler du jugement du tribunal de Sartène. Que faut-il pour être irresponsable d'un acte qui devrait, dans certaines conditions, être qualifié crime ou délit? Être dans un état de folie *au moment de l'action*. Que faut-il pour être interdit? Être dans un état *habituel* de folie, et habituel signifie, dans le Code, permanent ou peu s'en faut. Lanfranchi était sujet à des accès de folie; il était dans un accès de folie *au moment de l'action*: la Cour de justice a donc bien fait de l'acquitter; mais il n'était pas dans un état *habituel* de folie, et le tribunal de Sartène, ainsi que la Cour de Bastia, a bien fait de ne pas prononcer son interdiction.

S'ensuit-il que, si un tribunal ou une Cour avait prononcé l'interdiction d'un individu pour cause de démence habituelle, cet individu pût être condamné par une juridiction criminelle? Il saute aux yeux qu'une telle réciprocité ne saurait exister. Que serait-ce, en définitive, que la condamnation d'un interdit, sinon la déclaration solennelle que la juridiction qui a prononcé l'interdiction a mal jugé, sinon la cassation d'un jugement par une Cour qui n'a pas le droit de casser ; sinon, en un mot, une véritable anarchie judiciaire ? Mais, dira-t-on, l'interdit peut avoir commis le crime ou le délit pendant un intervalle lucide ; il doit donc être responsable si la lucidité peut être prouvée.—Y songe-t-on bien sérieusement ? Comment ! pendant un intervalle lucide, un interdit ne peut disposer librement d'une obole, et il pourrait être responsable d'un acte qui met en question son honneur et sa vie ! Un pareil contraste n'a pas besoin d'être réfuté : il ne pourrait exister dans les lois sans bouleverser toutes les notions de raison et de justice. Terminons donc en concluant qu'en stricte équité, un interdit, c'est-à-dire un aliéné qui est réputé, aux yeux de la loi, « n'éprouver aucun sentiment, ne comprendre aucun devoir, » ne peut être responsable des actions qu'il commet, et qu'il ne peut être condamné comme criminel.

NOTES ET PIÈCES JUSTIFICATIVES.

Les limites dans lesquelles doit se renfermer une lecture académique ne permettent pas toujours de donner aux pensées que l'on veut exprimer tout le développement nécessaire pour les faire bien comprendre, ni de les environner de toutes les preuves qu'exige leur démonstration complète. En tant que cela nous sera possible, sans sortir du cadre que nous avons dû nous tracer, nous allons donner ici ces deux compléments indispensables. En outre, l'examen des actes médico-légaux relatifs à l'affaire de M. Ch. R..... nous conduira non-seulement à discuter les assertions et les opinions de plusieurs médecins recommandables, mais surtout à apprécier leur manière de procéder en médecine légale, et à exposer sur ce sujet quelques principes que les médecins auront, ce nous semble, intérêt à ne jamais perdre de vue, et sur lesquels, en conséquence, nous nous permettons d'appeler leur attention.

NOTE I.

En disant que les législateurs de l'an XI n'ont apporté dans la loi romaine qu'un progrès douteux, nous croyons avoir été fort indulgent pour eux. Le progrès n'existe que sur un point; encore est-il plus apparent que réel : la loi romaine frappait d'interdiction le prodigue, tandis que la nôtre se contente de lui donner un conseil judiciaire. Mais les juristes nous apprennent que l'interdit conservait à Rome tous ses titres, et n'était pas légalement privé de ses droits de citoyen. En sorte que l'interdiction romaine n'était, en réalité, que notre dation de conseil judiciaire. De plus, l'interdiction n'était applicable qu'au prodigue qui dissipait les biens de son père mort intestat, c'est-à-dire des biens qui ne lui appartenaient pas à proprement parler, mais qui étaient en quelque sorte la propriété de la famille : point de vue élevé de sociologie, dont les législateurs de l'an XI n'ont pas dit un mot dans leurs différents discours, qu'ils ont peut-être laissé passer inaperçu, et qui méritait pourtant d'être discuté avec maturité. Ainsi, la loi romaine était supérieure à la nôtre, relativement aux prodigues; mais elle l'était bien davantage en ce qui concerne les aliénés.

Comme le prodigue, l'aliéné interdit conservait ses titres et ses droits de citoyen, et continuait à jouir, pendant ses intervalles lucides, de tous ses droits civils. En outre, l'interdiction de l'aliéné n'était jamais proclamée — (ni probablement débattue) — publiquement en justice, « comme si, disent MM. Dalloz, touché de son infortune, le législateur eût voulu lui épargner l'éclat humiliant d'une sentence publique. » (*Répert. de législation*, etc, t. XXIX, p. 2.) On ne voyait donc pas à Rome ces pugilats d'éloquence dont un malheureux malade est aujourd'hui le plastron, et dont l'affaire de M. Ch. R..... nous offre un si triste exemple. Enfin, le pouvoir du curateur de l'aliéné interdit ne s'exerçait que pendant la durée des accès, et le malade reprenait tous ses droits pendant les intervalles lucides. Le savant M. Demolombe explique ainsi qu'il suit la différence que la loi romaine avait établie entre les pouvoirs des curateurs du prodigue et de l'interdit :

« Pour le furieux, disait-on, de deux choses l'une : — ou il est en proie à sa maladie, et alors il ne peut pas consentir; les actes faits par lui sont nuls d'après le droit commun, et sans qu'il soit nécessaire de lui prêter un secours particulier; — ou il est dans un moment lucide, et alors il peut consentir; ses actes sont valables d'après le droit commun; et il n'y a aucun motif particulier pour les annuler. — Pour le prodigue, c'est autre chose : il consent, à la vérité, lui; il sait ce qu'il fait; et d'après le droit commun, il serait valablement engagé. Mais c'est précisément pour cela qu'il faut, disait-on, lui subvenir par un secours spécial; car les consentements qu'il donne, bien qu'ils soient valables, sont le fruit de son esprit de dissipation et de désordre; et c'est précisément, encore un coup, parce qu'ils seraient valables et qu'ils le ruineraient, qu'il faut les lui défendre, les lui *interdire*. »

Il est à regretter qu'après avoir ainsi interprété, suivant toute probabilité, avec justesse, les intentions des législateurs romains, M. Demolombe ajoute ce qui suit : « Peut-être bien que, philosophiquement, la législation romaine était plus logique que la nôtre; mais la nôtre ne nous en paraît pas moins bien préférable et beaucoup plus conforme à l'intérêt de l'interdit et aux intérêts même des tiers et de la société en général. J'ajoute que c'est à la condition de ne point l'étendre au delà de ses justes limites; de ne pas abuser, par exemple, de l'art. 489 pour nier absolument les intervalles lucides. » (Demol., *De la minorité, de la tutelle et de l'émancipation*, t. II, n° 431.)

Nul doute qu'un esprit aussi judicieux que le savant professeur de Caen n'ait des raisons pour trouver notre législation plus conforme que celle de Rome aux intérêts de l'interdit; nous avons, toutefois, de la peine à les croire bien convaincantes, et elles ne sont pas, en tous cas, assez faciles à deviner, pour qu'on ne doive pas regretter qu'il ait cru pouvoir se dispenser de les produire. Nous en disons autant de celles qui tendraient à présenter notre interdiction comme plus conforme à l'intérêt de la société. Cette opinion peut avoir quelque apparence de vérité, quand on considère comme absolument distincts et indépendants ou plutôt comme entièrement opposés, l'intérêt de l'individu et celui de la société; mais lorsqu'on se place, comme nous l'avons fait et comme il nous paraît rationnel de le faire, au point de vue de la solidarité de ces intérêts, qui est le véritable point de vue social, il nous semble impossible de ne pas reconnaître que notre interdiction leur est contraire à tous, quoique à des degrés divers. Ce qui est vrai, c'est que l'interdiction moderne est plus favorable que l'ancienne aux intérêts *des tiers*, et qu'elle est surtout d'une application plus facile; c'est peut-être ce que M. Demolombe a voulu donner à entendre. Mais il serait bien téméraire de prétendre que ces avantages soient de nature à contre-balancer les graves inconvénients que nous avons signalés. L'honorable professeur de Caen ne semble pas disposé à soutenir une pareille prétention; la condition qu'il exige pour que l'application de la loi soit équitable, c'est-à-dire qu'on n'en abuse pas « pour nier les intervalles lucides, » cette condition prouve même qu'il a peu de foi dans son opinion sur la supériorité de la loi française, car la condition dont il s'agit est absolument illusoire, ***dans ce qu'elle a d'intelligible.***

Qu'importe, en effet, qu'on nie ou qu'on ne nie pas les intervalles lucides, puisque, d'une part, il n'est pas nécessaire que ces intervalles n'existent pas pour faire prononcer l'interdiction, et que, d'une autre part, une fois l'interdiction prononcée, l'interdit n'est pas moins privé de ses droits pendant les intervalles lucides que pendant les accès? Il n'est donc pas très-facile de comprendre le sens de la condition posée par M. Demolombe, ni quels abus de l'article 489 on pourrait éviter en empêchant de nier les intervalles lucides. Les véritables abus de cet article sont dans son existence même, et le véritable remède, c'est de le supprimer.

Si ce n'était pas là le remède par excellence, on aurait pu chercher à faire sortir de la législation romaine quelque système d'*interdictions partielles*, c'est-à-dire qui auraient porté sur certains actes, plus particulièrement en rapport avec les facultés altérées chez l'aliéné. Mais comme la nomination d'un conseil judiciaire remplit parfaitement le but qu'on aurait pu atteindre par ces systèmes, et qu'il s'applique à tous les cas, sans porter une trop forte atteinte à la dignité et à la liberté de l'homme, nous croyons que ce qu'on aurait eu de mieux à faire, c'eût été de s'en tenir à ce moyen, tout en rétrécissant le plus possible le cercle de ses applications. Que si M. Demolombe, en insistant sur les intervalles lucides, avait eu l'intention d'y chercher un motif pour repousser l'interdiction dans les cas où ces intervalles sont bien caractérisés, ce serait une raison de plus pour regretter qu'il n'ait pas développé davantage sa pensée : sa légitime autorité aurait pu influer sur la conscience des magistrats et soustraire un certain nombre d'aliénés à la mesure de l'interdiction. Ç'aurait toujours été autant de bien d'accompli, en attendant que le progrès des mœurs et des lois fasse disparaître entièrement le mal que nous combattons. Nous reviendrons d'ailleurs, dans la note suivante, sur les intervalles lucides et sur les aliénations partielles, questions connexes et d'une égale importance.

Quant à l'opposition que l'honorable professeur de Caen cherche à établir entre les vérités « *philosophiquement logiques* » et les vérités pratiques, sans nier absolument qu'il y ait, dans l'état actuel de nos connaissances, quelque chose de vrai dans cette opposition, nous dirons cependant qu'il faut éviter de la signaler sans spécifier les faits auxquels on entend l'appliquer. Il est dangereux de proclamer de tels principes en thèse générale, car les jurisconsultes *praticiens,* comme tous les hommes qui cultivent pratiquement une branche quelconque des connaissances humaines, n'ont que trop de tendance à opposer aux vérités *philosophiques* ou *scientifiques* leurs vérités *pratiques*, ou plus simplement, si ce n'est plus prétentieusement, la *pratique;* mot dont, le plus souvent, on exprimerait beaucoup mieux le sens, si on le remplaçait par cet autre : *la routine*. Il ne faut pas que les hommes de talent encouragent cette tendance-là, qui est une des plus puissantes digues que la médiocrité et la paresse opposent à la marche du progrès; ils doivent, au contraire, s'efforcer de faire comprendre que l'opposition entre les vérités philosophiques ou scientifiques et les vérités pratiques ne peut exister qu'en apparence, car deux vérités ne peuvent être réellement contradictoires sans que l'une d'elles, au moins, soit une erreur. Si, lorsqu'elles sont vraies toutes les deux, nous ne saisissons pas toujours le lien qui les unit, c'est que nous n'avons pas encore été assez habiles ou assez heureux pour le découvrir.

NOTE II.

Si, comme l'a dit M. Demolombe, — sans trop le penser au fond, nous aimons à le croire, — les textes qui se prêtent aux interprétations et aux extensions étaient à rechercher dans la rédaction des lois, celui qui parle des intervalles lucides ne laisserait rien à désirer. Que peut désigner le mot lucidité, sinon l'état d'un esprit où la raison exerce tout son empire ? Que peut être un *intervalle lucide*, sinon, comme l'a dit un grand jurisconsulte : entre deux nuits un jour calme et pur. D'après l'interprétation littérale de la loi, celui qui jouirait de ces intervalles lucides ne serait donc pas moins sujet à interdiction que celui chez qui l'éclipse de la raison serait permanente. Les législateurs de l'an XI l'ont-il entendu ainsi ? Nous ne le croyons pas. Sur les trois rapporteurs de la loi, deux ont donné, sinon une définition de l'intervalle lucide, du moins un aperçu de ce qu'ils entendaient par ces mots, ainsi que par le mot *habituel*, plus susceptible encore que les premiers d'interprétations diverses :

« Telle est la triste condition de l'humanité, dit le conseiller d'Etat Emmery, que le plus sage n'est pas exempt d'erreurs. Mais, *lorsque la raison n'est plus qu'un accident dans la vie de l'homme*, lorsqu'elle ne s'y laisse apercevoir que *de loin en loin*, tandis que *les paroles et les actions de chaque jour* sont les paroles et les actions d'un insensé, on peut dire qu'il existe un état habituel de démence; c'est alors le cas de l'interdiction. » (EMMERY, *Exposé des motifs* au conseil d'État, séance du 28 ventôse an XI.)

Pour le citoyen Emmery et pour le conseil d'Etat, qui adopta son rapport, un intervalle lucide était donc un accident dans la vie de l'aliéné, un accident que l'on n'observe que de loin en loin. Pour le rapporteur du Corps législatif, c'était moins encore; ce n'était qu'une *lueur équivoque*, reparaissant *quelquefois*. « Les *lueurs équivoques* de la raison, dit-il, *qui reparaissent quelquefois* chez les insensés et chez les furieux, n'étaient pas un motif suffisant pour modifier l'interdiction ou *pour en interrompre la continuité*. » (TARRIBLE, *Discours* au Corps législatif, séance du 8 germinal an XI.)

D'après ces passages explicatifs du texte de la loi, devrait-on interdire celui dont la raison reprend de temps en temps toute sa lucidité, qui apparaît comme *un jour entre deux nuits ?* Non, évidemment. Les législateurs de l'an XI, n'ayant pas voulu que l'interdiction fût, à l'exemple de celle de Rome, intermittente comme la maladie de celui qu'elle doit protéger, semblent (1) avoir compris qu'il serait par trop cruel de faire subir les rigueurs de cette mesure à un malheureux, lorsque les intermittences de son mal sont assez complètes pour laisser à sa raison son intégrité, pour lui permettre, par conséquent, à lui-même, d'apprécier toute la gravité du coup qui l'a frappé. Malheureusement,

(1) Nous prions le lecteur de nous pardonner l'abus que nous faisons des verbes *il semble* et *il paraît;* il comprendra que l'obscurité et surtout les contradictions dans lesquelles les législateurs de l'an XI tombent à chaque instant, ne nous laissent pas le choix d'autres expressions pour traduire leur pensée.

le texte des lois reste ; leur esprit et les intentions du législateur s'évanouissent ; la plupart des praticiens ne s'en préoccupent guère ; beaucoup manquent des qualités nécessaires pour les bien comprendre ; ceux qui s'en préoccupent et qui ont ce qu'il faut pour le faire avec succès, ne se croient pas obligés d'en tenir compte, et se croient même autorisés, pour peu que le texte s'y prête, à interpréter la loi dans un esprit opposé à celui qui l'a dictée ; on ne devrait donc pas être surpris si on voyait l'interdiction prononcée contre des aliénés qui auraient des intervalles lucides aussi prolongés que la malade dont un médecin aliéniste résume ainsi l'histoire, dans un ouvrage récent :

Une malade, âgée aujourd'hui de 35 ou 40 ans, et qui appartient par le genre de sa maladie à la variété des hystériques, nous présente depuis douze à treize ans les phénomènes suivants. Au milieu du calme le plus grand, de la lucidité d'esprit la plus parfaite, et sans autre symptôme précurseur qu'une satisfaction plus grande à propos de l'état de sa santé, le désir plus prononcé aussi de recouvrer sa liberté, cette dame est invariablement prise, au milieu de son sommeil, de cauchemar et d'agitation. Elle se relève alors, pousse des cris de terreur et se précipite hors de son lit. La crise d'agitation est inaugurée. Elle parcourt ses phases d'une manière identique. Le visage de la malade est décomposé ; elle cherche à se briser la tête contre les murs ; elle refuse de manger, elle est en proie à des terreurs indicibles ; elle frappe, mord, déchire tout ce qu'elle peut saisir. En un mot, le désordre des idées, le trouble des sentiments, la dépravation des facultés instinctives ont atteint leurs dernières limites.

Cette situation, on ne peut plus pénible, dure régulièrement vingt-cinq à vingt-six jours. Vers le vingt et unième jour, la sédation est inaugurée ; la malade est dans la stupeur, mais elle ne cherche plus à nuire et revient progressivement à l'exercice de sa raison. Dans les vingt et un jours que dure l'intervalle lucide, cette infortunée malade est on ne peut plus convenable et raisonnable en ses actes. Ses idées sont lucides, et l'exercice de ses sentiments ne laisse rien à désirer. Les fonctions physiologiques sont parfaites, et la figure a repris son expression naturelle. Le retour de la crise ramène les mêmes accidents, les mêmes actes, le même délire. Tous ces phénomènes sont stéréotypés ; ils sont en relation avec leur cause génératrice (1).

(1) Je ne sais si l'auteur de cette curieuse observation a craint que sa narration n'inspirât pas toute la confiance possible, mais il a cru devoir confirmer par la note suivante le fait capital qu'il a voulu signaler, note qui n'ajouterait pas une grande valeur au texte principal, si l'auteur n'était digne de foi et ne parlait d'un fait dont les

Voilà donc une malade qui, sur treize ans de séjour dans un asile, a joui pendant *six ans* environ de toute sa raison, qui a pu néanmoins *être frappée*, c'est le mot le plus usité, d'interdiction, et qui, aux termes de cette loi, n'a pu jouir d'un instant de liberté, n'a pu faire un seul acte valable de la vie civile! Supposez, — et la supposition n'a par malheur rien d'impossible, — qu'au lieu d'avoir été observé sur un malade vulgaire, une pareille maladie ait atteint J.-J. Rousseau, Pascal ou Rossini, et vous pourrez voir ce contraste révoltant d'un homme qui a assez de génie pour écrire le *Contrat social*, les *Lettres provinciales* ou *Guillaume Tell*, et qui est déclaré incapable de faire son testament! Il suffit de signaler de telles énormités pour montrer l'infériorité de la loi qui les permet sur celle qui les rendait impossibles.

Les exemples d'intervalles lucides comme celui qu'on vient de lire sont fort rares, il est vrai, et, à ne considérer que les cas de ce genre, les abus que la loi pourrait engendrer, quoique extrêmement graves, seraient du moins peu fréquents. Mais il n'en est pas de même de ceux dont peuvent être l'objet une catégorie d'aliénés beaucoup plus nombreuse que ceux qui présentent des intervalles lucides : ce sont ceux qui, sans reprendre, à aucun moment, la complète intégrité de leurs facultés, ne délirent jamais que sur un seul objet ou sur un petit nombre, et qui, sur tous les autres, raisonnent, sinon d'une manière parfaite ou supérieure, du moins avec assez de suite pour ne paraître pas trop au-des-

exemples, sans être fréquents, ne sont pourtant pas d'une telle rareté, qu'ils puissent être considérés comme extraordinaires.

« L'intermittence est bien réelle, dit l'auteur, dans sa note, et, si l'on pouvait en douter, j'ajouterai que si cette intermittence, au lieu de durer vingt et un jours, se prolongeait pendant plusieurs mois, il serait impossible de résister au désir bien naturel qu'a cette malade de retourner dans sa famille. Bien mieux, l'autorité judiciaire, à laquelle nous sommes soumis dans nos asiles, n'admettrait pas l'*intermittence*, et statuerait d'office sur l'opportunité de la sortie. »

La preuve invoquée ne serait pas bien convainquante, car la certitude de l'intermittence ne peut sortir de ce qu'on garderait ou de ce qu'on renverrait la malade, mais seulement de ce que l'absence de tout trouble intellectuel a été bien constatée, ou, en d'autres termes, que le *diagnostic* a été exact. Quant aux difficultés que ferait l'autorité judiciaire pour « *admettre l'intermittence*, » suivant la locution de l'auteur, si l'intervalle lucide se prolongeait pendant plusieurs mois, au lieu de ne durer que vingt et un jours, nous trouvons déjà l'autorité bien tolérante de « l'admettre » dans les conditions où cette intermittence se présente.

sous du niveau de l'intelligence commune. Tel était l'infortuné M. G....; tel est encore M. X.... dont nous avons parlé; tel était l'homme d'Horace, — si son histoire n'est pas une fable, — et que M. Troplong, on ne saurait trop s'en étonner, juge digne d'interdiction; nous discutons cette question avec tous les développements qu'elle exige dans la partie complémentaire de notre travail.

Des remarques précédentes résulte cette conclusion monotone : c'est que les auteurs du titre XI du Code Civil ont eu d'excellentes intentions, mais qu'ils ont été inintelligents quelquefois, inconséquents souvent, et ignorants toujours de ce qu'ils avaient le plus d'intérêt à bien connaître, le véritable état de ceux pour qui la loi devait être faite.

NOTE III.

Malgré l'étendue considérable des pièces relatives à l'affaire de M. Ch. R...., nous croyons nécessaire de les publier intégralement et de les faire suivre de quelques remarques critiques et explicatives. L'étude attentive et détaillée de cette affaire, dans laquelle ont été invoquées toutes les lumières de la science, et dans laquelle, néanmoins, de si graves erreurs ont été commises, montrera, mieux encore peut-être que n'a pu le faire notre longue dissertation sur le sujet envisagé d'une manière générale, les graves abus que doit entraîner l'application de la loi sur l'interdiction, dans les affaires où la vérité est loin d'avoir les mêmes garanties que dans celle de M. Ch. R...., — et elles sont à peu près toutes dans ce cas. — Ces remarques préliminaires faites, nous allons exposer et commenter toutes les pièces essentielles de cette très-intéressante affaire.

La première pièce est le jugement d'interdiction prononcé par défaut contre le défendeur; en voici le texte :

Le tribunal, ouï en son rapport M. Frémery, Morin, avoué, et M. Sapey, substitut,

Donne défaut contre L.-Ch. R., et pour le profit :

Attendu qu'il résulte de l'avis unanime du conseil de famille et de l'interrogatoire, que R. est dans un état habituel de démence qui le rend incapable de gouverner sa personne et d'administrer ses biens,

Déclare L.-Ch. R. interdit,

Ordonne que le conseil de famille se réunira pour lui nommer un tuteur et un subrogé-tuteur,

Et condamne R. aux dépens.

Il n'entre pas dans notre intention de soumettre à un examen critique les règles de la jurisprudence, ni d'indiquer les réformes dont un certain nombre d'entre elles auraient grand besoin. Nous nous contenterons de signaler, en passant, les inconvénients de celle dont M. Ch. R..... a failli être la victime. Il est admis, devant les tribunaux, que les absents ont presque toujours tort; M. Ch. R.... ne s'étant pas présenté au tribunal, a donc dû être condamné par défaut, conformément à cet usage. Mais pour quels motifs M. R... ne s'était-il pas présenté à l'audience? Était-ce par un manque de déférence envers la justice, ou bien parce que, retenu par la force ou par la maladie, il lui a été impossible de sortir du lieu où il était séquestré? Le jugement est muet sur cette question dont tout le monde comprend la gravité. L'humanité et la justice n'exigeraient-elles pas que, dans un cas pareil, on ne pût condamner l'absent par défaut sans avoir établi préalablement que son absence ne tient pas à des causes indépendantes de sa volonté, et le jugement ne devrait-il pas mentionner que cette précaution a été prise? Nous n'insisterons pas davantage sur cette question, dont l'examen complet nous entraînerait beaucoup trop loin et hors de notre sujet, et nous passerons à une autre circonstance, qui nous paraît également avoir, dans le cas qui nous occupe, une certaine gravité.

A un jugement il faut des motifs, et les motifs de celui qui précède ont été puisés : 1° dans l'avis du conseil de famille; 2° dans l'interrogatoire subi par le défendeur. Sur la valeur de l'avis du conseil de famille, nous ne pouvons former que des conjectures, et, d'après la sollicitude que cette famille a montrée pour M. Ch. R..., son avis ne peut être que fort suspect. Quant à l'interrogatoire, en voici le texte, tel qu'il est rédigé par le greffier du tribunal. Nous avons peine à croire que les esprits les plus sévères y trouvent, avec l'un des considérants du jugement, *la preuve d'un état habituel de démence* chez M. R....

1. D. — Quels sont vos noms, prénoms, âge, profession et domicile?

R. — Ch.-L. R., âgé de 35 ans, rentier, demeurant à Paris, rue Vivienne, n° 37.

2. D. — Quelle est votre situation de fortune?

R. — J'ai vingt mille francs de rente, qui consistent tant dans des fonds placés par moi, soit chez des négociants, en actions de chemins de fer, ou des obligations de la ville, etc., que dans le tiers qui me revient sur les revenus de la maison, rue de la Chaussée-d'Antin, n° 8, indivise entre moi, mon frère et ma sœur.

3. D. — N'avez-vous jamais exercé d'état?

R. — J'ai exercé l'état de marin pendant environ cinq ans. Après juin 1848, je suis allé à New-York, où j'ai donné des leçons de chant, et j'en ai été rappelé par la nouvelle de la maladie de mon père.

4. D. — Avez-vous quelquefois songé à vous marier?

R. — Oui, monsieur, j'avais un mariage en vue, et mon notaire était chargé des propositions. Lorsque je suis entré dans cette maison, je n'en avais pas encore parlé à ma famille.

5. D. — Quelle était cette personne?

R. — Je ne puis la nommer; je ne sais si elle accédera à ma proposition, mais elle était d'une bonne famille.

6. D. — Lui avez-vous déjà parlé?

R. — Non, monsieur.

7. D. — Qui pouvait vous faire penser qu'elle vous agréerait?

R. — C'était ma position personnelle. Je ne sais pas, au surplus, si mon notaire a transmis mes propositions.

8. D. — La maladie sur les yeux, dont vous êtes atteint, aurait pu vous détourner de vous marier?

R. — Non, monsieur; c'est une maladie dont j'espère bien me faire guérir en allant voir un oculiste, lequel m'a déjà guéri.

9. D. — Vous rendez-vous compte des circonstances à la suite desquelles vous êtes entré dans cette maison?

R. — Non, monsieur. C'est mon beau-frère qui m'y a fait entrer, et qui a voulu me persuader que j'avais été malade à Lille, et cependant ils m'ont vu après, car j'ai été voir mon beau-frère et ma sœur chez eux, même qu'il y avait des maçons sous la porte cochère. Je suis allé aussi à Noisy. J'étais resté à Lille du 9 au 13 avril de cette année.

10. D. — Mais ne vous rappelez-vous pas avoir été malade lorsque votre famille a jugé à propos de vous faire entrer ici?

R. — Voici ce qui s'est passé. J'ai été à Dunkerque le 23 avril; là j'ai rencontré Charles R.; je suis revenu par Lille, j'y étais le samedi à quatre heures; le lendemain, j'en suis parti à deux heures pour aller à Mouscron, en

Belgique, et je suis ensuite revenu à Lille. Là j'ai rencontré mon frère et mon beau-frère, qui m'ont ramené à Paris.

11. D. — N'y avaient-ils pas été vous chercher?

R. — Je ne sais pas si c'est pour cela qu'ils sont venus.

12. D. — Qu'alliez-vous faire à Mouscron?

R. — J'étais allé voir un douanier que Jacques M. m'avait dit d'aller voir, parce que, selon lui, il devait me rendre la vue plus longue que je ne l'avais.

13. D. — Chez qui avez-vous logé à Mouscron?

R. — Chez ce douanier, qui, au reste, ne l'est plus. Il m'a donné des remèdes, entre autres une bouteille pour me bassiner les yeux, et que j'ai rapportée. Il n'a rien voulu recevoir pour le temps de mon séjour. Pendant que j'étais chez lui, nous sommes allés à un spectacle qui se donnait dans un hôtel. On a joué trois pièces et, à la fin du spectacle, un enfant de douze ans a récité des vers de Casimir Delavigne sur les inventeurs méconnus et finissant par ces mots : « Terre! terre! terre! Christophe Colomb découvrit l'Amérique et mourut dans les fers. » A cette époque-là j'y voyais encore; j'avais recouvré la vue au mois de février. Aussi, en mai dernier, quand j'étais à Mouscron, j'ai parfaitement vu le spectacle; j'ai vu aussi la maison du douanier et son jardin. Il m'a également montré celle qu'il voulait faire construire.

Nous dirons plus loin, en appréciant le second interrogatoire, beaucoup plus complet que le premier, et qui reproduit, d'ailleurs, presque textuellement les mêmes réponses, ce que celui-ci laisse à désirer au point de vue d'une parfaite raison. Mais nul commentaire n'est utile pour que, dès à présent, tout esprit non prévenu, — et sain lui-même, — reste convaincu qu'il est impossible de trouver dans les treize réponses qui précèdent la preuve d'une démence habituelle, que le jugement y a vue.

NOTE IV.

Voici la consultation dont il s'agit; elle mérite toute notre attention, aussi bien par les faits qu'on y affirme et les opinions qu'on y professe que par les questions que soulève l'intervention des médecins, dans des circonstances comme celles où se trouvaient placés les auteurs de cette consultation :

1. — Les médecins soussignés ont été invités par la famille de M. Ch. R... à donner leur avis sur la question suivante :

2. — M. Ch. R...., interdit pour cause d'aliénation mentale, par jugement en date du 13 avril 1855, est-il actuellement dans des conditions de santé qui permettent de le relever de son interdiction?

3. — Pour résoudre cette question, les médecins soussignés ont dû examiner avec soin et à plusieurs reprises M. Ch. R...., recueillir près de sa famille les renseignements nécessaires, et enfin lire avec attention les pièces du dossier qui leur a été remis. Ils ont, en outre, regardé comme indispensable de s'adjoindre M. le docteur P...., qui, pendant un an, a donné des soins à M. Ch. R.... Après avoir ainsi réuni les éléments les plus propres à former leur opinion, et en avoir délibéré entre eux, ils croient pouvoir exposer ce qui suit :

4. — M. Ch. R.... est devenu, par suite d'une amaurose, complétement aveugle à la fin de 1852. Il a commencé à présenter les premiers symptômes d'une lésion de l'intelligence vers la fin de 1853. On s'aperçut alors que ses facultés baissaient sensiblement, et, en outre, que la parole était par moments embarrassée. En avril 1854, on observa par intervalles des signes de délire; mais c'est au mois de mai seulement que le trouble des facultés mentales a été constaté par les certificats de plusieurs médecins, et que la maladie a revêtu des caractères tellement tranchés, qu'elle a nécessité l'isolement dans une maison de santé.

5. — M. Ch. R...., frappé à Lille d'une congestion cérébrale le 29 avril 1854, y reste pendant six jours en proie au délire et dans un état assez alarmant. Aussitôt que le docteur C...., qui lui donnait des soins, juge que le malade peut supporter le voyage, il est ramené à Paris par son frère et son beau-frère, qui étaient venus le chercher. A son arrivée, il est soumis à l'examen des docteurs F...., L.... et M..., qui, dans un certificat délivré le 7 mai 1854, ne se bornent pas à constater l'existence de l'aliénation mentale et la nécessité de l'isolement, mais déterminent encore avec précision le caractère et la nature de la maladie; ils constatent, en effet, que M. Ch. R.... est atteint de démence et de paralysie générale.

6. — Le 16 juin, après plus d'un mois d'une observation de chaque jour, M. le docteur P.... confirme l'opinion de MM. F...., L.... et M...., et il reconnaît comme eux que M. Ch. R.... est atteint de démence et de paralysie générale.

7. — Le 10 novembre 1854, nouveau certificat de MM. F...., L...., P.... et S...., attestant la persistance des mêmes symptômes.

8. — Il résulte des renseignements donnés par M. le docteur P...., qu'outre les signes d'affaiblissement intellectuel et l'embarras de la prononciation, M. Ch. R.... avait, au moins dans les premiers mois de son séjour dans la maison de santé, un délire ambitieux bien caractérisé. Ce délire a peu à peu disparu, en même temps qu'une amélioration très-notable se faisait dans l'état général du malade. La gêne de la prononciation était surtout bien moins

grande. C'est dans ces conditions que le malade a quitté la maison de santé au commencement de mai dernier.

9. — Tels sont les faits qu'il a paru utile de rappeler avant de constater l'état actuel.

10. — Les médecins soussignés ont dû d'abord rechercher, sous ce rapport, quelle idée M. Ch. R.... se fait de la maladie dont le début à Lille a été si violent, et qui depuis lors a nécessité pendant un an son séjour dans une maison de santé. Rien ne prouve mieux, en effet, la guérison d'un aliéné que l'appréciation exacte de son ancien délire.

11. — Les questions adressées, sous ce rapport, à M. Ch. R...., démontrent qu'il n'a pas la moindre conscience de son état. Il ne se borne même pas, comme certains aliénés, à atténuer ou à expliquer les symptômes qu'il a éprouvés : il les nie de la manière la plus complète. A l'en croire, il n'a jamais eu la moindre affection cérébrale. La maladie qui a débuté à Lille et qui a tant affecté sa famille est une invention ; le certificat du docteur C.... est une pure fiction. M. Ch. R.... avoue, il est vrai, qu'il est revenu de Lille avec son frère et son beau-frère ; mais il ajoute qu'ils ne s'étaient pas rendus dans cette ville pour le chercher : il les a tout simplement rencontrés par hasard dans la rue.

12. — Une pareille dénégation des faits les mieux constatés ne peut être que le résultat d'une aliénation mentale persistante, et elle suffirait à elle seule pour la caractériser. M. Ch. R....., en effet, a complétement oublié le début de sa maladie ; il y a plus, il n'admet pas que cet oubli soit possible, et les témoignages irrécusables auxquels se rendrait tout homme raisonnable n'ébranlent en rien sa conviction.

13. — M. Ch. R.... n'a pas plus conscience des symptômes qu'il a éprouvés pendant son séjour dans la maison de santé. Non-seulement il les nie, mais cela l'entraîne aux conceptions délirantes, les plus fâcheuses. Comme presque tous les aliénés, il croit que sa séquestration a été faite dans une mauvaise intention et par suite de vues intéressées. Il répète devant les médecins soussignés que c'est son beau-frère qui, dans un but peu honorable, a obtenu de faux certificats à prix d'argent. M. le docteur P...., rappelant alors que les médecins qui ont délivré les certificats sont tous des hommes honorables, M. Ch. R.... n'insiste plus et se borne à ajouter que son beau-frère faisait dire aux médecins tout ce qu'il voulait.

14. — Parmi les signes les plus tranchés de délire qu'offre aujourd'hui M. Ch. R...., il faut mentionner une histoire étrange répétée trois fois par le malade devant les médecins soussignés, et trois fois dans les mêmes termes. Il s'agit d'une visite qu'il aurait faite avec son ancien domestique dans un immense bazar du faubourg Poissonnière. Il aurait retrouvé là tous ses meubles apportés de Noisy par son domestique. Il y avait, entre autres, son propre lit ; il aurait

couché dans les galeries de ce bazar, remplies par une foule de promeneurs. Il est vrai qu'on aurait, pour la circonstance, entouré son lit de rideaux fermés. Quand on insiste pour savoir où se trouve ce bazar, il ne peut répondre ; mais il répète toujours qu'on le saura en recherchant et en interrogeant Célestin, son ancien domestique. Dans toute cette histoire, gravée désormais dans le cerveau du pauvre malade, et répétée toujours d'une manière uniforme, il est impossible de voir autre chose que le rêve d'un homme tombé en enfance.

15. — La cécité complète de M. Ch. R.... date de la fin de 1852. Depuis lors il n'a jamais et à aucun degré recouvré la vue. Or, il prétend cependant qu'un oculiste l'a une première fois en grande partie guéri; qu'il voyait assez bien — il y a un an, — et que c'est un bain chaud et prolongé qui l'a rendu de nouveau aveugle. Cette déclaration, répétée devant les médecins soussignés, témoigne encore de la persistance de l'aliénation mentale.

16. — Malgré la persistance de la mémoire sur un certain nombre de points, les médecins soussignés ont été frappés, dans l'ensemble des réponses de M. Ch. R.... et dans sa manière d'être, d'une foule de signes qui dénotent l'altération profonde de ses facultés. On remarque, par exemple, que les mêmes plaintes, souvent puériles, sont reproduites de la même manière et presque dans les mêmes termes. Il y a, en outre, chez le malade, une facilité extrême à accepter les premiers prétextes qu'on lui donne pour des faits que, dans l'état normal, il n'accepterait évidemment pas sans des explications précises. Sur trois des médecins soussignés, deux étaient tout à fait inconnus à M. Ch. R....; or, il ne s'est informé ni de leur nom, ni de leur qualité, ni du motif de leurs visites, ni à quoi tendaient les questions qui lui étaient adressées, etc. : toutes choses qui ne peuvent s'expliquer que par l'affaiblissement de l'intelligence.

17. — Il faut encore noter comme un symptôme caractéristique les confidences hors de propos, faites à chaque (1) instant par M. Ch. R...., de tout ce qui lui arrive, de ce que lui ont dit ses conseils, son avocat, son avoué, les médecins qui l'ont examiné à deux reprises pour l'aider à se faire relever de son interdiction. C'est ainsi qu'il ne fait aucune difficulté de convenir devant les médecins soussignés que le but qu'il se propose, en recouvrant sa liberté, est d'épouser une jeune fille de vingt et un ans qu'il a connue il y a deux ans et demi, mais qui, jusqu'à présent, ne sait rien de ses intentions.

18. — Il est certain que M. Ch. R.... n'a point une conscience exacte de la

(1) Les honorables médecins commettent ici une grave erreur, en même temps qu'un oubli des convenances. Ce n'est point pour faire relever M. Ch. R... de son interdiction que les médecins auxquels on fait allusion l'ont examiné; mais uniquement pour juger consciencieusement si l'état de M. R... était celui que les législateurs ont considéré comme exigeant l'application de l'art. 489 du Code Civil.

(*Note de l'auteur.*)

portée de ses paroles; il n'a nulle défiance, et il est évident qu'il serait à la merci de toutes les suggestions dont on pourrait l'entourer en flattant ses idées fausses. Le danger, sous ce rapport, est d'autant plus grand que, le malade étant atteint d'une cécité complète, il devient par cela même plus facile encore d'abuser de son intelligence.

19.—Les médecins soussignés n'ont pas constaté de délire ambitieux; l'embarras de la prononciation leur a paru peu marqué; cependant il est encore possible, dans certains moments, de reconnaître de l'hésitation dans la parole.

20. — En résumé, s'appuyant sur tout ce qui précède, les médecins soussignés croient pouvoir avancer :

21. — 1° Que M. Ch. R.... a présenté au mois de mai 1854, et jusqu'au mois de novembre de la même année, des symptômes graves de démence avec paralysie générale, mais que peu à peu, au commencement de 1855, les phénomènes d'excitation ont disparu pour faire place à l'état calme qu'on observe encore aujourd'hui ;

22. — 2° Qu'il reste actuellement encore des signes évidents de démence, le malade n'ayant aucune conscience de son état passé et de son état présent, expliquant de la manière la plus fausse sa séquestration dans une maison de santé et son interdiction, et conservant d'ailleurs des conceptions délirantes tout à fait absurdes;

23. — 3° Que la persistance de la démence chez M. Ch. R...., malgré le calme dont il jouit, est conforme à l'observation de chaque jour, la science ne possédant, en effet, aucun exemple de guérison véritable, malgré des cas assez nombreux d'amélioration temporaire;

24. — 4° Qu'il est malheureusement permis de prévoir que la maladie de M. Ch. R...., après un temps d'arrêt plus ou moins long, reprendra sa marche, et que les symptômes qui existent aujourd'hui deviendront bien plus tranchés.

25. — Telles sont les opinions que les médecins soussignés croient pouvoir exprimer, et qui les portent à conclure que M. Ch. R..., alors même que la circonstance aggravante de la cécité n'existerait pas, est incapable de reprendre sans danger la libre direction de sa personne et de ses biens.

Les remarques que nous avons à présenter sur cette consultation sont de deux sortes : les premières porteront sur la mission même acceptée par les consultants; les secondes, sur les principes qu'ils ont implicitement posés, sur l'exactitude des faits qu'ils ont constatés, et sur la légitimité des conséquences qui en ont été déduites.

Nombre de fois, dans la publication scientifique dont la direction nous est confiée, nous avons cherché à montrer combien est délicate la position des médecins qui interviennent dans les affaires privées, à la requête des parties ; de combien d'écueils, dans ces cas, leur mission est environnée; avec quelle sobriété ils doivent l'accepter, et avec quelle circonspection ils doivent la remplir. Celui ou ceux dont on a fait ses clients, disions-nous dans une autre occasion (*Monit. des hôpit.*, 5 mai 1859), inspirent souvent trop d'intérêt pour qu'on puisse juger leurs actes ou les faits qui les concernent avec toute la rigueur qu'exigent la science et la vérité; et, alors même que le médecin sera doué d'une fermeté suffisante pour échapper à toute influence étrangère, il pourra être et sera souvent soupçonné d'avoir délivré des certificats ou des consultations favorables à celui qui l'aura payé, uniquement parce que celui-là était son client, et ce sera déjà trop d'un pareil soupçon, même dénué de fondement. Les inconvénients attachés aux missions de ce genre sont tels, suivant nous, au double point de vue de la considération de la profession et des intérêts de la science, que nous n'avions pas hésité à conseiller aux médecins de s'abstenir de toute intervention dans les affaires privées, à l'exception de celles où les plus grands intérêts des citoyens sont en question, tels que l'honneur et la liberté; encore n'avons-nous considéré, même dans ces cas, l'intervention de la science comme digne et utile, qu'en l'absence de lois rationnelles qui la rendraient obligatoire dans l'intérêt de tous, et qui en feraient une véritable fonction publique. Ces lois, malheureusement, manquent dans toutes les législations, et, en leur absence, les auteurs de la consultation qui précède pouvaient, dans l'affaire dont nous nous occupons, accepter la mission qu'on leur proposait, sans manquer aux principes que nous venons de rappeler; nous aurions préféré, toutefois, qu'ils eussent cru pouvoir ne pas mettre leur opinion en aussi complète harmonie avec les intérêts et les désirs de la partie qui avait réclamé leur concours : leur autorité n'aurait pu qu'y gagner. Nous hésitons d'autant moins à faire cette remarque, que les auteurs de la consultation dont il s'agit sont au-dessus de tout soupçon de complaisance coupable, et qu'ainsi notre observation, sans porter la moindre atteinte à leur légitime considération, pourra être utile à ceux dont la situation morale et professionnelle serait moins solidement établie que la leur, et qui croiraient pouvoir suivre les mêmes errements.

Ces remarques générales posées, un mot encore, avant d'arriver aux faits et aux déductions, sur le mode de procéder adopté par les consultants. Ainsi qu'ils l'indiquent au début de leur consultation, ils avaient à décider si M. R... pouvait actuellement être relevé de son interdiction; ils avaient donc à constater son *état actuel*. Dans ce but, ils ont examiné M. R... *avec soin et à plusieurs reprises*, et, de plus, ils ont consulté toutes les pièces du dossier et interrogé la famille. La première précaution était parfaitement rationnelle; elle est même indispensable, quand il s'agit de statuer sur l'état intellectuel d'une personne, et elle pouvait suffire; toutefois, ce qui abonde ne vicie pas, et les antécédents pouvaient n'être pas absolument inutiles pour résoudre la question posée, pourvu que les renseignements fournis par la famille ou contenus dans le dossier fussent rigoureusement pesés, avant d'être acceptés comme incontestablement vrais. Nous croyons que, sous ce rapport, les consultants ne se sont pas montrés tout à fait assez sévères, et que, par suite de leur trop grande confiance, ils ont considéré comme positifs plusieurs faits très-douteux ou complétement erronés.

Ainsi, ils affirment :

1° Que M. R.... était *complétement* aveugle à la fin de 1852 (§ 4); sur quels témoignages? on ne le dit pas. Or, il est certain que ce fait est inexact, puisque nous avons pu constater nous-mêmes, *nombre de fois*, ainsi que les auteurs d'une autre consultation dont nous parlerons plus loin, que l'amaurose de l'œil droit n'était pas encore complète *au mois de juillet* 1855!

2° Que les facultés intellectuelles étaient affaiblies et *la parole par moments embarrassée*, à la fin de 1853 (même paragr.). Cela est *possible;* mais sur quels témoignages peut-on établir que cela est *certain?*

3° Qu'en 1854, on observa par intervalles des signes de délire (même paragr.). Qui a certifié l'existence de ce délire?...

4° Que les symptômes éprouvés à Lille par M. R.... *affectèrent beaucoup sa famille* (§ 11). Quelle utilité y avait-il, pour l'éclaircissement de la question à résoudre, à mentionner le chagrin de la famille, et quelles preuves avait-on de la sincérité de ce chagrin? Qu'en penseront aujourd'hui les consultants, quand ils sauront que, depuis le jour où la famille a échoué dans ses tentatives opiniâtres d'interdiction, c'est-à-dire depuis cinq ans bientôt, pas une fois elle ne s'est informée d'une santé qui lui était auparavant si chère?

Certes, nous nous plaisons à le répéter, personne plus que nous n'est convaincu de la complète indépendance d'esprit avec laquelle les très-honorables consultants ont donné et exprimé leur avis; mais on comprendra aussi que ceux qui n'ont pas des motifs de conviction tout personnels, éprouvent une impression fâcheuse en voyant des hommes qui ne devraient être que les organes sévères et exacts de la science, interpréter ainsi, d'une manière favorable, et sans utilité aucune pour l'éclaircissement de la question, des sentiments tout au moins équivoques.

Nous n'insisterons pas davantage sur ces défectuosités, en quelque sorte préliminaires, et nous passerons à des erreurs plus regrettables.

Nous l'avons dit bien souvent aussi, les actes de médecine légale sont ceux sur lesquels le public peut juger avec le plus de connaissance de cause la médecine et les médecins, parce que ces actes portent souvent sur des faits que tout le monde peut apprécier, parce que ces faits sont généralement critiqués et débattus contradictoirement, parce qu'ils ont, enfin, dans certains cas, un retentissement considérable. Il importe donc que, dans ces actes, plus peut-être que dans tous les autres, les médecins évitent de commettre des erreurs et de former des théories hasardées. On ne saurait trop regretter que les auteurs de la consultation que nous examinons n'aient pas assez rigoureusement observé ces préceptes importants. Voici quelques-uns des points principaux à propos desquels ils s'en sont écartés, outre ceux que nous avons déjà signalés précédemment.

Nous avons déjà fait remarquer, dans le corps de notre travail, qu'il était difficile de préciser le caractère de la maladie qui a frappé, à Lille, M. Ch. R.... Les auteurs de la consultation déclarent que c'était une *congestion* cérébrale; mais ils ne donnent aucune preuve à l'appui de leur opinion, laquelle nous paraît très-peu probable; le médecin qui a soigné M. R.... a diagnostiqué une gastro-céphalite aiguë, diagnostic dont la seconde moitié semblerait plus en rapport avec le délire violent que le malade paraît avoir éprouvé; cependant, on ne saurait accepter même cette seconde moitié, sans beaucoup de réserve; car une encéphalite aiguë, ou plutôt suraiguë, qui permettrait au malade, comme c'est le cas de M. R...., de se remettre sur pied au bout de sept jours, et de supporter un long trajet sans aucun inconvénient, est une rareté qui a dû se voir bien rarement. M. R.... a été frappé d'un accès de délire ou de manie simple, ce qui ne veut pas dire assurément que le phénomène ne fût pas le résultat d'une altération du cerveau, mais seulement que cette altération fugace n'aurait probablement pas laissé de traces appréciables à nos moyens d'investigation, si le malade avait succombé dans son accès, et qu'elle n'était pas ce que, dans l'état actuel de la science, on désigne sous le nom de congestion ni sous celui d'encéphalite. Il aurait donc été plus sage de ne pas donner comme certain un fait extrêmement douteux.

Dans les §§ 10, 11, 12 et 13, les très-honorables auteurs de la consultation traitent ou plutôt tranchent, sans trop la discuter, une question d'un assez grand intérêt pour la médecine mentale en général, et plus grand encore quand on envisage spécialement l'aliénation sous le rapport médico-légal; il y aura quelque utilité à nous y arrêter un instant.

Après avoir posé en principe que rien ne prouve mieux la guérison d'un aliéné que l'appréciation exacte qu'il fait de son ancien délire, ils établissent que M. Ch. R.... n'a conscience ni des phénomènes graves qu'il a éprouvés à Lille, ni des symptômes qui leur ont succédé, ni même de son état actuel, et ils en concluent que ce défaut d'appréciation et les conceptions délirantes qu'il entraîne, ne peuvent être que le résultat d'une aliénation mentale persistante. Ainsi formulée, cette opinion demande des explications.

Il est bien vrai que l'appréciation exacte d'un délire passé est une présomption, — et non pas une preuve (1), — d'un retour à la raison; mais ce n'est pas une condition indispensable, et elle l'est d'autant moins, que le délire a duré moins longtemps : le trouble des facultés intellectuelles qui peut compliquer toutes les fièvres graves ne laisse, dans l'immense majorité des cas, aucun souvenir dans l'esprit des malades, ce qui ne l'empêche pas de disparaître sans retour, lorsque la maladie prédominante entre dans la période de déclin. Il en est de même du délire qui suit les crises épileptiques ; il peut en être de même encore de celui qui constitue la folie proprement dite. La proposition des très-honorables consultants, ramenée ainsi à son véritable sens, ne prouverait donc pas grand'chose contre M. R..., en tant surtout qu'on aurait en vue les accidents qui ont eu lieu à Lille, et sur le véritable caractère desquels on ne peut former que des présomptions. Nous sommes loin pourtant de vouloir prétendre que les erreurs d'appréciation de M. R... ne prouvent rien contre l'intégrité de sa raison, et, si les très-honorables consultants s'étaient bornés à constater chez lui un altération de l'intelligence, sans parler du degré de cette altération, il n'y aurait pas de dissidence entre nous ; mais comme la question de degré est ici une question capitale, on comprend qu'une dissidence sur ce point soit capitale aussi.

Certes, si des hommes graves, éclairés, parfaitement désintéressés, venaient affirmer à un autre homme que pendant trois, quatre, cinq ou six jours, il a perdu conscience de lui-même, qu'il s'est livré à tels ou tels actes, qu'il a été en proie à tels ou tels phénomènes, nul doute que la récusation qu'il ferait de pareils témoignages ne fût la preuve d'une altération profonde de ses facultés intellectuelles; mais la situation de M. R... était-elle bien celle que nous venons de supposer? Assurément non; bien loin de là. Il faut d'abord remarquer qu'avec toutes les au-

(1) On peut voir, en effet, soit des aliénés qui apprécient exactement leur délire passé et qui, à la première cause occasionnelle, ne retombent pas moins dans les mêmes erreurs; soit des aliénés qui, renonçant à des idées dont ils reconnaissent la fausseté, les remplacent par d'autres qui ne sont pas plus raisonnables.

tres personnes qui l'ont interrogé, M. R.. a été beaucoup moins absolu dans ses dénégations qu'on ne pourrait le supposer d'après l'exposé des honorables consultants. A moins donc qu'ils n'aient eu la mauvaise chance d'examiner M. R... dans des moments où sa raison éprouvait des troubles tout à fait exceptionnels et passagers, puisqu'il ne nous a jamais été donné de les constater, quoique nous ayons vu le malade beaucoup plus souvent et pendant plus longtemps que les honorables consultants, on ne saurait guère douter que la vivacité de leurs impressions n'ait été hors de toute proportion avec les faits dont ils ont été témoins. Voilà pour le caractère même des faits. Quant aux motifs qui pourraient expliquer, sinon justifier les appréciations de M. R..., ils ne sont certainement pas dénués de tout fondement. Après six ou sept jours d'une maladie grave qui ne laisse dans son esprit aucun souvenir, M. R....., faible et aveugle, se voit déposé dans une maison de santé, sous prétexte d'une partie de campagne; là, il est isolé, privé de communications avec toute autre personne qu'avec celles qui l'ont fait séquestrer : de quelle raison, de quelle angélique résignation ne faudrait-il pas être doué pour voir dans cet ensemble de précautions les effets exclusifs de l'amour fraternel? Qui pourrait ne pas comprendre les soupçons de M. R... sur les vues intéressées de ses protecteurs et parents, aujourd'hui surtout où le temps et la suite des événements ont permis à chacun de se montrer dans son véritable rôle? Combien trouverait-on de gens, d'une intelligence plus forte et plus lucide que celle de M. R..., et qui, sur le point dont il s'agit, soutiendraient la même opinion que lui avec bien plus de ténacité? M. R..., sur les observations des très-honorables consultants, a bien voulu revenir de l'idée qu'il avait que son beau-frère avait obtenu, à prix d'argent, de faux certificats des médecins, et admettre que ceux-ci avaient seulement été influencés. Que de gens qui passent pour sensés, et qui n'adopteraient pas si facilement une pareille interprétation !

Dans le paragraphe 14, les honorables consultants parlent d'une hallucination dont M. R... a été le jouet, qu'il continue à tenir pour une réalité, et ils en infèrent qu'il est « *impossible de voir* dans cette fausse croyance autre chose que le rêve d'*un homme tombé en en-*

fance. » Cette conclusion est une exagération regrettable. Les hallucinations constituent sans aucun doute un signe presque pathagnomomonique de folie; mais ici encore, c'est le degré qu'il importe de considérer; entre la folie que dénote une hallucination unique et l'état de démence qu'on spécifie, quand on dit de quelqu'un qu'*il est tombé en enfance,* il peut y avoir un abîme; en appliquant dans toute sa rigueur la doctrine qu'implique la conclusion des honorables consultants, on arriverait à cette conséquence que Socrate et Jeanne d'Arc étaient des fous tombés en enfance : cette conséquence suffit pour faire juger la doctrine. Dans le paragraphe 16, d'ailleurs, les honorables consultants tirent d'un ensemble de circonstances et de faits exposés cette fois avec modération et vérité, et judicieusement interprêtés, la conclusion parfaitement fondée qu'il y a chez M. R... un « *affaiblissement de l'intelligence*; » mais affaiblissement de l'intelligence n'est pas synonyme de tombé en enfance; caractériser par ces deux termes un même état morbide, c'est tomber dans une évidente et fâcheuse contradicdiction.

Nous avons déjà signalé la faute que les honorables consultants ont commise en affirmant, sur des témoignages suspects (1), que la cécité

(1) On ne saurait en excepter le certificat suivant, délivré par M. le curé de Noisy-le-Roi, qu'on voit apparaître, on ne sait trop à quel titre, dans cette triste affaire :

« Je soussigné, certifie que M. Ch. R.... est aveugle depuis la fin de l'année 1852, et que, depuis ce moment jusqu'au 15 avril 1854, jour où je l'ai vu pour la dernière fois avant son entrée dans la maison de santé du Dr X..., il n'avait jamais eu le bonheur de recouvrer la vue.

« Noisy-le-Roi, 18 juillet 1855. »

C'est sans doute avec de bonnes intentions, en dehors de toute obsession, et dans un complet sentiment d'indépendance, que M. le curé de Noisy a rédigé un pareil certificat; mais, à moins que l'honorable ecclésiastique n'ait vu chaque semaine M. R.... et constaté l'état de ses yeux avec toutes les précautions indiquées par la science, il conviendra qu'il y a quelque légèreté à délivrer une pareille attestation, quelque agréable qu'elle puisse être à un voisin et amphytrion de campagne. Cette pièce, ainsi que beaucoup d'autres, contenues dans le dossier, et que nous ne pourrions reproduire sans donner à ces notes une étendue démesurée, est moins propre à porter la lumière sur l'histoire médicale de M. R.... qu'à montrer la ferveur des sentiments de sa famille à son égard : l'amour fraternel ne songerait pas à aller ainsi solliciter des lettres et des certificats jusque chez les curés de village, jusque chez les brigadiers des douanes de Mouscron, lettres et certificats presque tous inutiles à la cause; il faut un véritable acharnement de sollicitude pour s'agiter à ce point. Voici pourtant encore le passage d'une de ces lettres, qui peut faire pendant à celle du beau-frère de M. R...., que nous avons citée

de M. R... était complète dès l'année 1852, et qu'il n'avait jamais, à aucun degré, recouvré la vue depuis cette époque. Le contraire semble parfaitement établi, non-seulement par ce qu'il nous a été permis de constater nous-mêmes, mais aussi par les pièces du dossier que les honorables consultants ont dépouillé : ainsi, dans la question 13 du premier interrogatoire (voy. p. 156), M. R... parle d'un spectacle qu'il a vu dans l'hôtel de Mouscron, et une lettre du douanier-oculiste confirme l'exactitude des souvenirs de son malade; M. R... parle encore de la maison et du jardin du douanier; il parle même d'une maison que celui-ci voulait faire construire, toutes circonstances non contredites par les protecteurs de M. R..., et qui indiquent suffisamment que sa vue n'était pas complétement perdue. Le dossier renferme plusieurs autres preuves analogues, lesquelles s'accordent parfaitement avec les constatations faites par les auteurs de la consultation suivante, et que nous avons pu confirmer nous-mêmes nombre de fois, c'est qu'aux mois de juillet et août 1855, c'est-à-dire au moment même où les auteurs de la consultation que nous discutons ont examiné M. R..., il pouvait encore distinguer, de son œil droit, la lumière des ténèbres, et distinguer de quel côté le jour pénétrait dans une chambre.

Dans le même paragraphe 15, les honorables consultants trouvent une preuve de la persistance de l'aliénation mentale dans la croyance où se trouve M. R... qu'un bain chaud et prolongé lui a fait perdre à peu près complétement ce qui lui restait de vue. Il est presque inutile de dire que cette conclusion n'est justifiée en aucune manière : d'abord l'opinion de M. R... n'a rien d'improbable, et l'on trouverait sans

plus haut; celle-ci est d'un sieur Del..., subrogé-tuteur et cousin-germain de M. R..... Elle semble écrite au nom de tous les cousins:

« .... Il y aurait *la plus grande inhumanité* à faire cesser sa position d'interdit. Sa vie et sa fortune, à laquelle nous n'avons pas le moindre intérêt, seraient bientôt compromises..... »

Ne faut-il pas pousser jusqu'aux dernières limites l'amour de la famille, pour se permettre, lorsqu'on écrit de ce style et qu'on n'est pas médecin, de porter des pronostics sur la vie et la fortune d'un parent malade, pronostics si bien justifiés, d'ailleurs, par les événements! Les honorables consultants qui, en qualité de physiologistes, ne peuvent ignorer que l'excès en tout est un défaut, n'auraient-ils pas dû se tenir en garde contre des documents entachés d'un tel excès de zèle?

peine des médecins instruits et même des spécialistes pour la défendre; mais quand même elle serait dénuée de toute valeur scientifique, qui donc oserait accuser de folie — (nous voulons parler bien entendu de folie pratique) — tout médecin qui se trompe sur une question d'étiologie, à plus forte raison tout homme du monde! A ce compte, il faudrait transformer en cabanons toutes les habitations qui couvrent la surface du globe!

Il faut mettre un terme à cet examen déjà trop long, quoique incomplet encore; nous le faisons en présentant quelques remarques sur la deuxième conclusion des honorables consultants (paragraphe 22). Il est dit, dans cette conclusion, entre autres choses très-contestables, que M. R... n'a « *aucune conscience* de son état passé et de son état présent. » Les expressions de nos honorables confrères vont sans doute bien au-delà de leur pensée; il est trop évident que M. R... connaît sa cécité, et la plupart des inconvéniens qu'elle entraîne, sinon tous; qu'il apprécie avec justesse sa position sociale, et, avec une rigoureuse précision, sa situation de fortune; qu'il forme pour l'avenir des projets parfaitement raisonnables et en rapport avec son état physique et moral. Ce dont il ne paraît pas avoir ou dont il n'a du moins que très-imparfaitement conscience, c'est de l'affaiblissement de ses facultés intellectuelles, quelque peu semblable en cela à l'archevêque de Grenade, que son chapitre ne songea pas à faire interdire, semblable aussi à beaucoup d'écrivains, même d'écrivains psychologues, qui n'hésitent pas à aborder les sujets les plus élevés, sans avoir préalablement mesuré la hauteur où leur intelligence peut atteindre. Si c'est à cette absence partielle de conscience que les honorables consultants ont voulu faire allusion, nous n'aurons plus à regretter qu'un défaut de rédaction dans leur proposition, défaut très-regrettable encore, parce qu'en médecine légale, tout a de l'importance, et que là, plus peut-être que partout ailleurs, il faut s'appliquer, non-seulement à professer des idées vraies, mais encore à les traduire clairement et fidèlement. Mais si cette interprétation fait disparaître une erreur capitale de fait, elle y substitue une erreur de raisonnement, qui n'est guère moins fâcheuse. Réduite aux proportions que nous venons de déterminer, l'inconscience est un symptôme d'une gravité médiocre, qui ne devait pas servir de base à des conclusions aussi absolues que celles des honorables consultants, et à un pronostic sinistre que le temps a démenti.

Nous terminerons cet examen par une remarque qui rappellera celle que nous avons faite en le commençant, et qui ne pourra, malheureusement, atténuer les erreurs dans lesquelles les doctrines régnantes, autant qu'une insuffisance de sévérité d'esprit, ont entraîné les honorables consultants : c'est que ces erreurs, — erreurs de fait et d'observation, erreurs de raisonnement, erreurs même par exagération de faits et de raisonnements vrais, — sont toutes favorables aux desseins que poursuivaient les parents et protecteurs acharnés de M. R..., c'est-à-dire favorables à la partie qui avait réclamé l'intervention des consultants. Nous avons déjà dit, et nous croyons devoir répéter avec insistance, que cette coïncidence ne peut porter la plus légère atteinte à l'indépendance, à l'honorabilité irréprochables et bien connues des consultants; mais, enfin, cette coïncidence existe; il ne nous est pas permis de la passer sous silence et de ne pas signaler ce qu'elle a de fâcheux en soi.

NOTE V.

Le rapport des trois honorables experts désignés par le tribunal est beaucoup plus étendu que la consultation précédente ; ce n'est pas sans un vif regret que nous nous voyons dans la nécessité de montrer que la vérité n'a rien gagné à ce développement : les erreurs de méthode et de doctrine, soit médico-mentale, soit médico-légale, n'y sont pas moins fréquentes ni moins graves que dans la consultation ; les erreurs de fait et d'observation y sont plus nombreuses et plus radicales. Les détails que nous avons donnés dans le précédent examen nous permettront de nous borner, pour la plupart d'entre elles, à de simples rectifications en note; nous présenterons sur les autres quelques remarques, qui, heureusement, ne seront pas tout à fait inutiles aux médecins qui se trouveront appelés à rédiger des rapports sur l'état mental d'individus placés dans des conditions analogues à celles où se trouvait M. Ch. R.....

Voici d'abord le texte du rapport de nos honorables confrères :

1. — Nous soussignés, docteurs en médecine de la faculté de Paris, commis par jugement du dix-neuf juillet mil-huit-cent-cinquante-cinq à l'effet de constater l'état mental de M. L.-Ch. R....., après avoir préalablement prêté serment, nous nous sommes rendus, le samedi 28 juillet, auprès de M. L.-Ch. R..... Une seule réunion, dans laquelle nous avons non-seulement examiné le malade, mais encore pris connaissance des pièces du dossier, nous a suffi pour former notre opinion et pour arrêter les termes et les conclusions de notre rapport.

2. — M. L.-Ch. R....., âgé de 35 ans, propriétaire, demeurant, rue Hauteville, n° 32, a présenté, au mois d'avril 1854, des signes certains d'aliénation mentale aiguë qui ont été constatés par M. le docteur C....., de Lille (1).

3. — Au mois de mai de la même année, MM. les docteurs F....., L..... et M..... reconnaissent également l'existence d'une affection cérébrale, et le trouble de la raison est tel, que le placement du malade dans une maison de santé est jugé indispensable.

4. — Dans leur certificat, ces trois médecins déclarent que L.-Ch. R..... est atteint de démence et de paralysie générale.

5. — Le 16 juin, M. docteur X..... porte le même diagnostic, qui est encore confirmé par MM. les docteurs F....., L....., X..... et S....., le 10 novembre 1854, et ces messieurs ajoutent qu'il y aurait imprudence à changer la position actuelle de M. L.-Ch. R....., et qu'en le mettant en liberté, il pourrait compromettre sa fortune et la sûreté des personnes avec lesquelles il serait en rapport.

6. — M. R..... reste donc dans la maison de santé pendant les premiers mois de l'année 1855. Le traitement auquel le malade est soumis, l'éloignement où il est maintenu de toute cause d'excitation, et la vie calme qu'il est forcé de mener (2) produisent, enfin, une amélioration qui permet à la famille de faire un essai et de retirer le malade de la maison de santé. Mais, à ce moment-là même, on considère si peu M. R..... comme capable de gouverner sa personne et d'administrer ses biens, qu'on avait fait prononcer son interdiction, et qu'on le place sous la surveillance et la protection d'un de ses amis, qui s'engage à vivre avec lui (3).

(1) Voir dans le texte du travail, p. 36, et dans la précédente note, p. 164, la confiance que mérite le certificat du docteur C.....

(2) Peut-on être *calme* quand on est *forcé?* C'est une grande question de philosophie et de thérapeutique mentale, dont l'examen nous entraînerait trop loin, mais que les honorables rapporteurs ont résolue un peu légèrement.

(3) Voir, aux questions 47 et suivantes de l'interrogatoire ci-après, ce qu'était cet ami sur lequel M. R..... s'exprime avec non moins de sens que de vérité.

Depuis cette époque, l'amélioration de la santé de L.-Ch. R..... a-t-elle fait de nouveaux progrès?

7. — L.-Ch. R..... est-il aujourd'hui guéri, et, par conséquent, capable de disposer librement de sa personne? ou bien, au contraire, est-il atteint d'une maladie qui lui a ôté la conscience entière (1) et la responsabilité de ses déterminations et de ses actes.

8. — Telle est la question que le tribunal nous a chargés de résoudre.

9. — Dans notre conviction, M. L.-Ch. R..... est atteint d'une affection cérébrale chronique caractérisée actuellement par l'affaiblissement des facultés intellectuelles et morales et par la lésion des fonctions musculaires.

10. — En rapprochant les symptômes que présente aujourd'hui ce malade des déclarations successives des médecins qui l'ont examiné et soigné depuis le mois d'avril 1854, il nous est impossible de ne pas reconnaître, dans cette série d'accidents éprouvés par M. L.-Ch. R....., une seule et même maladie qui a parcouru les phases et suivi la marche que l'observation clinique et l'expérience attribuent à la folie avec paralysie générale (2).

11. — Pour nous, M. L.-Ch. R..... n'a pas cessé un seul instant d'être malade depuis le jour où ce mal a débuté, et il ne peut cesser de l'être qu'en cessant de vivre.

12. — La science ne possède pas un seul exemple authentique de guérison de l'affection dont M. L.-Ch. R..... est atteint (3).

13.— Mais si cette maladie est restée jusqu'à présent au-dessus des ressources de l'art, les médecins n'en possèdent pas moins des signes positifs pour la reconnaître lorsqu'elle existe, et pour annoncer les diverses périodes qu'elle traversera avant d'arriver à une terminaison nécessairement funeste.

14. — Ainsi, il est hors de doute pour nous que la congestion cérébrale (4) dont M. L.-Ch. R..... a été frappé à Lille, au mois d'avril 1854, con-

(1) Sur la prétendue perte de *toute* conscience, voir la note précédente, p. . Quant à la question que le tribunal a pu poser, ce n'est point du tout celle de savoir si M. R..... avait la conscience *entière* de ses déterminations, ce qui aurait été beaucoup trop difficile à décider, mais bien s'il était dans un *état habituel de démence, d'imbécillité ou de fureur,* dans le sens que le législateur a voulu attacher à ces mots, qui sont ceux du Code. C'est là tout ce qu'il y avait à examiner, au point de vue médico-légal.

(2) *Attribuer* ne serait peut-être pas ici le mot propre et technique; mais, pour ne nous en tenir qu'aux choses, il est impossible de ne pas remarquer que si les phases suivies par la maladie de M. R..... avaient été aussi manifestement celles de la paralysie générale, il n'est pas probable que des médecins instruits et attentifs eussent pu les méconnaître; c'est pourtant ce qui est arrivé, ainsi qu'on le verra par la consultation suivante. Ajoutons que les événements ont confirmé l'opinion émise dans cette dernière consultation.

(3) Cette opinion ne paraît pas être tout à fait celle de M. Baillarger; dans les remarques dont nous ferons suivre ce rapport, nous aurons occasion de dire quelques mots de sa manière de voir et, en particulier, de l'opinion qu'il professe touchant a maladie de M. Ch. R.....

(4) Sur la question de la congestion, voir la précédente note, p. 164.

gestion suivie de délire avec agitation, a été la manifestation éclatante (1), l'explosion de la maladie, qui n'était apparue jusqu'alors que par un affaiblissement de l'intelligence, par un changement dans le caractère et par un embarras momentané de la parole, tous accidents qui ont existé, mais qui n'étaient pas assez notables pour être remarqués par des personnes qui en ignoraient la portée, et qui ne les ont retrouvés dans leurs souvenirs que lorsque leur attention a été attirée et fixée sur ce point.

C'est de cette manière que se passent les choses dans la plupart des cas de paralysie générale. Le début est le plus souvent (2) marqué par un accès de délire maniaque qui diffère de la manie aiguë simple, en ce qu'il y a le plus souvent prédominence d'idées ambitieuses avec un affaiblissement déjà plus ou moins notable de la volonté et de la ténacité, avec un embarras plus ou moins grand de la parole, et en ce que la raison demeure altérée après même que toute agitation a disparu.

15. — Or, ce sont là les phénomènes que l'on a observés chez M. L.-Ch. R..... Les médecins qui l'ont vu à cette époque affirment que, outre que ses facultés étaient affaiblies, outre qu'il avait la prononciation embarrassée, il avait aussi un délire ambitieux bien caractérisé (3).

16. — Après cette période d'excitation et grâce à des soins appropriés, l'agitation s'apaise, le malade devient calme; mais recouvre-t-il en même temps la raison, c'est-à-dire la conscience de lui-même, la saine appréciation de ce qu'il a éprouvé et de la situation dans laquelle il est ? Peut-on par conséquent le considérer comme capable de se gouverner convenablement et comme responsable de ses actes ?

17. — L'interrogatoire subi par M. L.-Ch. R....., le 26 août 1854, prouve combien son intelligence est troublée : c'est d'abord une histoire de projet de mariage, démentie par le notaire même qu'il prétend avoir chargé des négociations.

(1) Bruyante, c'est possible; mais si, par éclatante, on entend lumineuse ou évidente, il est certain que le délire n'est rien moins qu'un symptôme éclatant de la congestion.

(2) *Le plus souvent,* cela nous paraît douteux ; lorsque l'accès de délire se déclare il y a ordinairement des symptômes précurseurs depuis un certain temps ; c'est, d'ailleurs, ce que viennent de dire très-clairement les honorables experts dans ce même paragraphe, quelques lignes plus haut, en affirmant, un peu témérairement, il est vrai, que des symptômes « qui n'étaient pas assez notables pour être remarqués, » et que personne n'a vus, ont néanmoins existé avant le début *éclatant* de Lille. Il faut remarquer, d'ailleurs, que, pendant ce début, on n'a noté ni la prédominance, ni même l'existence d'idées ambitieuses.

(3) Il est difficile de douter, d'après les affirmations de plusieurs médecins, que ce délire ait existé, en effet, à une certaine époque; cependant, il est remarquable que, dans les nombreuses et longues conversations que nous avons eues avec M. R....., nous n'en ayions *jamais* constaté de traces, et nous pouvons affirmer que les honorables experts *n'ont pas pu le constater* plus que nous, au moment où ils ont observé M. R.....

18. — Puis il parle d'un oculiste qui l'aurait guéri de sa cécité, lorsqu'il est avéré que depuis qu'il a perdu la vue, il ne l'a pas recouvrée même partiellement (1).

19. — Il nie absolument avoir été malade et il attribue son placement dans une maison de santé à des motifs, et il en explique la possibilité par des moyens dont le simple énoncé est la preuve la plus irrécusable du trouble de sa raison; il ne se rappelle rien de ce qui s'est passé à Lille, et il raconte très-inexactement ce qui a eu lieu à Mouscron ; il donne des détails sur une représentation théâtrale pendant laquelle il aurait eu l'usage de ses yeux, ce qui est démenti de la manière la plus péremptoire (2).

20. — Deux mois et demi plus tard, la persistance du calme a-t-elle produit une influence favorable sur la raison ?

21. — MM. les docteurs F...., P....., et S..... déclarent le 10 novembre que M. L.-Ch. R..... doit être maintenu dans une maison de santé, et qu'il y aurait danger pour lui et pour les autres à l'en faire sortir.

22. — Trois mois s'écoulent, pendant lesquels M. L.-Ch. R..... se maintient tranquille, et, enfin, le 7 mai 1855, sur ses instances réitérées, on le ramène à Paris et on l'installe dans un appartement sous la garde d'un de ses amis.

23. — L'interdiction prononcée le 12 avril avait été d'abord acceptée par le malade (3), qui, revenant sur sa détermination, demande au tribunal de l'en relever et de déclarer qu'il est parfaitement capable de se diriger lui-même sans aucune protection légale. Le tribunal doit-il faire droit à cette demande ou doit-il la rejeter ?

24. — C'est ce qui ne saurait être pour nous l'objet du moindre doute, et nous affirmons que M. L.-C. R..... est dans une situation mentale qui exige que son interdiction soit confirmée (4).

(1) C'est le contraire qui est avéré. Voir la note précédente, p. 167.

(2) Démenti par qui? Il n'y a dans le dossier aucun témoignage qui démente, implicitement ou explicitement, l'assertion de M. R....., et le seul document qui se rapporte au spectacle, — le certificat d'un brigadier des douanes, — est beaucoup plus confirmatif qu'infirmatif.

(3) Pour établir l'état mental actuel de M. R....., il importe peu de savoir s'il a ou non accepté l'interdiction; c'est une question étrangère à celle qu'il s'agit de résoudre. Et puis, quelle certitude les experts ont-ils pu avoir que M. R..... ait, en effet, accepté son interdiction? Pendant un an, il a été privé de toute communication avec les personnes qui auraient pu lui donner des conseils utiles pour la faire lever; dès qu'il a été en liberté, il a commencé des démarches pour faire réformer le jugement par défaut rendu contre lui; ce ne sont pas là des preuves qu'il eût accepté l'interdiction. Les experts s'en sont laissé imposer par des renseignements dont ils auraient dû tenir compte d'autant moins, que ces renseignements étaient étrangers à la question principale et ne pouvaient que donner une couleur fâcheuse à leur rapport.

(4) Il est douteux que, dans un rapport médico-légal de la nature de celui-ci, il faille jamais se servir de formules aussi absolues; mais, dans l'espèce, que deviennent ces formules en présence des événements, et quelle fâcheuse idée ne doivent-elles pas donner de la science, qui s'expose à recevoir des faits un si formel démenti?

25. — M. L.-C. R..... est actuellement dans une de ces périodes de calme relatif et d'affaiblissement intellectuel que l'on observe très-souvent dans le cours de la paralysie générale. Dans cette période, le cerveau des malades frappé d'inertie ne peut même plus former de nouvelles conceptions délirantes.

26. — Il n'a plus assez de force pour percevoir et retenir les impressions; les impressions elles-mêmes sont trop faibles pour être transmises jusqu'aux centres nerveux. Toutes les facultés de l'entendement sont plus ou moins altérées, la mémoire offre des incertitudes, des lacunes, surtout pour les faits présents ou accomplis depuis l'invasion de la maladie.

27. — Le jugement n'a plus de rectitude; les raisonnements n'ont plus de suite; l'association des idées n'est plus régulière; la faculté de comparer et de déduire est abolie; chaque idée, considérée isolément, peut n'être pas déraisonnable, mais elle le devient par la place qu'elle occupe dans le discours, par le défaut de rapport entre l'idée qui précède et l'idée qui suit.

28. — Toutes les sensations sont émoussées, la tenue des malades, l'affaissement de leur physionomie, leur ton, leur langage, tout dénote un trouble profond de la sensibilité générale chez eux. N'étant plus impressionnés, comme on l'est dans l'état d'intégrité de la raison et des sensations, par les objets extérieurs, par tout ce qui exerce l'esprit et remue le cœur, ces malades sont dans une sorte de béatitude, et d'un autre côté, comme tous les êtres faibles, ils sont irritables, violents, ils ne peuvent supporter la plus légère contrariété; mais ils n'ont pas la force de persister dans leur colère, et ils retombent bientôt dans une atonie morale qui les laisse sans défense contre les incitations les plus contraires à leur véritables intérêts. En outre, la lésion des fonctions musculaires persiste; la parole est plus ou moins embarrassée, hésitante; la prononciation des mots plus ou moins gênée, le tremblement des lèvres et de la langue plus ou moins notable; les mouvements des membres plus ou moins incertains; mais les muscles ne recouvrent jamais leur liberté parfaite.

29. — Tel s'est montré à nous M. L.-C. R..... Il ne témoigne aucune émotion de notre présence et des questions que nous lui adressons.

30. — Interrogé s'il avait été malade à Lille, il répond d'abord qu'il l'a oublié, puis il nie, enfin il accorde qu'il est possible qu'il l'ait été, puisqu'il y a des lettres qui le disent. Nous lui demandons s'il ajoute foi aux certificats des médecins; il répond qu'on ne les lui a pas communiqués; puis il entame le récit d'un voyage en Belgique, et cite des noms, des faits, des détails, qui n'ont aucun trait au sujet de notre question de Belgique. Il passe, sans aucune transition en Amérique. Il commence l'histoire de la succession de son père; puis, tout à coup, il nous parle d'un douanier de la frontière de Belgique qui

devait lui rendre la vue. L'incohérence la plus complète (1) règne dans ses discours; nous ne pouvons obtenir la moindre suite dans ses récits; il ne s'arrête pas aux objections ou il n'y répond pas; il renvoie à d'autres personnes pour y répondre; il ne doute pas que nous ne soyons satisfaits, comme il se trouve satisfait lui-même par les réponses les moins satisfaisantes. Il se sert toujours des mêmes phrases, qu'il répète comme si elles étaient gravées dans son cerveau, et comme s'il ne pouvait plus trouver d'autres expressions pour formuler ses pensées. Il a dans la mémoire un certain nombre de dates (2) qu'il cite avec une affectation puérile et en leur attachant une importance qu'elles n'ont pas, et il a complétement perdu le souvenir de toutes les circonstances qui ont précédé et motivé son placement dans une maison de santé. Non-seulement il affirme qu'il se porte actuellement très-bien, mais il nie avoir jamais été malade. Si les médecins ont certifié qu'ils l'avaient soigné, c'est qu'ils ont été achetés par sa famille; s'il a été placé dans une maison de santé, c'était pour que l'on pût s'emparer de sa fortune (3). Dans cette maison de santé, il y avait des personnes séquestrées injustement sans être malades (4). Une dame mariée y était retenue parce que la femme doit obéissance à son mari. M. L.-C. R..... n'a jamais reçu la visite d'aucun magistrat.; il n'a, par conséquent, pas pu réclamer. D'ailleurs, les magistrats sont comme les autres. On lui a fait signer un procès-verbal sans le lui avoir lu, et, du reste, l'affaire Lesurques, l'affaire Lesnier, ne sont-elles pas là (5)?

31. — Mais le jugement d'interdiction est levé puisqu'il y a fait opposition.

32. — Nous lui demandons alors ce que nous venons faire auprès de lui,

(1) Il suffit de jeter un coup d'œil sur l'interrogatoire ci-après pour se convaincre jusqu'à quel point cette assertion est exagérée, et conséquemment inexacte.

(2) Ce n'est pas un certain nombre, mais toutes les dates des événements importants de sa vie qu'il a dans la mémoire, et qu'il cite, non pas à tout propos, mais quand on l'interroge, et qu'il cite avec une exactitude dont peu d'hommes sont capables; sur tous les événements ou les faits qui se sont passés autour de lui depuis quinze ou vingt ans, sans en excepter ceux des dernières années, postérieurs à sa maladie, sa mémoire est, au contraire, tout à fait exceptionnelle, et cette circonstance est trop importante, au point de vue psychologique, pour que nous n'y insistions pas d'une manière toute particulière.

(3) Crainte que les événements n'ont que trop expliquée, sinon justifiée.

(4) Cette croyance est partagée par beaucoup de personnes qui sont loin d'avoir une paralysie générale; et, si elle constituait une idée délirante, elle prouverait que le cerveau de M. R..... pouvait en former de nouvelles, contrairement à ce que disent les honorables experts, notamment dans le paragraphe 25 de leur rapport.

(5) Qu'y a-t-il de vrai et de faux dans toutes ces assertions? Les honorables experts ne se sont pas donné la peine de le démêler; leur erreur serait grande, s'ils croyaient que cela n'en valait pas la peine; plus grande encore s'ils pensaient que tout y est faux sans exception. — Nous leur ferons remarquer, en tout cas, et pour la seconde fois, que ce sont là de nouvelles idées, délirantes ou non, qui contredisent ce qu'ils ont avancé, § 25.

puisqu'il a obtenu ce qu'il désirait; il ne le sait pas. On lui a dit qu'il recevrait la visite de trois médecins; mais il n'en est pas autrement préoccupé, et répondra tant qu'on voudra.

33. — M. L.-C. R..... est affecté d'une double amaurose; il affirme qu'il était guéri (1) lorsqu'il est entré chez M. le docteur X....., mais qu'on l'a rendu de nouveau aveugle en lui donnant deux bains de huit heures et un de quatre heures. Il avait été guéri par M. le docteur Gondret (2), dont le système a été adopté à l'Hôtel-Dieu, par Béclard et par Lisfranc (3); il le croit, parce qu'on le lui a dit. Mais, au reste, il a confiance dans le douanier de Mouscron et il va déjà beaucoup mieux.

34. — Nous le prions d'indiquer d'où vient le jour dans la chambre où nous sommes, et il ne montre qu'une seule fenêtre, toujours la même, celle de gauche (4); il ne paraît nullement inquiet de sa cécité; il ne doute pas qu'il en sera bientôt complétement débarrassé.

35. — Nous lui demandons ce qu'il compte faire de sa liberté; il répond *qu'il se mariera* (5), qu'il a une assez belle position pour cela (6), et dans l'énumération des biens qu'il possède, *il oublie les plus considérables*, ceux qui constituent véritablement sa fortune, pour ne parler que d'une créance de 23,000 francs, et de la valeur de son mobilier et de sa cave, qu'il exagère manifestement (7). M. L.-C. R.... ne réfléchit jamais avant de répondre; il ne combine jamais ses explications dans un sens qui soit favorable au but qu'il poursuit. Quand il a commencé de parler, il va jusqu'à ce qu'on l'interrompe, et pour bien le juger, il faut le laisser parler. Il ne varie pas ses intonations,

(1) Cette assertion est complétement inexacte : M. R..... a dit qu'il y voyait *un peu*, quand on l'a transporté dans une maison de santé; tout semble prouver qu'il y voyait un peu, en effet; il n'a jamais dit qu'il fût guéri.

(2) Il n'a jamais dit que M. Gondret l'eût guéri, mais seulement qu'il avait amélioré sa vue, ce qui n'a rien d'impossible.

(3) Nous ne pouvons rien dire de la méthode de Béclard; mais, quant à Lisfranc, tous ceux qui ont suivi sa clinique savent qu'il employait, en effet, et qu'il préconisait la médication de Gondret, qui consiste à appliquer autour de l'orbite, et particulièrement au-dessus des sourcils, des vésicatoires volants à l'aide de la pommade ammoniacale.

(4) Nous ne savons comment les honorables experts ont procédé : quant à nous, nous avons maintes fois introduit M. R.... dans des chambres où il n'avait jamais pénétré, et il a toujours pu, quand le jour était très-clair, nous indiquer de quel côté il venait.

(5) Et il a tenu parole, ainsi qu'on l'a vu.

(6) Ce qui est parfaitement vrai.

(7) Les honorables experts n'ont pas été favorisés dans leur examen : on peut voir dans l'interrogatoire qu'on trouvera ci-après avec quelle précision M. R..... y a indiqué le chiffre de sa fortune; dans les nombreuses questions que nous lui avons adressées à ce sujet, nous avons toujours obtenu des réponses non moins précises, aussi bien sur le chiffre total de sa fortune que sur tous les éléments dont elle se compose. Toutes les personnes, et elles sont nombreuses, qui, à notre connaissance, l'ont interrogé sur le même sujet, ont obtenu des réponses non moins précises et non moins exactes.

il n'appuie pas sur ce qui a le plus d'importance ; un mot lui rappelle un fait totalement étranger à ce qu'il dit dans le moment, et il raconte ce fait pour passer ensuite à un autre (1).

36. — Il n'a aucun discernement pour distinguer ce qu'il devrait taire et cacher, de ce qu'il a intérêt à dire et à faire connaître ; il raconte avec la plus grande sérénité les secrets de famille; il s'exprime sur les uns et sur les autres avec un laisser-aller qu'on ne rencontre que dans l'ivresse ou dans la folie.

37. — Il accepte les assertions les plus invraisemblables avec la plus parfaite tranquillité, sans le plus léger contrôle ; il ne peut plus discuter et réfuter, parce que son cerveau n'a la force ni de produire, ni d'associer ses idées (2).

38. — Il est enchanté de sa santé ; il a grande confiance en lui-même ; il n'est pas tourmenté de sa cécité, dont il a déjà guéri, et il en guérira encore.

39. — Voilà pour les facultés intellectuelles et morales.

40. — Quant à la lésion du système musculaire, elle est manifeste : M. L. C. R.... présente cet embarras de la parole qui est le signe caractéristique de la paralysie générale des aliénés.

41. — Tantôt il hésite au commencement d'un mot ; tantôt il mange une ou plusieurs syllabes.

42. — Ses lèvres sont souvent agitées par un tremblement convulsif dont le siège est dans les muscles zygomatiques.

43. — L'embarras de la parole n'est pas constant chez M. L.-C. R....., c'est-à-dire qu'on ne le trouve pas dans toutes les phrases que dit le malade; mais nous l'avons observé assez souvent pendant le cours de notre visite pour pouvoir l'affirmer de la manière la plus positive.

44. — Nous ne parlons pas de l'incertitude de la marche, que l'on peut rapporter en plus grande partie à cette circonstance que le malade est aveugle.

45. — De tout ce qui précède, nous nous estimons autorisés à poser les conclusions suivantes :

46. — 1° M. L.-C. R..... est atteint d'une affection cérébrale chronique, qui a éclaté au mois d'avril 1854, qui a suivi la marche *la plus habituelle* de la folie avec paralysie générale, qui a nécessité le placement du malade dans une maison de santé spéciale, et qui est caractérisée actuellement par un affaiblissement notable des facultés intellectuelles et *par une lésion des fonctions musculaires.*

(1) Il y a beaucoup de vrai dans la fin de ce paragraphe et dans les deux suivants; ce qu'on y dit serait vrai entièrement, si les observations et les faits qu'on y expose n'étaient empreints d'une regrettable exagération. Et cependant, en acceptant même cette exagération comme l'expression exacte de la réalité, qui oserait prétendre, à moins d'être aveuglé par de fausses doctrines, qu'il y a dans cette réalité des motifs pour priver un homme de tous ses droits civils et de sa liberté ?

(2) Dans cette dernière phrase, l'exagération est poussée jusqu'aux dernières limites ; il suffit de jeter un coup d'œil sur l'interrogatoire ci-après pour s'en convaincre.

47. — 2° La maladie de M. L.-C. R..... n'est pas susceptible de *guérison*.

48. — M. L.-C. R..... est maintenant dans l'état le plus satisfaisant que l'on puisse espérer pour lui.

49. — Il pourra se maintenir calme comme il est pendant un temps plus ou moins long, mais son cerveau ne recouvrera jamais la force qu'il a perdue, et l'affaiblissement des facultés morales et intellectuelles fera des progrès continuels *plus ou moins prompts*, suivant les circonstances dans lesquelles sera placé le malade.

50. — 3° La cécité de M. L.-C. R..... est *indépendante de l'affection cérébrale* dont il est atteint.

51. — 4° L'ensemble des symptômes, qu'offre M. L.-C. R..... aujourd'hui, tout en constituant une amélioration véritable sur les accidents qu'il a éprouvés, en 1854, est de tout point conforme à la description faite par les auteurs et vérifiée chaque jour par l'observation des malades, de cette période de la paralysie générale dans laquelle les lésions de l'intelligence, du sentiment et de la motilité sont enrayés pour un temps plus ou moins long, sans cesser un seul instant d'exister et de se montrer assez pour que l'on ne puisse jamais déclarer les malades guéris et les laisser maîtres d'eux-mêmes.

52. — 5° Il est malheureusement certain qu'après un laps de temps qu'il est impossible d'ailleurs de fixer positivement, les accidents reprendront une marche plus rapide pour aboutir à une terminaison nécessairement fatale.

53. — 6° Tel qu'il est aujourd'hui, M. L.-C. R..... est incapable de gouverner convenablement sa personne, d'administrer sa fortune, de surveiller ses intérêts, et il doit être entouré de toutes les mesures protectrices que la loi accorde à ceux que la défaillance de leur raison rend incapables de se protéger eux-mêmes.

Avant de passer à l'examen des points essentiels de cet important rapport, un mot d'abord sur son ensemble et sur les dispositions dans lesquelles les rapporteurs paraissent s'être trouvés en le rédigeant.

Les honorables experts avaient été nommés par le tribunal; ils remplissaient donc cette sorte de magistrature publique sur laquelle nous avons précédemment appelé l'attention, la seule qui dût être réservée à la science dans une société plus élevée que la nôtre en civilisation; ils n'avaient pas à redouter les écueils qui menacent des consultants appelés par l'une des parties plaidantes; ils pouvaient, librement et sans scrupule, puiser des renseignements à toutes les sources, et dire leur opinion, quelle qu'elle fût, sans s'exposer à des soupçons malveillants. Mais c'est surtout quand la science est appelée à remplir une mission élevée qu'elle doit éviter de marcher dans les ténèbres et de faire des faux pas; qu'elle doit soutenir avec autorité les vérités qu'elle possède, et avouer avec franchise ses doutes et ses ignorances; c'est alors, qu'elle doit mettre en évidence sa supériorité sur la routine et la spéculation, et montrer, enfin, que si son flambeau n'éclaire pas toujours, du moins il n'égare jamais.

L'observation de ces préceptes essentiels imposait aux honorables experts l'obligation de procéder, dans leurs investigations, avec la plus grande réserve, avec la plus sévère méthode; de n'accepter les renseignements qui leur étaient donnés qu'après les avoir soumis à un contrôle rigoureux, et, autant que possible même, — puisqu'il s'agissait surtout de constater l'état *actuel* d'un malade, — de ne s'en rapporter qu'à leurs propres observations. Soit qu'ils n'aient pas été suffisamment pénétrés de l'importance de ces préceptes, soit plutôt qu'ils aient jugé inutile de s'y astreindre dans le cas particulier qu'ils avaient à étudier, et qu'ils avaient peut-être jugé trop facile, toujours est-il qu'ils s'en sont considérablement écartés.

Convaincus sans doute, dès les premiers mots échangés avec M. R....., qu'il était atteint de paralysie générale, ils ont accepté comme démontrés tous les faits qui leur étaient racontés et qui concordaient avec leur opinion; ils ont cru en constater eux-mêmes beaucoup qui n'avaient rien de réel; ils ont accordé une importance considérable à des faits qui n'en avaient aucune; ils sont allés même jusqu'à considérer comme une preuve de la folie chez M. R....., les mesures que ses protecteurs-adversaires avaient cru devoir prendre pour l'empêcher de disposer de sa personne et de sa fortune. Ainsi, les honorables experts disent, § 6 : « Mais, à ce moment-là même, *on* considère si peu M. L. Ch. R..... comme guéri..., qu'*on* fait prononcer son interdiction, etc. » Or, qui désigne-t-on par *on?* Deux seules personnes : celles qui poursuivaient encore l'interdiction, au moment où les honorables experts ont examiné M. R.....; en sorte qu'ils donnent comme une preuve de la nécessité d'interdire M. R....., l'opinion et la conduite de ceux qui l'avaient déjà fait interdire, et qui demandaient et avaient intérêt à demander le maintien de son interdiction. En y réfléchissant, les honorables experts reconnaîtront sans peine que ce n'est point ainsi, quelques fortes que soient, *a priori*, leurs convictions, que doivent procéder des médecins légistes, sous peine de donner à leurs rapports une couleur de réquisitoire ou de plaidoyer, à laquelle celui qu'ils ont rédigé n'échappe pas entièrement. Certes, personne plus que nous n'est convaincu que l'intérêt de la vérité et celui du malheureux défendeur — (on pourrait presque dire du malheureux accusé) — ont été, avant tout, les mobiles qui ont dirigé les honorables experts ; mais la facilité qu'ils ont mise à accueillir tous les renseignements qui venaient des adversaires de M. R.....; à considérer comme irrévocablement établis tous les faits douteux qui lui étaient contraires; à formuler, en termes énergiques, absolus, les déductions plus ou moins fondées qu'on pouvait tirer de ces faits; tout cela donne au rapport des honorables experts des apparences que les actes médico-légaux ne doivent jamais avoir. Prouvons, par quelques exemples la justesse de ces observations générales.

En ce qui concerne les assertions dont l'inexactitude consiste exclusivement ou principalement dans des erreurs de fait, la plupart de nos preuves se trouvent dans les notes placées au dessous de plusieurs paragraphes du rapport. Il ne nous reste donc à signaler que les inexactitudes qui présentent exclusivement ou principalement un autre caractère.

La première qui se présente à nous semble, au premier abord, ne pas appartenir à cette catégorie; cependant, il nous paraît probable que les honorables experts ne l'auraient pas commise, s'ils n'avaient été influencés par des préventions théoriques, ou s'ils n'avaient perdu de vue, pour un moment, certains écueils contre lesquels il faut se tenir en garde quand l'on cherche à apprécier la valeur d'un des symptômes importants de la paralysie générale, l'embarras de la parole.

Dans les § 9, 28 et 44, les honorables rapporteurs mentionnent chez M. R..... une altération des fonctions musculaires; ils y parlent du défaut de *liberté des muscles*, — locution d'une propriété douteuse,

— et de l'incertitude de la marche; dans les § 40 et suivants, ils insistent, spécialement, sur l'embarras *manifeste* de la parole, qui est caractéristique de la paralysie générale. Dans ces assertions, presque tout est à rectifier.

Relativement à l'état du système musculaire en général, il nous serait difficile de dire ce qui a pu tromper les honorables experts : à l'époque où ils ont vu M. Ch. R....., il faisait presque tous les jours 10 à 12 kilomètres à pied, dans les rues de Paris, et il rentrait chez lui sans être beaucoup plus fatigué qu'à son départ; aujourd'hui même, il a conservé cette habitude. Pas plus aujourd'hui qu'alors, il n'existe chez lui la moindre trace d'affaiblissement du système musculaire.

Quant à l'embarras de la parole, il est bien vrai qu'il existe à un certain degré chez M. R.....; mais cet embarras n'est pas précisément celui qu'on observe dans la paralysie générale; c'est celui qu'on rencontre chez beaucoup de personnes, spécialement chez celles qui parlent très-vite et qui *mangent*, ainsi que le disent avec justesse les honorables experts, une ou plusieurs syllabes des mots qu'elles prononcent; on observe même chez M. R..... une autre espèce d'embarras, qu'offrent également beaucoup de personnes à un degré plus prononcé que lui; ces personnes ont ce qu'on appelle la langue épaisse; il semble qu'elle soit, en effet, trop volumineuse pour se mouvoir aisément dans la cavité buccale et pour y exécuter avec souplesse tous les mouvements nécessaires à l'articulation distincte des syllabes. Ce dernier caractère de la parole s'observe bien aussi chez les aliénés paralytiques, mais avec des nuances qu'il est possible de saisir, et qui auront probablement échappé aux honorables experts, dans l'examen trop rapide auquel ils se sont livrés. Les limites dans lesquelles nous devons nous renfermer ne nous permettent pas d'insister davantage sur le diagnostic différentiel de ce symptôme important; ce que nous en avons dit suffira pour prémunir les médecins contre une erreur dans laquelle il est facile de tomber. Ajoutons que l'embarras de la parole eût-il eu chez M. R..... le caractère paralytique, qu'au faible degré où il était, et en l'absence de toute autre lésion appréciable du système musculaire, il aurait pu, tout au plus, donner lieu à des présomptions fâcheuses, mais non justifier des conclusions aussi graves, aussi absolues que celles qu'en ont déduites les honorables rapporteurs. Ajoutons aussi qu'il faut toujours se garder de qualifier de *manifeste* un symptôme qui, alors même qu'il eût existé pour des yeux très-clairvoyants, aurait dû être assez difficile à constater, puisque plusieurs médecins, qui ne sont pas absolument novices en matière d'observation, n'avaient pu y parvenir.

Partant toujours de cette conviction que M. Ch. R..... était atteint d'une paralysie générale, les honorables experts affirment (§ 4) qu'il s'est d'abord manifesté chez lui un changement dans le caractère, un embarras dans la parole, etc., phénomènes qui n'étaient pas, disent-ils, assez notables pour être remarqués par des personnes qui en ignoraient la portée, et qui ne les ont retrouvés dans leur souvenir que lorsque leur attention a été attirée et fixée sur ce point. — En toute occasion, le médecin observateur doit se méfier des souvenirs qu'on provoque chez des personnes quelconques, étrangères à la science, et il doit se garder presque toujours d'asseoir, sur ces renseignements, des opinions scientifiques ; mais ici, la défiance était particulièrement obligatoire, car les personnes dont il s'agit étaient, sans aucun doute, très-prédisposées aux souvenirs qu'on cherchait à réveiller chez elles.

Au § 28, les honorables experts certifient que M. R....., comme tous les paralytiques à une certaine période, ne peut supporter la moindre contrariété, qu'il est irritable, violent, etc.. Ils n'ont pu évidemment constater ce fait dans l'unique et courte entrevue qu'ils ont eue avec lui ; de qui l'ont-ils appris, et comment ont-ils pu lui accorder une confiance suffisante pour en faire un des éléments de leur conviction ?

Ce n'est également que par des renseignements suspects que les honorables experts ont pu apprendre ce qui s'est passé à Mouscron, et cependant ils n'hésitent pas à affirmer (§ 19) que tout ce que raconte à ce sujet M. R....., dans l'interrogatoire du 27 août 1854, est très-inexact, tandis qu'il est certain que la plupart des choses qu'il dit sont, au contraire, parfaitement exactes ; en parcourant les réponses aux questions 12 et 13 de cet interrogatoire, ainsi que celles aux questions 18, 19, 20, 21, 22, 24 et 25 de l'interrogatoire du 13 août 1855, on pourra même se convaincre que, abstraction faite des 7 ou 8 jours pendant lesquels il a perdu connaissance, la mémoire de M. Ch. R..... est, relativement à son voyage comme sur tout le reste, d'une fidélité exceptionnelle.

Sur un point pourtant sa mémoire l'a trompé pendant cet interrogatoire, et, sous l'influence de leur opinion prématurée touchant l'état de M. R...., les honorables experts exagèrent son erreur et lui donnent une importance qu'elle ne saurait avoir. « .... C'est d'abord, disent-ils, une histoire de projet de mariage, *démentie* par le notaire lui-même qu'il prétend avoir chargé des négociations. » — Or, qu'a démenti le notaire, si démenti il peut y avoir ? Le notaire se borne à écrire que, si « son *très-affectionné* client l'avait chargé de faire des démarches relatives à un projet de mariage, cette communication aurait été trop douloureuse pour lui pour qu'il eût pu l'oublier. » On ne voit pas trop ce qu'une pareille communication aurait pu avoir de si douloureux; mais on voit très-clairement que le démenti du notaire est tout à fait partiel et fort réservé. M. R..... n'a pas d'ailleurs insisté, après la déclaration de son notaire, toute réservée qu'elle fût. Dans l'interrogatoire du 13 août 1855, qu'on lira ci-après, il s'exprime ainsi : « Je croyais lui en avoir parlé; mais puisqu'il a dit que non, c'est que je me suis trompé. » (Réponse à la question 59.) Quel homme pourrait faire une réponse plus remplie de sens et d'urbanité ? Je dis plus remplie de sens, car si le notaire n'avait pas reçu communication du projet de M. R....., le projet n'en était pas moins très-réel, et les honorables experts auraient pu s'en assurer d'autant mieux que, parmi les pièces du dossier qu'ils ont dépouillé, il s'en trouve une émanant des adversaires-protecteurs de M. R....., où l'on fait allusion à la personne que M. R..... était supposé avoir en vue (1) ; nous avons déjà dit d'ailleurs que ce projet de-

(1) En parlant du compte-rendu de l'interrogatoire que les auteurs de la consultation précédente ont fait subir à M. R....., ses zélés protecteurs, dans un mémoire présenté

vait compter parmi les principales causes qui ont exalté à un si haut point, pendant toute la durée du procès, la tendresse des protecteurs de M. R..... — Ce n'est donc que par suite d'une préoccupation regrettable que les honorables experts ont pu considérer le projet de mariage de M. R..... comme imaginaire, et y trouver une preuve d'un trouble de la raison.

N'est-ce point par suite des mêmes préoccupations qu'ils trouvent une preuve semblable dans les motifs (§ 19) auxquels M. R..... attribue son placement dans une maison de santé ? Pour répondre à cette question, il faudrait savoir quels étaient ces motifs, et les honorables experts ne les donnent pas. C'est une lacune grave, qui ne devrait jamais se trouver dans des rapports médico-légaux : il ne faut pas seulement que ces rapports fassent connaître les opinions des experts ; ils doivent contenir aussi l'exposé des faits qui servent de base à ces opinions, afin que les intéressés, de même que la science, puissent toujours contrôler et l'exactitude des faits eux-mêmes et la justesse des interprétations qu'on en a données. Faute de fournir les moyens d'un pareil contrôle, un rapport médico-légal perd, d'une manière générale, beaucoup de son autorité, et il perd toute valeur sur les points où le contrôle est impossible. Dans tous les cas, si les motifs auxquels M. R..... attribuait sa séquestration n'étaient pas des motifs de pur amour fraternel, on ne saurait lui en faire un bien grand reproche, car il faut bien reconnaître que ses acharnés protecteurs s'y étaient pris de façon à ce qu'on pût se livrer à toutes les suppositions possibles, sans sortir de la sphère des conceptions raisonnables. Si les honorables experts ont pu se faire illusion à cet égard, les événements ont dû les désabuser depuis longtemps.

Quelque sérieuses qu'elles soient, les erreurs que nous venons de

à la cour *contre* leur protégé, s'expriment ainsi : « Dans les réponses détaillées, que reproduit ce compte-rendu, la jeune personne que Ch. R..... se propose d'épouser est *facile à reconnaître*. Cette personne est bien celle qui a été désignée dans le cours de la plaidoirie... » L'événement a prouvé que la sollicitude passionnée des protecteurs de M. R..... avait obscurci leur sagacité, et que la personne que M. R..... voulait épouser n'était pas du tout celle qu'il était si facile de reconnaître; mais il a prouvé aussi que le projet de M. R..... était extrêmement sérieux.

signaler s'expliquent, suivant nous, par l'opinion prématurée, c'est-à-dire trop peu réfléchie, que les honorables experts se sont faite de l'état de M. R..... ; cette opinion une fois admise, ils ont cru pouvoir en déduire toutes les conséquences sans recourir au contrôle de l'observation. Une pareille méthode est toujours défectueuse; mais elle l'est au plus haut degré surtout, quand il s'agit de faire enlever ou conserver à l'homme la plus belle de ses prérogatives, au citoyen le plus cher de ses biens. C'est par l'usage de cette méthode très-vicieuse que les honorables experts ont été entraînés à écrire des erreurs qui ne seraient, évidemment, jamais sorties de la plume d'hommes instruits, s'ils avaient appliqué les règles sévères dont on ne doit jamais s'écarter dans les sciences d'observation. Ainsi, au lieu de se borner à constater avec une rigoureuse exactitude, chez M. R....., l'état de tous les organes et de toutes les fonctions, et de tirer de cette constatation des inductions légitimes, les honorables experts tracent dans les §§ 25, 26, 27 et 28 une description générale d'une certaine période de la folie paralytique, et ils disent ensuite : « *Tel s'est montré* à nous M. R..... » Or, que trouve-t-on dans cette description générale? On y trouve que « *les mouvements des membres sont plus ou moins incertains,* » et nous avons déjà dit le chemin que faisait chaque jour M. R... d'un pas ferme et léger; on y trouve que « *toutes les sensations sont émoussées,* » énorme erreur qui disparaît elle-même devant cette autre : « *il* (le cerveau) *n'a plus assez de* force *pour percevoir et retenir les impressions ; les impressions elles-mêmes* SONT TROP FAIBLES POUR ÊTRE TRANSMISES JUSQU'AUX CENTRES NERVEUX. » Langage étrange qui, pris dans son sens littéral, laisserait croire que les honorables experts ignoraient les premiers éléments de la physiologie du système nerveux, mais dont la seule interprétation possible, au point de vue de la situation de M. R....., est que ce malade se trouvait dans un état d'*insensibilité absolue*, ce qui est bien plus que d'avoir toutes les sensations émoussées...; ajoutons qu'aucune des sensations physiques n'était ni abolie, ni même émoussée chez M. R....., et que les sensations morales étaient et sont encore aujourd'hui les seules qui aient éprouvé un certain affaiblissement.

Nous avons hâte de quitter cette très-regrettable partie du rapport des honorables experts, laquelle aurait pu donner à un juge, qui n'aurait pas été étranger aux connaissances physiologiques, une si fâcheuse opinion des médecins aliénistes, et nous terminons par quelques remarques sur un principe de médecine légale où il nous sera moins pénible de nous trouver en opposition avec les honorables experts.

Dans divers passages de leurs rapports, notamment dans les paragraphes 12, 47 et 49, ils affirment l'incurabilité de M. R..., et nous annoncent même sa fin plus ou moins prochaine, « suivant les circonstances dans lesquelles il sera placé. » (§§ 49 et 52.)

Il y a sous ces affirmations deux questions de tranchées : l'une, toute médicale, dont nous ne dirons que deux mots; l'autre, médico-légale, qu'il convient d'examiner à fond, ce qui, d'ailleurs, n'éxigera pas de longs développements.

A supposer que la maladie de M. R... fût une paralysie générale, — ce qui n'est pas, à notre avis, — les honorables experts étaient-ils fondés à dire (§ 12) qu'il n'existe pas dans la science un seul cas de guérison, non pas de cette affection, comme le disent les rapporteurs, — car les malades guérissent, et non les maladies, — mais d'un malade qui en aurait été atteint? Nous ne le pensons pas. Sans accorder une grande importance aux faits équivoques que M. Baillarger a réunis dans un récent travail, qui ne porte guère l'empreinte de la netteté et de la justesse habituelles de son esprit (1), nous croyons que c'est, en

(1) Dans ce travail, M. Baillarger, faisant intervenir assez inutilement le fait de M. R....., s'exprime ainsi : « J'ai été consulté pour un aliéné qui, interdit pendant sa maladie, est parvenu à se faire relever de son interdiction, s'est marié et n'offre, DIT-ON, depuis trois ans, AUCUN SIGNE DE SON ANCIENNE AFFECTION. » — Il nous est pénible de constater qu'un homme qui, comme M. Baillarger, a été élevé dans les principes de l'école exacte, s'en rapporte trop facilement à des souvenirs infidèles : PERSONNE n'a dit et n'a pu dire à M. Baillarger que « M. R..... n'offre aucun signe de son ancienne affection; » M. R....., au contraire, se trouve aujourd'hui absolument dans l'état où M. Baillarger l'a vu, avec des yeux un peu prévenus, il est vrai; preuve décisive que M. R.....

toutes circonstances, se montrer bien téméraire que d'affirmer que tel fait n'existe pas dans la science : dans ces cas, la prudence veut que l'on ajoute au moins : *à notre connaissance*. Pas plus que les honorables experts, nous ne connaissons personnellement aucun exemple authentique de terminaison heureuse de la paralysie générale ; mais nous nous garderions bien d'affirmer qu'un tel exemple n'existe pas dans la science.

Mais, étant admise comme certaine l'incurabilité d'un malade, la médecine est-elle fidèle à sa mission en délivrant des patentes d'incurabilité, et surtout quand ces patentes doivent servir contre le malade lui-même qui en est l'objet? Nous n'hésitons pas à répondre négativement. La médecine est faite pour ceux qui souffrent, pour les guérir

pouvait prendre la direction de sa personne, quand notre distingué collègue a cru pouvoir affirmer le contraire.

M. Baillarger, dans son nouveau travail, continue ainsi : « Ce malade avait évidemment encore, lorsque je l'ai observé, QUELQUES SIGNES *d'affaiblissement de l'intelligence ;* mais lors même qu'ils auraient persisté, ces signes, TRÈS-LÉGERS, ne constituent pas la démence paralytique, etc. » — Cette appréciation est à peu près exacte, quoique un peu trop favorable à l'intelligence de M. R.....; mais on s'explique difficilement comment, après avoir constaté *quelques signes très-légers* d'affaiblissement de l'intelligence, M. Baillarger a pu certifier que M. R..... « n'avait *aucune conscience* de son état passé et de son état présent, qu'il avait des *conceptions délirantes tout à fait absurdes*, etc. Nous ne pensons pas que personne, et M. Baillarger moins que personne, puisse considérer ces phénomènes comme des signes *très-légers* d'affaiblissement de l'intelligence.

M. Baillarger écrit encore dans son travail : « Dans d'autres cas, il reste *quelques signes* d'affaiblissement de l'intelligence, signes qui peuvent persister sans s'aggraver et permettre au malade de vivre dans sa famille. » — Sur ce point, comme sur le précédent, nous partageons l'opinion de M. Baillarger ; mais nous nous expliquons difficilement qu'ayant une opinion pareille, M. Baillarger ait cru pouvoir certifier que les symptômes qu'on observait chez M. R..... deviendraient bien plus tranchés; que la science ne possède *aucun exemple de guérison* d'une affection semblable, et qu'enfin M. R..... ne peut, sans danger, reprendre la direction de sa personne. Les contradictions sont toujours regrettables ; mais elles le sont surtout dans des circonstances comme celles dont il s'agissait dans le cas de M. R.....

N. B. — Depuis que cette note a été imprimée dans le *Moniteur des Sciences*, M. Baillarger nous a adressé une lettre dans laquelle il nous informe que ce n'est point du tout dans des souvenirs vagues qu'il a puisé les renseignements sur la santé de M. R....., mais bien dans un discours prononcé à la Société médico-psychologique sur la question de la paralysie générale, discours dans lequel se trouve ce passage : « M. le docteur L..... m'a appris que M. R..... était dans un état mental qui, d'après lui, ne laisse rien à désirer. S'il en est ainsi, ce serait pour moi, un cas de guérison de paralysie générale. » Nous sommes très-heureux de constater que M. Baillarger s'est écarté moins que nous ne l'avions pensé des principes de l'école d'observation exacte; il nous permettra cependant de lui faire remarquer qu'il s'en est écarté un peu, en considérant comme à peu près constant un fait que l'orateur auquel M. Baillarger l'emprunte ne donne lui-même qu'avec cette restriction : « *s'il en est ainsi ;* » or, il n'en est nullement ainsi.

quand elle le peut, pour les soulager quand elle est impuissante, et non pour leur nuire et les désespérer. Elle-même doit espérer toujours, car dans les cas même qu'elle peut considérer à bon droit comme les mieux connus, sa certitude n'est jamais telle, qu'un événement contraire à ses prévisions les mieux assises ne soit possible. Par prudence donc, presque autant que par devoir, la médecine doit s'abstenir de prononcer à l'avance des arrêts de mort, non-seulement parce que ces arrêts peuvent être des erreurs, mais parce qu'ils sont toujours en opposition avec son principe fondamental, c'est-à-dire avec ce sentiment de commisération qui est le premier mérite, la première vertu du médecin. L'arrêt prononcé contre M. R..... a réuni les deux défauts : il a été à la fois une erreur et un acte d'inhumanité. Peut-être, dans des circonstances très-exceptionnelles et qu'il nous est impossible de prévoir, la médecine pourrait-elle transiger avec ses principes pour servir quelque grand intérêt public ; mais, dans des cas comme celui de M. R....., elle ne saurait avoir cette excuse ; car, loin d'être dicté par aucun intérêt social, le faux arrêt de mort n'était pas même utile à ceux en faveur de qui il était prononcé : il ne pouvait que nuire à un malade et compromettre la science.

Un mot encore, et nous avons terminé ces longs et pénibles commentaires. Les honorables experts déclarent, dans le paragraphe 50 du rapport, — sans utilité aucune, et l'on ne sait à quel propos, — que « la cécité de M. R..... est indépendante de l'affection cérébrale dont il est atteint. » Sur quelles considérations pourraient-ils établir la justesse d'une pareille opinion ? Il nous est absolument impossible de le deviner, d'autant moins possible, que nous sommes très-disposé à adopter une opinion contraire ; mais comme ce n'est pas ici le lieu de développer les raisons de notre tendance, nous terminerons en faisant remarquer que les honorables rapporteurs ont commis deux fautes dans leur troisième conclusion : la première, de formuler, dans un rapport public, une opinion, sans en donner les motifs ; la seconde, de s'exposer gratuitement à une erreur.

NOTE VI.

Nous n'avons qu'à reproduire ici la consultation dont il s'agit, et dont nous ne saurions trop approuver l'esprit et les termes. Les médecins qui la liront avec toute l'attention qu'elle mérite, y apprendront comment on peut, en élagant des détails oiseux ou tout à fait étrangers au sujet, répondre d'une manière claire, catégorique et convaincante à une question déterminée. Tous ceux qui sont sensibles au véritable langage de la science et de la vérité, n'auront pas de peine à le reconnaître dans cette consultation.

Les soussignés réunis, en consultation à l'effet de constater l'état physique et intellectuel de M. R....., après deux examens approfondis, qui ont été faits à des heures et à des jours différents et qui ont duré chacun plus de deux heures, ont reconnu ce qui suit :

1° Etat des fonctions de la vie organique. — La circulation et la respiration sont parfaitement normales ; il en est de même de tout ce que nous avons pu constater à l'égard de la digestion. La nutrition s'exécute régulièrement ; l'embonpoint est médiocre et n'offre aucun caractère morbide.

2° *Etat des fonctions de la vie animale. — Sensibilité.* — La sensibilité générale est dans un état d'intégrité parfaite. La sensibilité spéciale des organes des sens ne laisse rien à désirer, si ce n'est celle de l'appareil de la vision sur laquelle nous devons insister d'une manière particulière.

L'œil gauche est atteint d'une amaurose complète ; la pupille est largemen dilatée et absolument immobile ; les milieux de l'œil sont parfaitement transparents ; de ce côté-là, le malade ne distingue pas même le jour de la nuit.

L'œil droit est atteint d'une amaurose un peu moins avancée ; la pupille, beaucoup moins dilatée, possède encore une légère mobilité ; le malade n'y voit pas assez pour se conduire, mais il distingue encore la lumière des ténèbres et peut dire de quel côté le jour pénètre dans un appartement.

2° *Motilité.* — A l'exception de certains muscles de l'œil sur lesquels nous allons revenir, tous les muscles de l'économie ont conservé leur puissance motrice et obéissent régulièrement et exclusivement à l'action de la volonté. M. R..... exécute avec facilité de longues marches ; tous ses mouvements sont parfaitement coordonnés ; sa parole n'est nullement embarrassée ; ses lèvres ne tremblent pas ; sa langue et sa bouche ne présentent aucune déviation ; ses forces sont parfaitement en rapport avec son âge et l'état de sa constitution.

Etat des muscles des yeux. — Le muscle élévateur de la paupière supérieure gauche a perdu une partie de son action ; cette paupière se relève difficilement et paresseusement, mais elle se relève néanmoins d'une manière complète sous l'influence de la volonté. Les autres muscles du même œil et tous ceux de l'œil droit ont conservé une énergie qui paraît normale. Les deux globes oculaires exécutent cependant des oscillations involontaires, semblables à celles qu'on observe fréquemment chez les personnes atteintes d'amaurose ou de cataracte, mais qu'on observe quelquefois aussi chez d'autres personnes, dont l'appareil visuel est, du reste, parfaitement intact. Il y a quelquefois chez M. R..... un léger défaut de parallélisme oculaire qui n'implique nullement l'idée d'un strabisme, et qu'on observe généralement lorsque les deux yeux sont inégalement sensibles à l'action de la lumière.

3° *Intelligence.* — La mémoire de M. R..... est parfaite et même remarquable à beaucoup d'égards par sa précision; une courte période de sa vie échappe seule à ses souvenirs : c'est l'intervalle d'environ dix jours qui a précédé le 7 mai 1854, jour de son entrée dans la maison de santé où il est resté pendant une année.

M. R..... a causé raisonnablement avec nous sur les sujets très-variés dont nous l'avons entretenu; nous avons seulement remarqué qu'il a une certaine disposition à ne pas fixer longtemps son attention sur le même sujet, et à répéter, dans les mêmes termes, la narration de certains faits; ces faits, d'ailleurs, nous ont paru être ceux sur lesquels son attention a dû être très-souvent appelée dans la situation exceptionnelle où il se trouve. Nous n'avons constaté chez lui aucune agitation, aucun de ces désordres intellectuels qui constituent, à un degré quelconque, l'état d'imbécillité, ou de démence, ou de fureur; nous n'avons observé chez lui aucune idée de grandeur qui puisse faire admettre ce qu'on a appelé un délire ambitieux, à la condition, toutefois, que la fortune qu'il accuse (environ vingt mille francs de rente) ne soit pas une illusion. Il ne se donne aucun titre imaginaire; il parle de lui, sous tous les rapports, avec une grande modestie (1).

NOTE VII.

Nous voici arrivé au dernier document de cette longue histoire de M. R....., trop longue peut-être, mais qui ne sera pas, nous l'espérons, sans quelque utilité pour ceux qui auront bien voulu se donner la peine d'en étudier attentivement tous les détails. Un interrogatoire, même très-long, est loin de suffire toujours pour donner une idée juste

(1) Les conclusions qui terminent cette consultation se trouvent à la page 39.

de l'état mental d'un individu; mais c'est surtout chez les monomaniaques que l'interrogatoire est insuffisant. Chez ceux qui sont affectés de manie ou qui ont éprouvé un affaiblissement de toutes ou presque toutes leurs facultés, l'interrogatoire est beaucoup plus instructif, et celui de M. R..... traduit assez exactement l'état de son esprit; pour édifier complétement le lecteur sur cet état, pour justifier tout ce que nous en avons dit ou laissé pressentir, nous n'aurons guère qu'à rapporter textuellement cet interrogatoire; nous ne craignons pas qu'il se trouve, nous ne disons pas un seul médecin, mais un seul homme sensé qui, à l'exemple des trois honorables experts, trouve, dans les soixante-sept réponses de M. R..... aux soixante-sept questions qui lui ont été adressées dans une seule séance, la preuve d'une « *incohérence complète dans ses discours.* » Nous n'aurons donc que peu de commentaires à ajouter à cet interrogatoire, très-édifiant par lui-même.

Interrogatoire subi par M. R.....

DANS LA CHAMBRE DU CONSEIL DU TRIBUNAL DE LA SEINE,

Le 3 *août* 1855.

1. — D. — Quels sont vos nom, prénoms, âge, profession et domicile?

R. — Charles-Louis R....., trente-cinq ans, sans état, demeurant à Paris, rue Hauteville, 32.

2. — D. — Vous nous aviez dit que vous aviez eu un état; quel état aviez-vous?

R. — J'ai navigué pendant 6 ans; j'ai passé trois examens de droit; j'ai écrit le feuilleton dans le journal *le Commerce*, et, après les journées de juin, je suis parti pour New-York, où j'ai donné des leçons de chant.

3. — D. — Êtes-vous resté longtemps à New-York?

R. — J'y suis resté deux ans et trois mois. Je suis revenu en France parce que j'ai reçu une lettre qui m'annonçait que mon père était très-malade et que je ne le trouverais peut-être plus vivant lors de mon retour.

4. — D. — Ces leçons de chant étaient-elles productives?

R. — Oui, monsieur; j'ai pu réaliser quinze mille francs que j'ai placés; plus, cinq mille francs en dollars; je traduisais aussi une revue américaine en français (*la Tribune de New-York*).

5. — D. — Aviez-vous des appointements en votre qualité de rédacteur de ce journal?

R. — Quatre dollars par semaine.

6. — D. — A quelle époque précise êtes-vous revenu en France?

R. — Je suis revenu en France le 13 novembre 1850.

7. — D. — Avez-vous retrouvé encore M. votre père?

R. — Oui, monsieur; il n'est mort que le 22 avril 1851; *un mois avant sa mort, il m'a donné une belle épingle en diamants, dont ma mère lui avait fait cadeau lors de son mariage.*

8. — D. — Quelle est la succession que vous avez recueillie et à combien monte-t-elle?

R. — Je ne m'en souviens pas; trois cent mille francs, je crois, y compris l'argenterie, le linge, le vin, etc.

9. — D. — Quelle est actuellement votre fortune?

R. — Environ 470,000 fr., non compris ce que je peux avoir en mobilier, en vins, bijoux; ce qui représente à peu près la somme de 40 à 42 mille francs.

10. — D. — Qui est-ce qui administre cette fortune?

R. — C'était moi; je l'administre encore aujourd'hui, puisque le jugement a été cassé; seulement je n'ai pas les papiers, ils sont entre les mains de mon beau-frère.

11. — D. — N'êtes-vous pas aveugle?

R. — J'ai une amaurose.

12. — D. — Depuis combien de temps êtes-vous atteint de cette infirmité?

R. — J'ai perdu la vue lentement, à la fin de décembre 1852.

13. — D. — Vous avez été soigné par plusieurs médecins?

R. — Par plusieurs médecins et par plusieurs oculistes.

14. — D. — Quels sont les médecins qui vous ont soigné?

R. — M. Desmarres, M. Deval, M. Kolowski, prêtre polonais.

15. — D. — N'avez-vous pas été soigné par un M. Gondret?

R. — Oui; ce sont ma sœur et mon beau-frère qui me l'avaient indiqué; *il avait eu deux salles à l'Hôtel-Dieu; M. Lisfranc et M. Béclard avaient adopté son système.*

16. — D. — Les moyens qu'ils avaient indiqués avaient-ils produit quelque effet?

R. — Ils m'avaient un peu rendu la vue.

17. — D. — A quelle époque votre vue s'est-elle de nouveau égarée?

R. — A l'époque où j'ai été placé dans la maison de santé...

18. — D. — N'avez-vous pas fait un voyage en Belgique pour consulter un douanier qui prétendait avoir des remèdes contre les maladies de la nature de celle dont vous êtes atteint?

R. — Oui, monsieur.

19. — D. — Êtes-vous resté longtemps en Belgique?

R. — Depuis le dimanche 30 avril jusqu'au 6 mai.

20. — D. — Comment s'appelait le douanier?

R. — Jean Jacques Nicolet (1).

21. — D. — Quel moyen employait-il pour vous soigner?

R. — Il m'a fait suivre un traitement, et lorsque je suis parti, il m'a donné une bouteille avec le contenu de laquelle je devais me frotter les tempes, le front et les paupières.

22. — D. — Avez-vous suivi ces indications?

R. — Je n'ai pas pu les suivre, puisqu'on m'a mis dans la maison de santé...

23. — D. — A quelle occasion vous a-t-on mis dans cette maison de santé?

R. — Il paraît qu'on avait écrit de Lille, — des médecins, — que j'avais été très-malade, presqu'à la mort. Je ne me rappelle pas ces circonstances; il est possible que j'aie été malade.

24. — D. — Avant d'aller à Lille, n'avez-vous pas été à Dunkerque?

R. — Oui, monsieur: j'ai été voir un de mes amis, Charles R., *fils de la maîtresse de pension de ma sœur; j'avais fait deux voyages avec lui.*

25. — D. — Combien de temps êtes-vous resté à Dunkerque?

R. — Depuis le 23 avril jusqu'au 27.

26. — D. — Qui est-ce qui est venu vous chercher à Lille?

R. — Mon beau-frère et mon frère.

27. — D. — En arrivant à Paris où vous a-t-on mené?

R. — J'ai couché chez moi; le lendemain, on m'a conduit chez M. **** sous prétexte de me conduire à la campagne.

28. — D. — Où demeuriez-vous alors à Paris?

R. — Rue Vivienne, 37, chez Mme T.....

29. — D. — Il me semblait qu'on vous avait d'abord mené rue Royale?

R. — Je n'y suis allé que le lendemain.

30. — D. — N'avez-vous pas trouvé là tout votre mobilier?

R. — Chez mon beau-frère? Non, monsieur, du tout.

31. — D. — N'avez-vous pas couché une nuit rue Poissonnière?

R. — Je ne m'en souviens pas du tout; mon domestique le sait.

32. — D. — Quel est ce domestique?

R. — Célestin V.....

33. — D. — Depuis combien n'est-il plus à votre service?

R. — Depuis le jour que je suis entré dans la maison de santé.

34. — D. — Vous ne vous souvenez pas que ce Célestin vous a mené dans une maison où vous avez trouvé des choses qui vous ont paru extraordinaires?

R. — J'y ai vu des meubles, notamment les miens...; On pourrait le retrouver, c'est facile; je me charge de le retrouver.

(1) Dans le mémoire à consulter, rédigé par les adversaires et protecteurs de M. R.... *contre* leur protégé (cette préposition se trouve sur le titre), ce nom est écrit *Nicolaï*.

35. — D. — Outre ces meubles, n'y avait-il pas autre chose qui vous a paru extraordinaire?

R. — Il y avait beaucoup de monde, des messieurs et des dames qui se promenaient.

36. — D. — Et vous ne pouvez pas dire dans quel endroit?

R. — Non, monsieur; Célestin seul pourrait le dire.

37. — D. — Comment avez-vous pu voir tout cela, puisque vous étiez aveugle?

R. — Je voyais un peu; pas beaucoup, mais un peu.

38. — D. — Combien de temps êtes-vous resté chez M. X.....

R. — 365 jours; je les ai comptés.

39. — D. — Quel est le traitement qu'on vous faisait subir chez lui?

R. — On m'a donné le premier jour deux bains chauds de quatre heures, le second jour, deux autres bains chauds de deux heures chacun; on m'a donné; ensuite, successivement des bains d'une heure; . . . . (1).

40. — D. — Y avait-il un domestique attaché à votre personne?

R. — Oui, monsieur.

41. — D. — . . . .

R. — . . . .

42. — D. — . . . .

R. — . . . .

43. — D. — M. X..... vous visitait-il souvent?

R. — Tous les jours, ou M. S....., un autre médecin. *Il y a toujours deux médecins dans ces maisons de santé, dans celle-là, du moins, pour le cas où il arriverait des accidents.*

44. — D. — Vous n'avez pas à vous plaindre de M. X....., ni de l'autre médecin?

R. — Je n'ai rien à dire de l'administration; je n'ai qu'à m'en louer . . . .

45. — D. — Qu'est-ce qui vous a retiré de la maison de santé?

R. — Mon beau-frère; c'est lui qui m'y avait mené. Le 7 juin (c'était un mercredi), la première fois qu'il est venu avec mon frère, il m'a dit : « Mon cher ami, tu sortiras bientôt. » Le 3 novembre (un vendredi), il a fait demander par sa mère, qui est ma tante, à M. X..... que l'on vienne me chercher trois fois, pour aller à Paris dans différentes maisons; qu'on me ramènerait le soir, et que la quatrième fois, je sortirais tout à fait; et je n'en suis sorti que le 7 mai 1855.

(1) Nous avons cru pouvoir nous dispenser de reproduire une partie de cette réponse, ainsi que les réponses entières aux questions 41 et 42, réponses absolument indifférentes pour le but que nous nous proposons; qui ne sont ni plus ni moins raisonnables que toutes les autres, mais qui, malveillamment interprétées, pourraient avoir quelques inconvénients sous un autre rapport.

46. — D. — Depuis que vous en êtes sorti, qu'est-ce que vous avez fait et où avez-vous logé ?

R. — J'ai logé rue Hauteville, 32, et j'y demeure encore.

47. — D. — Avec qui êtes-vous là ?

R. — J'avais pour surveillant M. L....., qui avait demandé à mon beau-frère à être auprès de moi ; je lui avais prêté 20,000 fr. le 22 avril 1852 ; il n'a jamais payé d'intérêts depuis. Mon beau-frère l'avait demandé au conseil de famille, qui l'avait choisi à l'unanimité; j'ai été logé et nourri chez lui ; on lui donnait 1,500 fr. par an pour sa surveillance, 4,500 fr. par douzièmes pour abolir sa dette, et quand sa dette serait abolie, je le logerais, je le nourrirais et je lui ferais des rentes.

48. — D. — Vous surveillait-il, en effet?

R. — Je ne pouvais pas aller dîner en ville sans lui ; c'était lui qui me donnait de l'argent quand il voulait..... et pas souvent.

49. — D. — Est-ce un homme qui a reçu de l'éducation, et avec lequel vous puissiez causer ?

R. — Je crois qu'il a reçu de l'éducation ; mais il n'en a pas profité : il est brutal et insolent. *Il est marchand de tabac au Pont de fer ; c'est le fils d'un colonel d'artillerie en retraite, qui est en enfance depuis huit ans.*

50. — D. — Comment avez-vous fait connaissance avec ce L..... et qui est-ce qui vous a amené à lui prêter de l'argent ?

R. — Je l'ai connu dans le quartier latin ; *je l'ai fait entrer comme sténographe à la chambre des députés ; il avait 4,800 francs d'appointements ; il aurait pu facilement faire des économies ; je n'avais, moi, que 250 francs par mois pendant que je faisais mon droit.*

51. — D. — Vous avez une autre personne que lui auprès de vous?

R. — J'ai un domestique et une cuisinière.

52. — D. — Votre beau-frère et votre frère viennent-ils vous voir ?

R. Ils ne viennent plus me voir ; mon frère m'a écrit, il y aura demain quinze jours, de ne plus mettre les pieds chez lui, et cela m'étonne; j'ai toujours parlé en bien de lui, même à M. Crémieux ; *nous avons été ensemble au collége de Juilly et de Henri IV.*

53. — D. — Êtes-vous en bonnes relations avec votre beau-frère?

R. — Il ne me voit plus.

54. — D. — Voyez-vous votre sœur ?

R. — Non, monsieur, elle est avec lui.

55. — D. — Y a-t-il longtemps que votre frère et votre sœur ne vous voient plus ?

R. — Il y a environ trois semaines.

56. — D. — Avez-vous songé à vous marier ?

R. — Oui, monsieur.

57. — D. — Avez-vous parlé à quelqu'un de votre projet.

R. — J'en ai parlé au père et à la mère de la demoiselle.

58. — D. — A-t-on agréé vos propositions?

R. — Je ne puis pas répondre à cela.

59. — D. — N'avez-vous pas chargé M. T...., votre notaire, d'être votre intermédiaire dans cette affaire?

R. — Non, monsieur; je croyais lui en avoir parlé; mais puisqu'il a dit que non, c'est que je me suis trompé.

60. — D. — Vous croyez-vous, monsieur, en état d'administrer vous-même votre fortune?

R. — Je l'ai toujours administrée.

61. — D. — Vous vous élevez contre l'interdiction prononcée contre vous?

R. — J'ai formé opposition au jugement qui l'avait prononcée ; elle a été levée par un jugement du 19, et ce même jour 19, L..... a été renvoyé de chez moi.

62. — D. — Vous comprenez donc toute la portée d'une interdiction?

R. — Oui, monsieur; on me l'a lue; je connais tous les articles sur l'interdiction ; c'est très-grave; c'est ce qu'il y a de plus grave pour un homme qu veut vivre dans la société.

63. — D. — N'avez-vous pas été examiné dans ces derniers temps par des médecins.

R. — Oui, monsieur, je les ai vus une fois ; ils m'ont adressé peu de questions.

64. — D. — Pourriez-vous nous dire à quelle cause vous attribuez la demande que votre beau-frère et votre frère ont intentée contre vous?

R. — Je n'en sais rien.

65. — D. — Ont-ils des intérêts opposés aux vôtres?

R. — Je dois le croire.

66. — D. — Jusqu'alors, cependant, vous avez été en bonnes relations avec eux?

R. — Avec mon frère surtout, que je voyais bien plus souvent; *sa femme, d'ailleurs, est bien plus aimable que ma sœur, qui a toujours l'air de pleurer.*

67. — D. — Votre frère a des enfants?

R. — Il en a trois, et ma belle-sœur va bientôt accoucher ; la dernière est ma filleule.

Lecture faite audit R..... dudit interrogatoire, il a déclaré que ses réponses contenaient vérité. En conséquence, ledit procès-verbal a été clos et arrêté.

Signé, etc.

Ainsi que nous l'avons déjà annoncé, nous nous bornerons à un petit nombre de remarques sur cet interrogatoire.

On a beaucoup parlé de la perte de la mémoire de M. R..... et de l'affectation qu'il mettait à citer un certain nombre de dates; l'interrogatoire justifie peu cette appréciation : douze questions, dans cet interrogatoire (questions 3, 4, 5, 6, 7, 8, 9, 19, 25, 45, 47, 50), sont relatives à des chiffres ou à des dates, et douze fois les réponses arrivent avec une facilité et une fidélité merveilleuses. Nous avions bien raison de dire que peu d'hommes seraient capables d'une pareille précision; et non-seulement M. R..... se souvient avec fidélité, mais encore il a la prudence de ne répondre que sous toutes réserves, quand il n'est pas absolument sûr de sa mémoire : ainsi, dans la question 8, on lui demande à combien monte la part de succession qu'il a recueillie de son père; il répond : « Trois cent mille francs, *je crois ;* je ne m'en souviens pas. » Il voulait dire : Je ne m'en souviens pas exactement, et cependant le chiffre qu'il donnait était d'une exactitude presque mathématique.

A d'autres points de vue, quelques-unes de ses réponses sont remarquables par la finesse et le tact : ainsi, à propos de ce projet de mariage qui a joué un si grand rôle dans ce procès, on lui fait plusieurs questions auxquelles il répond avec beaucoup de justesse, de tact et de complaisance; mais quand on vient à lui faire cette question plus qu'indiscrète : « A-t-on *agréé* vos propositions? » il réplique aussitôt : « Je ne puis répondre à cela. »

Dans les réponses de M. R....., il y en a pourtant plusieurs qui dénotent un certain affaiblissement de l'intelligence ; loin de le dissimuler, nous voudrions, au contraire, pouvoir y insister longuement, et montrer les véritables caractères psychologiques de cet affaiblissement; mais l'étendue de ces commentaires et la crainte de fatiguer le lecteur nous obligent à nous borner à la simple constatation du fait, qui trouvera ailleurs son explication. Nous avons souligné la partie des réponses où se trahit, toujours par un même caractère, l'affaiblissement de l'intelligence chez M. R.....; ce caractère, c'est de faire à la réponse qu'exige la question posée une addition absolument inutile, mais dont l'idée est liée, dans l'esprit de M. R....., à l'idée de la réponse elle-même. Chez M. R....., comme chez tout le monde, certaines idées en engendrent nécessairement certaines autres; seulement, les hommes complétement sensés savent exprimer celles qui sont nécessaires, taire ou repousser les autres; M. R..... ne le sait pas. On lui demande si l'homme qu'on lui avait donné pour surveillant a reçu de l'éducation (question 49); il répond avec une certaine malice : « Je crois qu'il en a reçu, mais il n'en a pas profité; il est brutal et insolent. » Et il ajoute, inutilement : « Il est marchand de tabac..., etc. » — On lui demande si, avant d'aller à Lille, il n'est pas allé à Dunkerque (question 24); il répond avec justesse qu'il y est allé, en effet, voir un de ses amis; et il ajoute fort inutilement que cet ami est fils de la maîtresse de pension de sa sœur (à lui M. R.....), et qu'il avait fait deux voyages avec lui. De semblables détails se trouvent encore dans les réponses aux questions 7, 15, 43, 50 et 52. On doit remarquer que ces développements oiseux n'empêchent pas que la réponse principale ne soit juste; seulement, autour de l'idée principale sont groupées des idées complémentaires que M. R..... ne sent pas la nécessité de retenir, et qu'il laisse s'échapper de sa bouche dès qu'elles sont formées dans son cerveau. Cette infirmité constitue, sans contredit, une débilité d'esprit parfaitement caractérisée, mais bien insuffisante, pourtant, — les événements l'ont surabondamment prouvé, — pour justifier l'interdiction, même aux yeux de ceux qui considèrent une telle mesure comme applicable dans certains cas.

C'est tout ce que nous dirons de cet interrogatoire, laissant au lecteur attentif le soin d'en tirer beaucoup d'autres conséquences intéressantes pour la psychologie physiologique et pathologique.

NOTE VIII.

La population générale comprenant les individus au-dessus de 15 ans (1) se divise ainsi qu'il suit, sous le rapport de l'état civil :

	Sexe masculin.	Sexe féminin.	Deux sexes.
Célibataires....	39 04 p. 0/0	34 51 p. 0/0	36 74 p. 0/0
Mariés........	54 44 —	52 69 —	53 56 —
Veufs ou veuves	6 52 —	12 80 —	9 70 —

(1) L'aliénation mentale ne se développant presque jamais avant l'âge de 15 ans, si

La population des aliénés renfermés dans les divers asiles de France en 1853, se divisait ainsi qu'il suit :

	Sexe masculin.	Sexe féminin.	Deux sexes.
Célibataires....	65 72 p. 0/0	58 16 p. 0/0	61 80 p. 0/0
Mariés........	28 67 —	29 36 —	29 04 —
Veufs ou veuves	5 61 —	12 48 —	9 16 —

Un coup d'œil jeté sur ces tableaux permet de constater l'énorme différence qui existe, au détriment du célibat, entre les chiffres correspondants de ces deux tableaux. Les individus mariés, qui entrent pour les 53 centièmes (53 56 p. 0/0) dans la population générale, ne sont plus que dans la proportion de 29 04 p. 0/0 dans la population des asiles ; tandis que les célibataires, qui ne forment que les 36, 74 centièmes de la première, entrent pour les 61, 80 centièmes dans la seconde. Le rédacteur de la statistique administrative est disposé à attribuer cette différence à ce que l'entrée dans un asile devient une nécessité pour le célibataire, tandis que les aliénés mariés peuvent recevoir des soins au sein de leur famille. Cette supposition a sans doute sa valeur, mais elle est certainement insuffisante pour rendre compte du fait que la statistique a révélé : pour en avoir l'explication complète, il faut sans doute admettre, avec plusieurs aliénistes, que le célibat dispose à l'aliénation mentale et aussi qu'aux premières atteintes du mal, les collatéraux, pleins de sollicitude, s'empressent de faire incarcérer ceux dont ils doivent hériter, dans la crainte que la dissipation, un mariage ou un testament intempestif ne fasse tomber ces biens en de mauvaises mains.

Quelque grande que soit cette proportion des célibataires, nous avons des motifs de penser qu'elle ne représente pas encore celle qui existe parmi les aliénés interdits ; nous croyons que si l'on divisait en deux catégories la population des asiles, comprenant l'une les interdits, l'autre ceux qui ne le sont pas, la proportion des célibataires serait plus grande dans la première que dans la seconde.

l'on veut établir une comparaison entre la population des aliénés et la population générale, il faut nécessairement ne compter dans celle-ci que les individus âgés de plus de quinze ans. Nous croyons même qu'on arriverait à une comparaison plus exacte en retranchant, dans les deux catégories, tous les individus âgés de moins de 20 ans. Cette comparaison serait probablement moins favorable encore aux célibataires.

On voit si nous avions raison, dans notre avant-propos, de recommander cet *essai* aux célibataires.

NOTE IX.

Pour ne citer que l'un de nos médecins aliénistes les plus distingués, parmi ceux qui ont signalé les graves inconvénients de l'interdiction, non-seulement au point de vue qui est l'objet de cette note, mais encore sous beaucoup d'autres rapports, voici ce qu'a écrit M. Falret, il y a plus de vingt ans :

« L'interdiction, seule loi protectrice pour conserver la fortune des aliénés (1), seule voie légale pour les séquestrer, est une mesure extrême, inapplicable dans la plupart des cas, dispendieuse, toujours longue à obtenir, *fatale par la perte d'un temps précieux pour la guérison*, et par *l'influence du sentiment d'humiliation si fécond en récidives.* » (Observat. sur le projet de loi relatif aux aliénés ; Paris 1837, p. 3.)

Et ailleurs :

« ..... D'un autre côté, l'interdiction est odieuse aux parents (2), comme aux malades qui conservent une partie de leurs facultés intellectuelles ; pour ceux-ci, *elle est féconde en récidives et en ressentiments.* »

Et ailleurs encore :

« Combien d'objections, et quelles objections puissantes, s'élèvent contre l'interdiction préalable et doivent la faire regarder au moins comme inutile, sinon comme dangereuse, dans la plupart des cas ! » (Ibid., p. 13.)

L'auteur parle ici d'interdiction *préalable*, c'est-à-dire préalable au traitement des aliénés, traitement qu'on ne peut, en général, appliquer qu'à l'aide de la séquestration, laquelle n'était légalement possible,

(1) Nous avons vu, dans le cours de ce travail, combien est grande à cet égard l'erreur de notre distingué et très-affectionné confrère, erreur que, d'ailleurs, nous aimons à le croire, il ne partage plus aujourd'hui.

(2) Notre distingué confrère aurait dû écrire : *aux* BONS *parents* ; l'histoire de l'aliénation nous apprend qu'ils n'appartiennent malheureusement pas tous à cette catégorie.

avant la loi de 1838, qu'après que l'interdiction était prononcée. Nous apprécierons dans un autre travail l'utilité et la légitimité de la séquestration, qu'on désigne, dans le langage adopté en aliénation mentale, sous le nom, moins dur à l'oreille, d'isolement ; pour le moment, il nous suffit d'avoir montré que, dans l'opinion des aliénistes les plus distingués, autant l'isolement peut être utile à la guérison des aliénés, autant lui est funeste l'interdiction.

Serait-ce aux fâcheux effets signalés par M. Falret qu'il faudrait attribuer l'excessive rareté des guérisons parmi les aliénés interdits ? Quelque disposé que nous soyions à accorder aux pénibles émotions produites sur beaucoup d'aliénés par les procès en interdiction, nous ne saurions y voir la seule cause de cette incurabilité presque absolue, qui avait échappé jusqu'à ce jour à l'attention des médecins, et à plus forte raison à celle des magistrats et des législateurs, et dans laquelle on est irrésistiblement conduit à soupçonner l'influence des plus mauvais sentiments de la nature humaine. Nous n'avons donc rien à ajouter, à cet égard, à ce que nous avons dit dans le cours de notre travail.

FIN.

Principaux travaux du même auteur :

RECHERCHES SUR L'INOCULATION APPLIQUÉE A L'ÉTUDE DE LA SYPHILIS; Paris, 1840

RECHERCHES SUR LA CAUSE PHYSIQUE DU PHÉNOMÈNE DÉSIGNÉ PAR LAENNEC SOUS LE NOM DE TINTEMENT MÉTALLIQUE; Paris, 1841; *in : Archiv. génér. de médec.*

MÉMOIRE SUR LES BUBONS SYPHILITIQUES DITS D'EMBLÉE; Paris, 1842; *in : Annales des maladies de la peau et de la syphilis.*

OBSERVATION REMARQUABLE DE CORPS ÉTRANGER VOLUMINEUX, AYANT SÉJOURNÉ PLUS DE DEUX ANS DANS L'OEIL ; extraction pratiquée avec succès. Paris, 1843 ; *in : Archiv.-génér. de médec. et trait. des malad. de l'œil* de MAKENSIE, trad. et add. par le professeur LAUGIER.

OBSERVATION DE PERFORATION INTESTINALE, SUITE DE FIÈVRE TYPHOIDE, TERMINÉE PAR LA GUÉRISON; Paris, 1843; *in : Archiv. génér. de méd.*

MÉMOIRE SUR LES ACCIDENTS QUELQUEFOIS SUBITEMENT MORTELS QUI SE MANIFESTENT DANS LE COURS DES AFFECTIONS GOUTTEUSES ET RHUMATISMALES; Paris, 1843; *in: Archiv. gén. de méd.*

MÉMOIRE SUR L'INOCULATION SYPHILITIQUE CONSIDÉRÉE AU POINT DE VUE DE LA PATHOLOGIE, DE LA MORALE ET DE L'HYGIÈNE PUBLIQUE, lu en 1843, à l'académie de médecine; rapport favorable par M. LAGNEAU.

MÉMOIRE SUR LES HYDROPISIES SANS LÉSIONS APPRÉCIABLES DES SOLIDES. Paris, 1844; *in : Archiv. génér. de médec.*

RECHERCHES SUR LES ABCÈS MULTIPLES (en collaboration avec M. le docteur DUCREST); mémoire couronné par l'académie de médecine ; Paris, 1844.

MÉMOIRE SUR L'ORCHITE BLENORRHAGIQUE CHRONIQUE ET SUR LES MÉTASTASES SYPHILITIQUES; Paris, 1846; *in : Annal. des mal. de la peau et de la syph.*

MÉMOIRES SUR LE VÉRITABLE RÉGIME PÉNITENTIAIRE A APPLIQUER AUX CRIMINELS, DANS LE DOUBLE INTÉRÊT HUMANITAIRE ET SOCIAL. — L'un de ces mémoires a été publié en 1847 ; le second, qui n'est qu'une édition très-augmentée du premier a été lu à l'académie de médecine en 1849.

SUR UN PROJET DE CAISSE DE PRÉVOYANCE ET DE SECOURS POUR LES PHARMACIENS DE FRANCE; Paris, 1859.

UNE DÉFINITION DE L'HOMME PAR LA BIBLE; Paris, 1860.

MÉMOIRE SUR LE VITALISME, L'ORGANICISME, LE MATÉRIALISME, LE POSITIVISME ET QUELQUES AUTRES CHOSES; Paris, 1860.

Paris. — Imprimé par A. Henry Noblet, rue du Bac, 30.

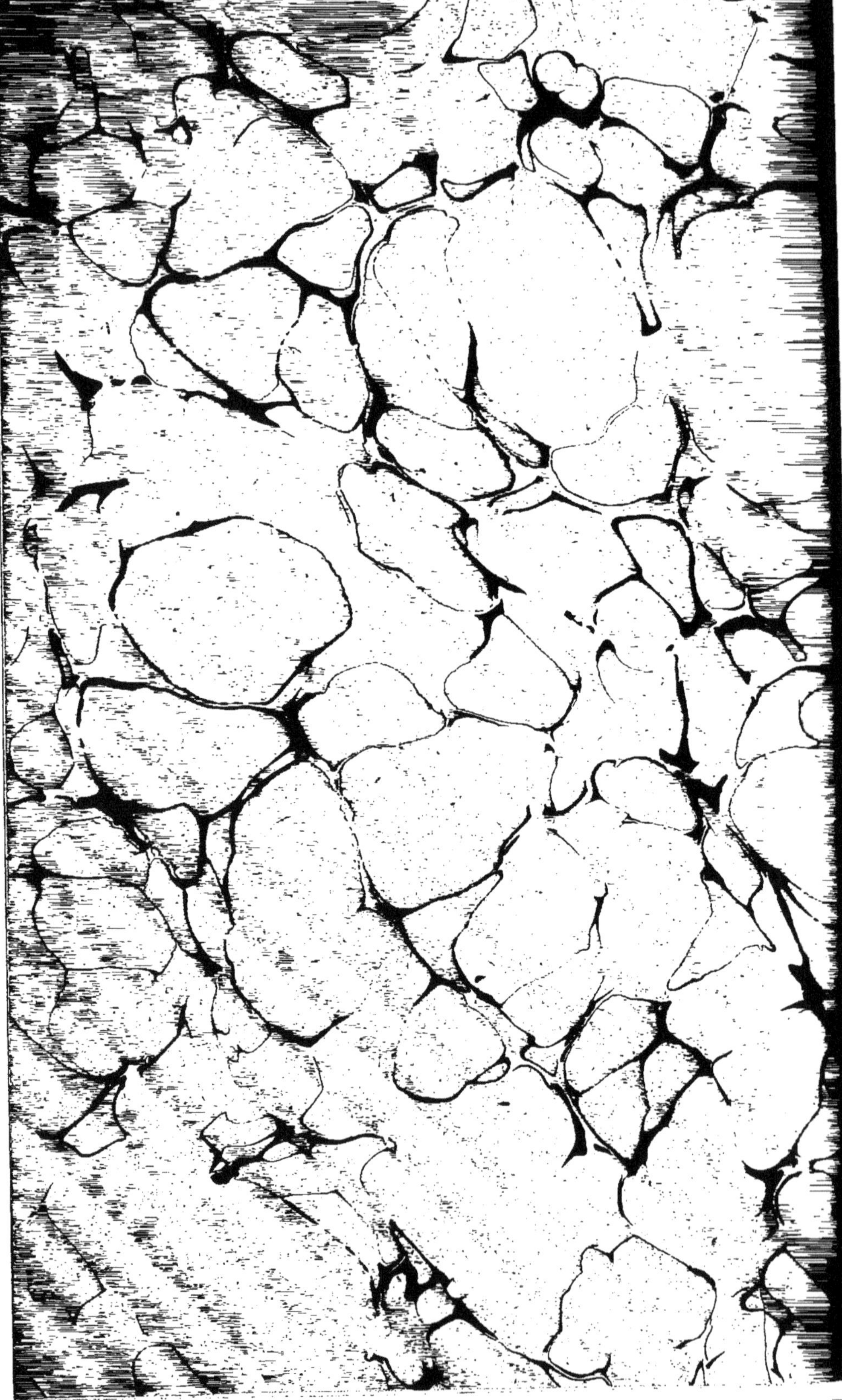

www.ingramcontent.com/pod-product-compliance
Ingram Content Group UK Ltd.
Pitfield, Milton Keynes, MK11 3LW, UK
UKHW021058230726
13926UKWH00004B/1924

9 782013 701983